Aoyama Accounting Review

青山アカウンティング・レビュー

監査は不正を見抜けるか？

Contents

『青山アカウンティング・レビュー』第2号
Aoyama Accounting Review : AAR vol.2

第2号テーマ
監査は不正を見抜けるか？

4 ■ 巻頭言「不正と監査―今問われる、2つの誤解」
青山学院大学大学院会計プロフェッション研究学会 会長
八田 進二

特集Ⅰ　対談
監査は不正を見抜けるか？
―監査に対する期待と現実―

7　日比谷パーク法律事務所代表　弁護士
久保利 英明
　　VS.
青山学院大学大学院会計プロフェッション研究学会 会長
八田 進二

特集Ⅱ
監査の現状と課題

22　三様監査の要は、監査役
青山学院大学大学院会計プロフェッション研究科 教授
松井 隆幸

31　不正問題に対する監査上の取組みについて
青山学院大学大学院会計プロフェッション研究科 教授
町田 祥弘

40　財務諸表監査と不正―監査人としての公認会計士の果たすべき役割・使命―
有限責任監査法人トーマツ パートナー　公認会計士
手塚 仙夫

49　監査人の新しい期待GAP―不正発見の期待に応えて―
京都監査法人 マネージング・パートナー
松永 幸廣

57　証券市場から見た監査制度への期待
東京証券取引所 常務執行役員
静　正樹

64　資本市場からみた監査
(株)大和総研 執行役員 コンサルティング副本部長
引頭 麻実

72　会計不正等に対応した監査基準の見直しについて
金融庁総務企画局企業開示課長
栗田 照久

国際監査・保証基準審議会（IAASB）による基準設定の動向と課題　79
国際監査・保証基準審議会 メンバー
関口 智和

会計監査における監査人の義務と責任　91
早稲田大学大学院法務研究科 教授
黒沼 悦郎

不正行為の監査における会計法制の役割　99
名古屋大学大学院法学研究科 教授
中東 正文

特集 III

監査基準の過去・現在・未来

監査人の役割の明示　107
名古屋経済大学大学院会計学研究科 教授
脇田 良一

監査基準の精緻化　110
早稲田大学商学学術院 客員教授
友杉 芳正

特別企画

企業不正を巡る諸課題〜その防止と発見を目指して〜
第10回　青山学院　会計サミット　第二部　パネル討論会

【コーディネーター】
青山学院大学大学院会計プロフェッション研究科長
八田 進二

日本公認会計士協会 会長
山崎 彰三

公益社団法人日本監査役協会 会長
太田 順司

社団法人日本内部監査協会 会長
伏屋 和彦

【パネリスト】
株式会社東京証券取引所グループ　取締役兼代表執行役社長
斉藤 惇

国広総合法律事務所 弁護士・パートナー
國廣 正

114

Book Review

コーポレート・ガバナンスの展望　140
青山学院大学大学院会計プロフェッション研究科 准教授
重田 麻紀子

事例でみる企業不正の理論と対応／企業不正の実務Q&A　143
青山学院大学大学院会計プロフェッション研究科 准教授
牟禮 恵美子

Relay Essay

海外で稼いで、国内で使う時代？　146
青山学院大学大学院会計プロフェッション研究科 教授
佐藤 正勝

それは専門外ですか？　148
青山学院大学大学院会計プロフェッション研究科 特任教授
吉村 貞彦

巻頭言「不正と監査 – 今問われる、2つの誤解」

青山学院大学大学院会計プロフェッション研究学会 会長
八田　進二

　2012年1月、青山学院大学大学院会計プロフェッション研究科（以下、研究科）では、全国の大学で初めての、一般ビジネス・パーソンおよび学生向けの会計専門誌として『青山アカウンティング・レビュー』（Aoyama Accounting Review；AAR）を創刊いたしました。

　創刊号では、ここ1〜2年、会計社会の最大の課題である国際会計基準（IFRS）を取り上げ、「日本経済の復活の鍵は、IFRSにあり！」のテーマのもとに、学界、実務界、産業界等の方々から幅広くご寄稿いただくことができました。果たせるかな、金融庁企業会計審議会は、去る7月2日、「国際会計基準（IRRS）への対応のあり方についてのこれまでの議論（中間的論点整理）」を取りまとめて公表することで、当面は、米国等の状況に注視しながら、任意適用を推進させるといった穏当な方針を示したのです。その意味で、AAR創刊号の企画は、まさに時宜に適ったものであり、会計基準に関して一歩先行く議論の視点を提示できたことを大変うれしく思っています。

　今回のAAR第2号は、監査編ということで、昨年来、わが国証券市場の信頼を大きく失墜させた上場会社における経営者主導の不正に焦点を当て、「不正と監査」を統一テーマとして、種々議論することと致しました。

　監査領域において不正の問題は、まさに、古くて新しい問題であると言えます。それにも拘らず、なぜ、監査において、不正問題に対する確たる回答を示すことができないでいるのでしょうか。その原因として、とりわけ、わが国の場合には、そもそも公認会計士監査が導入された時の経緯等に起因しているのではないかと思われます。第2次大戦後、民主的な証券市場の構築を図るために導入された証券取引法上の公認会計士監査について、1950（昭和25）年7月制定の『監査基準』の前文「財務諸表監査について」の「二　監査の必要性」において、次のような視点が明示されたのです。

　「監査は過去においては、不正事実の有無を確かめ、帳簿記録の成否を検査することをもって主たる目的としたものであったが、企業の内部統制組織即ち内部牽制組織及び内部監査組織が整備改善されるにつれて、この種の目的は次第に重要性を失いつつある。企業はあえて外部の監査人をまつまでもなく、自らこれを発見するとともに、未然にその発生を防止しうるようになったからである。然しながらそれにも拘らず、外部の第三者による監査は、存在の理由を失うものではなく、企業の大規模化に伴い、却ってその必要性が益々増大したことを認めなければならない。」

　「本来監査が強制されると否とに拘らず、適切にして有効な内部統制組織を整備運営して、取引を正確に記録するとともに財産の保全を図ることは、外部の利害関係者に対する経営者の責務である。」

　上記の通り、わが国では、公認会計士監査の導入に際して、当初から、監査実施の前提として、以下の2つを基本的な視点に据えていたのです。

（1）不正の発見等は公認会計士監査の主たる任務ではないということ
（2）経営者責任に基づく有効な内部統制の存在を前提に公認会計士監査が行われること

　しかし、それまで未経験ないしは未知の世界での公認会計士監査を受け入れるときに、あるいは、戦後の経済再興を図りつつある時代に、本当に、不正の発見等は、すべて内部統制に依拠すれば事足りるといった理解は正しかったのでしょうか。加えて、実務的には当然ながら、学術的にも、ほとんど議論がなされた痕跡もない「内部統制」というものを議論の前提に据えるとともに、そうした内部統制（組織）という代物に、多大な役割と期待を与えてしまったことは、その後のわが国における監査概念に偏向した予見を与えることになったのでないでしょうか。

　少なくとも、その後のわが国における公認会計士監査の議論ないしは研究・教育の現場においては、当然のように、上記の2つの視点を所与のものとして議論されてきていることからも、この『監査基準』が示した視点は、余りにも大きな影響力を有していると評することができるのではないでしょうか。実は、今、まさに問われているのは、この2つの既成事実とも解される視点が、大いなる誤解ないしは仮想的現実に基づいていたのではないかということです。つまり、内部統制については、2007年2月に企業会計審議会から公表された一連の内部統制関連基準を通じて、わが国では、はじめてに等しいほどに、共通の理解が得られつつある状況が見られるのであり、従来の視点とはおよそ異なるものと言わざるを得ません。

　また、企業不正に関しても、当時の『監査基準』が想定する不正は、あくまでも、従業員レベルないしは個別の会計処理レベルにおけるものであり、今、問題とされている経営者不正については完全に埒外に置かれていたのであり、それ故、公認会計士監査の世界では、こうした不正についてはまったく議論の対象にすらなってこなかったと言わざるを得ないのです。

　このような状況を踏まえ、本当の意味で、社会の期待に応えることのできる公認会計士監査を検討するためには、そして、今般大きな問題となって耳目を賑わしてきている経営者不正に対しての監査対応等を検討するに際しては、少なくとも、これまでにわが国の多くの監査関係者が抱いている上記の偏向に基づいた視点からの脱却を図ることから始めなければないないものと思われます。と同時に、21世紀に入って米国でも議論されてきたように、もはや「不正を見抜けない監査は用無し」とまで言われるくらいに、少なくとも、経営者主導の巨額の不正については、何としてでも、事前に防止、抑止ないしは、早期の発見を可能ならしめるような公認会計士監査を模索することが喫緊の課題となってきていることに思いを致すことが必要でしょう。そのためには、基本に立ち返って、まず、社会の人々の監査ないしは監査人に対する期待は何なのか、あるいは、監査人が果たすべき役割は何なのか、といったことを、投資家ないしはステークホルダーの視点から再確認することこそ、最重要課題なのではないでしょうか。

八田進二（はった しんじ）
現在、青山学院大学大学院会計プロフェッション研究学会会長、青山学院大学大学院会計プロフェッション研究科長・教授。他に、会計大学院協会相談役、金融庁企業会計審議会臨時委員（監査部会）、一般財団法人会計教育研修機構理事、等。

特集 I

対談

■監査は不正を見抜けるか？
―監査に対する期待と現実―

久保利 英明　対　八田 進二
Hideaki KUBORI　vs.　Shinji HATTA

　2011年に発覚した企業不正事件では、国内外から多くの厳しい批判が寄せられるとともに、わが国の監査の有効性が根底から問われることとなった。

　特集Ｉでは、「監査は不正を見抜けるか？」をテーマとして、監査人に対する訴訟の弁護人となったこともあり、法曹の中では以前からわが国の監査に対して厳しい視点からコメントをしてこられた久保利英明弁護士と、監査研究及び監査業界の立場から八田進二青山学院大学大学院教授との対談を企画した。

特集 I

対談：監査は不正を見抜けるか？
―監査に対する期待と現実―

日比谷パーク法律事務所代表　弁護士　**久保利 英明**
VS.
青山学院大学大学院会計プロフェッション研究学会 会長　**八田 進二**

I　後を絶たない企業不正

● 2011年後半、オリンパスや大王製紙といった上場会社の事案等、わが国では経営者が絡んだ企業不正が相次いで発覚しました。まずは、これらの事案についてお二人はどのように受け止めておられますか。

久保利　オリンパスのケースと大王製紙のケースが非常に注目を浴びたわけですけれども、この二つは体質としては全く違う体質で、要するに、サラリーマン根性丸出しと言われる会社と、そんなにバクチがしたいのならなぜ上場したのかと思われる創業家支配の会社と、全く違う。

しかしながら、オリンパスのケースも大王製紙のケースも、場合によると東京電力の原発事故も含めて、すべてに共通しているのは、日本の会社はいったいどういう仕組みになっているのか、会社のガバナンスにしてもコンプライアンスにしても根本は人がやるわけで、そうすると、内部統制組織はいったい何をしていたのか。リーガルあるいは財務の皆さん方は何をするために会社にいるのか。当然、そこには取締役、監査役、そして会計監査人あるいは顧問弁護士も絡んでくるわけですけれども、そういうプロフェッションたちがいったいどれだけのことをやってきたのか。

かくも長き不正、かくも深き病根を見ていると、日本の会社が単なるガバナンスだけではなく、全体として非常に劣化していると思わざるを得ないというのが私の受止め方になります。

八田　全くおっしゃるとおりです。1990年から始まった20世紀末の「失われた10年」といった経済低迷、実際にはもう20年を超えているわけですが、それまではジャパン・アズ・ナンバーワンとか、日本の経営は世界に冠たるものだという評価を得ていたようですが、バブルが崩壊して、経営者の経営能力あるいはプロとしての才覚が本当に発揮されなければいけないときにそれが見えてこない。

日本の企業関係者には、愛社精神があり、相応の倫理観があり、また、知的水準が高い多くの従業員に支えられていたことで、上手く行っていたのであって、実は経営者は、明確な経営理念の実現に向けて主導的に経営を推進してきたというよりも、経営っぽいことをしていただけなのかもしれないということで、まさにプロが存在しない会社が多いという評価については私も全く同じ思いです。

ただ、それを申し上げると、企業側は、われわれは何にでも使えるようなゼネラリストが欲しいのだとよく言われます。しかし、実際には経営はプロが行うもの、管理もプロが行うもので、法のプロ、会計のプロ、財務のプロ、こういった人たちによって適切に資金を運用する母体が、久保利先生がおっしゃったように本当の会社だと思いますが、そのへんがどうも浸透していない。

久保利　「ゼネラリスト」という言葉があいまいです。何もできない人を「ゼネラリスト」というのでは困ります。会計もよくわかります、リーガルもわ

かります、経営のこともわかります、端的にいったら、MBAを取っていて、ロースクールを出ていて、会計専門職大学院を出ていて、みんなそこそこきちんとやれますという人をゼネラリストというならわかるけれども、専門分野を何ももたない人をゼネラリストと呼んでみてもしょうがない。単なるなんでも屋、便利屋にすぎないわけです。

● では、企業にそうしたいろいろな問題がある状況を前提にお聞きしますが、企業不正は、わが国はもとより、世界的にみても、かなり以前から発覚してはそのたびごとに規制の強化を繰り返してきたわけですが、そもそも企業不正は防ぐことができるものなのでしょうか。

久保利 それはできると思います。ただ、今できていないのも事実です。

例えば、私利私欲でインチキをします、横領をします、特背（特別背任罪）をしました、これはわかりやすいです。これを防ぐ方法もあります。ところが、みんな会社のためにやりましたと。しかも、日本の社会は会社のためにやったのだから罪一等を減じてやるべきだと甘い。会社は社会の中では私的存在で公ではないのに。しかも、一方で刑事罰自体が、執行猶予がついたり、厳しくてもせいぜい3年で出てくる。こういうなかで不正を防ぐというインセンティブもなければ原因究明のための努力もない。したがって原因がわからない。よって、今の状況では永久に防げないことになるだろう。

ただし、防がなければいけないし、防ぐ方法は何かあるだろうと私は思っています。そのためには刑事罰の強化もありますし、徹底究明のための第三者委員会の知見を積み重ねていくこともあるでしょう。そういう意味で、私は、企業不正は防ぐことはできないという悲観主義者には味方をしませんが、今の状況は悲観的であることは認めざるを得ないと思います。

八田 日本特有かどうかわかりませんが、企業の方と「不正」の話をすると、入口の段階で耳をふさいでしまう。つまり、私たちは皆善良なビジネスマンであって、われわれには無縁の世界である、こういう議論からスタートしますから、実は不正の原因究明とか手法の研究、あるいは防止のためのツールといったことに関しては一切議論の対象になってこない。その意味で、日本では不正防止のための教育なども全然行われていないということです。

海外などを見ますと、例えばアメリカの場合、公認会計士であっても民間資格ですから、さらにその知見を高めるために財務の知識をもつ、高等教育の学位を取る、加えて最近では「公認不正検査士」という資格も取得するということで、さらに切磋琢磨しながらスキルアップを図って、不正対応への取組みを強化しようとする状況が見えますが、日本は全く行われていません。

結局、法律絡みだと弁護士の先生にお願いしますが、弁護士の先生も不正の手口とか防止策とか、あるいは不正をどう見抜くかというハウツウ的なものは必ずしも十分に習得しているわけではないですから、不正問題については全く野放し状態になっているのが日本の環境ではないかという気がします。

監査に引き寄せますと、日本で内部統制の議論が始まったときに、日本を代表する超大手の企業が実は内部監査部門をもっていないということが問題視されました。かつては一時置いたらしいですが、従業員の一人ひとりが皆善良な人間で、不正とか不祥事のようなものが起きる余地はない、したがってわれわれには不要である、という話でした。ない状態で健全な企業経営が担保されているうちは問題が顕在化することはないでしょうが、少なくともステークホルダーに対する説明責任として、それでは十分ではない。これが実は日本を代表する企業のけっこう上の方々の認識だったわけです。それはおそらくあまり変わっていないと思います。

ですから私は、久保利先生がおっしゃったように、不正を防ぐ方法はあると思いますので、方法がないという失望感ではなく、つくり上げなければいけないと思っています。

II 期待ギャップ

● 企業不正の発覚を受けて、監査人は何をしているのかという声があります。この場合、監査役監査も考えられるわけですが、主に指摘を受けるのは公認会計士又は監査法人による外部監査です。企業不正に対して監査人は何をしているのかという声については、いかがお考えでしょうか。

久保利 私も「何をしているのか」と思います（笑）。

例えば、2012年5月25日に出された大王製紙の「『改善報告書』の修正版の提出について」の中にも出てきますが、結局、監査法人はそれなりに一生懸命やっていると思います。だけど、ポイントは財務諸表や事業報告は誰が作るのかというところにあります。これらは本来会社が作るのです。だから、会社が作ったものを監査人がモニタリングするはずなのに、実は監査法人に積極的に相談・報告をして、監査法人の理解を得て会計処理を行っています。したがって、監査法人から適正意見を得るための相談・報告になってくるので、その見解に依拠してしまう。要するに会社と監査法人が一緒に作っていて、ある意味でいうと監査する側に独立性がないわけです。その誤った会計処理を監査法人が引っ張り込まれて一緒になって作っていたら、それを監査法人が指摘することは自己監査になりますからできません。

そういう意味で、何をしているのかという点については、監査していないのではないかという見方があってしかるべきだと私は思います。

八田 監査を専攻する立場の者から言いますと、先生のご指摘は非常に耳が痛いといいますか、深刻な課題と受け止めざるを得ない問題です。

今、先生がおっしゃった、企業自身の経営活動を記した財務報告を作り上げる第一次的責任者は、当然、企業側であることは教科書的にもきちんと示されています。そして、それを踏まえたうえで、監査人が独立かつ公正な立場でモニタリングあるいは検証をして結論を述べる、これをいわゆる監査人の批判的な機能だと説明しています。ただ、どうも日本には古くから、外部監査を定着させるという大きな目的のために、会社に対して経理指導をすることも監査人の非常に重要な役割だということで、現在も監査の教科書には、監査人のもう一つの副次的な機能として指導性を発揮しなければいけないと書いてある。しかし、経理指導といった視点が行き過ぎたり、あるいは先生ご指摘のように企業と一緒に財務諸表を作り上げているという場合には、これは明らかに独立性違反だということです。

したがって、監査上はそういったことを厳に慎まなければいけないということで、「二重責任の原則」という呼び方をして、財務諸表を作るのは会社、そして、監査人はその結果を踏まえて意見を述べるという役割分担がありますが、どうも実態はそうではないということがまず一つ指摘されるのではないでしょうか。

久保利 経理のアドバイザーに監査法人を使ってもいいと思います。だけど、それは監査ではありません。会社内部の力だけでは足りないならアドバイザーを使うのはいいと思いますが、指導をした人がモニタリングをすることはありえないでしょう。ここは切り分けなければいけない。実はエンロン事件のときの問題はそこです。顧問弁護士事務所が会社のNO.2というべきジェネラル・カウンセルを派遣していましたね。そうすると、日本の今の状況は、結局、エンロン事件以前ではないか。

私は、真っ当な会社もクライアントとしてたくさ

んみていますが、でも、監査については自分で作って「これでモニタリングしてください」と胸を張って持ってゆく会社はほとんどないでしょう。みんな事前に監査人とすり合わせをやっていると思います。これが不正を発見できないというか、「何をしているのか」と言われる一番のおおもとになっているのではないかという気がします。

八田 それからもう一つ、不正等が発覚したときに一番矢面に立たされるのが外部監査人です。ただ、よく考えてみると、財務報告の信頼性を社会に担保する役割を担った外部監査人は、400メートルのリレー競技でいうならば、アンカーの仕事をしているわけです。第1走者は企業の経営者です。第2走者は内部監査部門かもしれない。あるいは監査役監査かもしれない。さらには取締役会もある。そして、それを踏まえたうえで最終のアンカーの監査人にバトンタッチされるわけです。

したがって、この種の問題が起きたときには、それぞれに対しての役割期待があるわけですから、本当はそれぞれの関係者が問われなければいけないけれども、海外を見てみましても、やはり外部の目は必ず外部監査人に向けられます。

久保利 それはそれだけ期待されているからですね。

八田 そうですね。やはり期待が大きいため、それが裏切られることでショックも大きいということで責任追及も厳しい、これは確かにわかりますが、では、実際に日ごろ、監査人に対してきちんとリスペクトを与えてくれているのか、それに見合った報酬が支払われているのかというと、残念ながら少しお寒い状況にあるのではないかとも思います。

久保利 私もそう思います。要するに、人を安くたたき使っておいて、負けたのはリレーのアンカーのせいだと最後の責任だけ言われても、それは酷すぎると思います。それはおっしゃるとおりです。

だけど、金が安いからきちんとやらなかったというのも言い訳にはならないです。

だからこそ、リスペクトがない状況の中でやるべきことをやるのはたいへん難しいともいえます。

● 監査人に対して社会は、不正を見抜くこと、粉飾決算を見抜くことを期待している、あるいは、それ以上に企業不正全般の番人たることを期待する声もあるようです。ただ、一方で、監査人の側では「監査には限界がある」という認識が一般的だと思います。この社会の期待と実際の監査実務又は監査人の側の認識とのギャップについては、いかがでしょうか。

八田 監査人あるいは会計専門家の人たちが自分たちに課せられている監査人としての役割期待と、社会の人々が監査ないしは監査人に抱く役割期待に対して認識のギャップがあるとかつてから言われています。しかし、おそらく、この「期待ギャップ」という表現は監査人側での言葉遣いないしは言い回しであって、投資家等のステークホルダーはそのようなことは言っていないわけです。ギャップと言うなら埋めてくれ、つまり、われわれの期待をかなえていないではないか、あるいは、われわれが考えている約束を守ってくれていないではないかということで、まさに認識のレベルが全然違うのですが、そういう利用者の視点での議論が実は監査の世界ではあまり取り上げられていないわけです。

（八田 進二 氏）

したがって、例えば、どういう期待があるのかについて明確に示されるのならば、監査人側はそれに対して今の状況で応えることができるのかできないのか、例えば、不正防止トレーニングを何らかのかたちで追加的に行うことで、それに応えることができるとか、いろいろな答え、道筋を用意することができるはずです。しかし、実際には、いつも監査人の目で見た議論で終始しているため、いつも「ギャップがある」「ギャップがある」と言いながら、そして、そのギャップはわれわれにとっても限界なのだと言うのです。

だから私は、この「期待ギャップ」という言葉は、少し厳しい見方をすると、おそらく、監査人が自らの責任を軽減したり、あるいは回避するための言葉として使われているのではないかという気がしてなりません。

久保利 だから、ギャップがあるから埋めてくれということなのか、ギャップがあるけどこれは埋められないという話なのか、それは目線というか、立場にもよるでしょう。

だけど、「私はその期待には応えられない」と言ったら、では、なんのために会計監査人はいるのか。大した報酬ではないにしても、日本中の上場会社が払っている金額はたぶん相当の金額になるはずです。では、それをやめたらいいのではないかと言う気にはなれません。オリンパスの場合も「うちも3～4億円払っています。それがなければ4億円助かります。どこでも、やっていることは同じです。どうせ隠したら見つからないのだから、逆に監査人がいないほうが安上がりです。」と言われると、ギャップがあることを是認し、それを埋めないのは誰にとってもよくないような気がします。

● ギャップを埋めるという場合に、当然、期待に応えていかなければいけない部分はありますが、期待が過度である場合には、それを適正なレベルに抑制しなければいけない部分もあるのではないかと思いますけれども。

久保利 不正全般を会計監査で見抜けと言われても、独禁法違反をやっているのかインサイダー取引をやっているのかについては数字に出てこない、会計に出てこないものは別の制度を作りましょうということで、韓国が会社法改正で遵法支援人と呼ぶゼネラルカウンセル制度を義務化しました。違法行為をやったときにはゼネラルカウンセルが大変な目に遭います、日本もこういう法律を作りましょうというならわかります。でも、それを作らないで、法律的な違法行為までなんでもかんでも会計監査人に求めるのはギャップではなく、もともと無理筋だと思います。

八田 冒頭、問題提起をされた昨年の上場会社における経営者不正の事案は、言わば有価証券報告書の記載内容に関する問題ですから、広い意味では財務報告に関する事柄です。大王製紙の場合は一部、その実態に立ち入れなかった制約的な状況はありますけれども、記載内容の一部から端緒をつかんで議論することは十分にできたと思います。

それからもう一つのオリンパスの方は、これは20年を超える経理不正ですから、「端緒すらつかめていなかった」と監査人サイドが言うならば、それはどう考えてもありえない。この問題は日本の監査制度、あるいは海外から見ると経営者を含めたガバ

（久保利 英明 氏）

ナンスかもしれませんけれども、これに対する不信感が募って、オリンパス事件に関しては国内よりも海外からの懸念・批判が非常に多いということです。ところが、国内では社長が交代してもメディアも取り上げない。それから主要株主の銀行も特に何も行動を起こさない。なんとなく皆さん一蓮托生的だから、全くガバナンスがないというお寒い状態を露呈しましたね。

久保利 全くそう思います。

III 現在の監査の何が問題なのか

● では、監査人に期待されているのが、昨年からの状況も含めて不正の摘発であるとすると、現在行われている監査実務で具体的に何が足りないのか、また、何が欠けているのでしょうか。

久保利 基本は、監査は信頼の原則に依拠してなされていると思います。ですから、その原則に反して虚偽・隠ぺいを行ったときには会社にはものすごい制裁があるべきですが、これが実はないのではないか。すなわち、会社が見つからなければそれでいいと思ったら、見つけるための苦労は会計監査人がしろと言っても、これは先ほどのギャップの話になってきますけれども、私は不可能だと思います。

では、どんな制裁があるのか。例えば、会計士協会などで、そういう信頼を裏切ることをやったところにはもはや次の会計監査人は行きません、行かせません。自動的に上場廃止になることは覚悟のうえなはずですから、ということになるのではないか。

弁護士でいうと、例えばクライアントが嘘をついたり、偽造書類を渡されて、その嘘にのって弁護士が弁護をして、結果的にそれが全然違っていたことが発覚したら、たぶん、別の弁護士はつかないと思います。これはべつに法律上決まっているわけではないですけれども、職業的矜持です。そういう意味では、会計監査人を裏切ったときにどうなるかとい

う認識がないのではないでしょうか。

だから、ここはペナルティーというか制裁をオール会計士の中で何か議論がないのかなという感じはします。

八田 今、先生がおっしゃったように、確かに抑止力としては、そういった理解に私も若干くみする立場にあります。

ただ、今ここで不正の摘発は監査に期待されている役割と考えて、現行の監査制度で何が足りないかとなると、昔の監査と今の監査を比べると、これはプラス・マイナス両方があるということです。よく言われるように、昔の監査の場合、人と人との接点がかなり密にあったと思います。私も、少しだけ監査実務に関わったことがありますが、昔は、会社を訪れると、午前中の2～3時間はいろいろな話をするわけです。そうしますと、その担当者の人柄とか、あるいはその会社の環境がかなり読み取れる気がするわけです。ただ、それは見抜く側も経験豊かでなければいけないという部分がありますが。

ところが、今日の監査では、人海戦術での監査が前提で、できるだけコストの安い会計士を一定数投入して往査しているというのが実情のようです。ところが、企業を取り巻く事業上のリスクを認識したり、トップと差しで議論をすることはほとんどできていない。例えばパソコンに向かいながら、監査調書作りで辟易しながら、会社の方とはほとんど面談もしない。私は、これをもって「アリバイ作りの監査」と言っています。ほとんどが調書作りに明け暮れていて、いったん会社に行くと、事務室を一つ与えられて終日そこから出てこない。非常に定性的な議論ではありますけれども、このへんに一つ課題があるのではないかという気がします。

久保利 それは会計士さんだけでなく、医者も弁護士も、ある意味でいうと日本中のプロフェッションはみんなそうではないでしょうか。要するに、みんなデスクワークになってきている。でもデスク

ワークで端緒をつかまえられるのか。デュー・デリジェンスというけれども、デスクワークでデュー・デリジェンスをやって本当に見つかったことがありますか。帳面づらは格好よく作っていますが、問題は実態との乖離です。実態を見ずして虚偽は見ぬけません。

だから、患者さんとお話もしない、肌に手も当ててみない、体温がどうなのかは体温計の数字だけ見て、手を取って心拍数をみることもない、そういう機械診療・ロボット診療のような部分がたぶん会計士にも弁護士にもあって、これが実際は大きな落とし穴になっているのはそのとおりだと思います。

● 監査に何らかの問題があったという指摘があると、そのことについて規制が加わって、さらに監査調書のボリュームが増える。ところが、監査調書の作成ばかりやっていると全体が見えなくなっていく。やや悪循環のような気もしますけれども、こうした問題についてはどのようにしたら防げるものなのでしょうか。

久保利 ポイントはプロフェッション性だと思います。要するに、会計士という本来リスペクトされなければいけない立派な仕事に携わる人たちに、いったいいつどこで会計士の倫理というか、こういうことはしてはいけません、あなた方はプロフェッションとしてこういう役割がありますということをやってきたのでしょうか。会計専門職大学院ではもちろんおやりになると思いますが、会計専門職大学院ではない時代にどれくらいやってきたのか。

弁護士についても、実はほとんどすべてオン・ザ・ジョブであって、私たちは40年以上前、司法研修所で弁護士倫理を2時間聴いただけです。これでは恐ろしくて新人弁護士には頼めませんでした。だから、教育体制・研修体制として、そういうサルベージ監査人のようなことはやらないという矜持がないと、プロフェッションとしては衰退していかざるを得ないと私は思います。

八田 ただ、個別の監査業務については、それぞれ個々の担当者、会計事務所が関わりますが、それを束ねている日本公認会計士協会が、本当に強固な信念のある自主規制機関として機能し続けないと、こういう問題は払拭できないと思います。その際、協会としても、これではやっていられないとか、あるいは、こういう会員は直ちに除名するとか、そのぐらいの信念を社会に対して見せるような方向性を堅持しないと、監査独占業務を担っていることに対しての厳しい制裁がなされる可能性も否定できません。本来の独占業務を担うに値する状況にないということになると、当然、規制当局が行動を起こすことになる。その結果、自主規制機関としての能力が極めて弱体化してしまうといった危惧すら覚える状況も見て取れます。

● そうした現場の状況を前提としたときに、現在の監査が本当に役割を果たしているのか、という問題があるかと思います。一般に「財務諸表監査は、財務諸表に対する合理的な保証を提供する」と言われます。ここでいう「合理的な保証」というのは、人の行うことなので絶対的ではないけれども、相当程度高い保証であるという説明をされるわけですが、実態としてこうあるべきだ、こうあらねばならないというのは別にして、現在の監査は本当にそうした保証ができているのでしょうか。

八田 少なくとも現在の監査といった場合に、金融商品取引法監査と会社法監査の両方がありますが、例えば、公開会社を前提とした金商法監査を考えた場合に、年度決算の監査、それから、旧来は中間監査、今は四半期レビュー、さらには内部統制報告書の監査と、けっこうバラエティーに富んだ内容がありまして、年度監査の保証と、四半期レビューのレベルと、会計数値とは関わりのない実体的な部分の内部統制報告書の監査は全然違うので、概念的には保証の水準は全部違うと思うわけです。

ただ、読者にはそのようなことはわからないから、少なくとも外部監査で「適正」とか「問題ない」と言われた場合には、その結論を受け取るときは基本的に同じレベルだと理解していると思います。ただ、実際に監査人が依拠しなければならない監査の基準とか、財務報告の作成基準には幅があるわけであって、その幅のあるなかで作られてきたものに監査人は最終結論を述べているわけですから、そういう意味では同じ保証であるという理解を私はしています。ただ、学会ではおそらくこれは少数の立場での見解だと思います。

久保利 問題は、今の監査はその水準を保っているかどうかです。当然、公的な立場にある人たちは、品質をしっかりしなければいけないといってやっていますから、そうですとおっしゃると思います。しかも、オリンパスと大王製紙だけではありません、それ以後も京王ズホールディングスとかいろいろなところが出てきて、特設注意市場銘柄になっているものがたくさんあるわけです。これを見ていると本当かなと思います。

それから、今、東証では、いわゆる訪問相談のような感じで、少し違和感がある会社を訪れて「大丈夫ですか」というような調査協議をしています。ところが、会計士さんはそういうところについても適正意見を平気で出している。そういうのをみると、私は、八田先生のおっしゃる保証であるべきだとは思いますけれども、実際はその水準に行っていない監査が相当あるのではないか。直ちにこれを全部外部監査人のせいだとは言いませんけれども、そう思わざるを得ません。

Ⅳ 監査人に対する責任は過大か

● 次に、監査人の責任論をもう少しお伺いしたいのですが、今、その監査人の責任が過大ではないかという意見もあるかと思います。監査人には不正を見抜くことが要請されている、そしてそれに応えるべきだとしたときに、そうした責任を監査人は本当に負うことができるものでしょうか。

久保利 先ほどのギャップ論とも関連すると思いますけれども、私は、今要求されている適法か不正かというところを全部見る責任を問うのは過大だと思います。だけど、本来、先ほどからおっしゃっているように、財務諸表に基づく不正などをどこまで見抜くべきかという視点からの要求は過大ではないと思います。

ただし、見抜けないときもあるでしょう。企業が必死になって隠ぺいしたら、おそらく全体像を発見することは難しいでしょう。でも、端緒は何か見つかります。これが端緒かもしれないというにおいをかぎ取ったときに、「そこを深掘りしていくぞ」と言って会社がそれに協力しなかったら、少なくとも「適正意見は書けません」とか「では、辞めさせてもらいます」という覚悟が必要ではないか。

オリンパスでは、旧経営陣が虚偽の記載を認めた2011年10月8日の段階で、とてもじゃないが信頼関係をもてないといって法律事務所は辞任をしたのに、なぜ会計士は辞めないのかということが批判をされているわけです。

だから、自分のレピュテーションを考えたときに、クライアントとはいいながら、これはやってい

(久保利 英明 氏)

られない、「責任を取って辞任します」とならないのでしょうか。どうも監査人としてのあるべき要請に応えられない。あるいは、見抜くことまでは不可能だったけれども、端緒はつかまえて、徹底調査しようとしたら協力をしないと言われたとか、責任が過大かどうかという前に、本来やるべきプロセスがたくさんあるような気がします。そのプロセスを果たしていたのならそれはよしとなるし、果たしていないのだったらみんなが怒るのは当然だという話になる。だから、過大かどうかは投資家が会計監査人の監査プロセスに何を求めているかによると私は思います。

● 現状の監査人はそれを果たしていないのではないかというのが先生のご意見でしょうか。

久保利 もちろん一部ですが果たしていない監査人がいます、ということです。

八田 結果からみると、こういった不祥事が監査人の手によって事前に防止されたり、あるいは発見・摘発されていない現状を見ると、今の久保利先生のご指摘は残念ながら否定しようがありません。

ただ、どこまでの責任を負うかというときに、通例、刑事責任と民事責任で分けた場合に、マーケットの議論は民事の議論が一番大きいと思います。実際にそれを踏まえたうえで、かつての監査法人は組合のようなかたちの無限連帯責任のパートナーシップでした。ところが、幸か不幸か、20世紀までは、監査法人の責任が問われた事案は皆無に等しかったわけです。一部事案になったものもありますが、結果的にはお咎めなしというような状況になりましたので、会計士制度創設後50年程にわたって日本の会計士業界はノーリスクの状態できていました。ところが、今は極めてハイリスクになっています。このギャップを現場の会計士の先生方がどこまで理解できているのか。

目の前に現実に民事的な責任の追及が待っていることを示されたのは、ほんのここ数年なわけです。だから、それに対してまだ監査人が気持ちの整理といいますか、行動のなかでそれが体得できていないのではないかという気がします。

久保利 私は、会計士さんはプロフェッションで、弁護士と同じだとずうっと思い続けていましたけれども、そうすると、弁護士はけっこう厳しい懲戒を受けて、除名になったり退会命令になったり、いろいろと出ているわけです。それと比べて、会計士協会が本当にきちんとコントロールしているのでしょうか。その責任についても、ここまでは負いますとか、ここから先は過大ですという議論をきちんと社会に発信しているのか、というあたりがむしろ問題だと思います。

● オリンパスの問題、大王製紙の問題があったときに、監査人の側からは、当事者である監査人の責任を追及するのは仕方ないにしても、ほかの監査人にまで規制を強化してしまうのはどうなのか、一罰百戒的な対応はどうなのかという見解もあります。この点についてはどうお考えですか。

八田 同じプロフェッションの業務でも、弁護士さんとかお医者さんとは違って、会計士が監査という業務に関わるときには、報酬を負担する依頼主と業務結果からのベネフィットを受ける人が直接的につながっていないわけです。お医者さんは患者さんから、弁護士の場合には被告人の方から依頼を受

（八田 進二 氏）

ける。そうすると直の関係でやるから、その成果に対してはそれなりの評価ないしはお礼を言ってもらえるけれども、監査の場合にはこれがないわけです。

したがって、実際のステークホルダーの投資家・株主から見たときに、その監査に対してのベネフィットは、自分たちの経済意思決定に齟齬をきたさないような決算書であるかどうかを確認してもらうことなわけです。逆にいうならば、株主、ステークホルダーは監査人を選べないわけです。会社が選んでくる。となると結局、A監査法人だろうが、B監査法人だろうが、つまり誰が選ばれても同じ品質、同じ信頼性の業務が行われていなければ、監査という世界は崩壊してしまうと思います。

したがって、その中の特定の異分子が不祥事を起こしたといっても、監査業界全体が責められるのは構図的にしょうがないと私は思っています。ですから、それを束ねている自主規制機関である会計士協会が傷口が広がる前に早い段階できちんと対応していかなければいけない。

問題は、自主規制機関がしっかりしないから、行政とか法の執行のところに話が向かってしまうのであって、規制で雁字搦めの状態になるような印象があるんだと思います。

久保利 全くそのとおりです。自主規制が機能し、ピアレビューが効果を発揮することがプロフェッションの大前提です。しかし、弁護士会だって偉そうには言えません。自主規制機関の調査では顧客との守秘義務を解除することも必要でしょうし、懲戒事例の情報開示も求められることになるでしょう。

● 話は少し変わりますが、監査人の不正への対応という観点から、監査役によるサポート、もしくは監査役と監査人の連携の必要性に関しては、久保利先生、いかがでしょうか。

久保利 私は、監査役はあまり機能しないという主張をずうっと繰り返してきました。それは取締役会での1票を持っていないからです。ただし、差止請求権とか訴訟に絡むようなことであればいろいろな権限があるという意味では、訴訟主体としてはけっこうやりようがあるのではないかと思っています。問題は、それと会計士さんがどのようにセットになれるかです。

私は、監査役には何が大事かというと、胆力だと思います。たった一人でもやるぞという胆力が大事で、胆力がある監査役さんがいれば、リーガルにしても、会計にしても、いくらでもフォローができます。胆力のある監査役とジョイントが組めて、会計士さんが本気で「これはなんとか差し止めないと大変です」と言えば、たぶん監査役は頑張ると思います。

そのあたりで、結局のところは、オリンパスのケースを見ても、監査役にそういう人がいなかった。悪事を働いた者がそのまま横滑りで常勤になったりしている。オリンパスの悲劇は監査役の人選を取締役会が決定し、監査役だけで決定はできないという制度とセットになっていると思います。監査役と監査人の連携は必須ではないかと思っています。

八田 先生がおっしゃるとおり、監査役は、いわゆる独任制というかたちで、一人ひとりの個性といいますか力が十分に発揮できる場面が与えられているわけです。

ただ、監査役さんとお話をしていても、取締役のポストに就くことができずに監査役に就任された方で、お喜びになる方はあまりいないようです。やはり執行のほうがいいと思っているわけです。その理由の一つは、やはり報酬だと思います。私が知る限り、取締役報酬と監査役報酬はけっこう差があると思います。監査役が、会社の健全化を推進するための役割をこれだけ担っているならば、最後の砦としての役割は大きいのであり、報酬についても、少なくとも役付取締役と同じレベルに引き上げるべ

きだと思います。それでも決して高くつかないと思います。

そうすることにより、報酬の見返りとして責任意識も大きくなる、期待にも応える、ということでやる気も出てくる、という構図になりますので、私は、監査役さんの報酬は最低でも役付取締役と同じレベルにするという主張をしたいと思います。

V 新たな監査への期待

● 監査は、世界的にももちろんですが、日本でも大きく見直しの機運が高まっています。今後の監査の制度や実務に期待することをお聞かせください。

久保利 これはなかなか難しい問題で、何を期待するかというと、先ほどのギャップ論にまた戻りますけれども、要するに、みんなが求めている正当な期待にきちんと応えてください、これに尽きると思います。それは何かというと、端緒が見えたら、きちんと探して深掘りしてください、本当に会社によくない点があったら堂々と限定意見でもなんでもどんどん出してください、それから、金商法193条の3の発動が必要なときには臆せず発動してくださいということです。

その一方で、それをやると逆に会社から訴えられるのではないか、そこが非常に心配だと言う監査法人もあるでしょう。だったら、なぜ、恒常的に組織の中に弁護士を入れないのでしょうか。

オリンパス社の事件では、2009年に第三者委員会の報告が問題とされます。あの報告書は会社の行為が適法・適正とは断言していません。監査法人自身が法的な守りが弱いからこの報告を受け入れてしまったのではないでしょうか。

会計監査人については、自分がもっと積極的に果敢に行動できるための備えをしていただきたい。それをやったうえで、今期待されている、特に会計・財務諸表に関連する部分では深掘りをしてください。そして、勇気をもって、だめなものはだめと言ってください、というのが私の期待です。

八田 今、先生がおっしゃったように、これは制度として行われているわけですから、社会のニーズというか期待をまず的確に見極めて、それに粛々と応えていくことしかないと思います。そこでの期待に過度とか行き過ぎたものがあるならば、それをきちんと丁寧に説明して訂正する責任もあります。

そもそもアカウント（Account）とは説明・報告することです。だから、会計プロフェッションは説明能力に最も長けていなければいけないにもかかわらず、巷間伝えられる状況を見てみると、ほとんど説明していない。ということは結局、個々のレベルにおいても全体においても、わが国の会計専門家はまさにプロフェッショナリズムが定着していないというか、身についていないと言わざるを得ない。プロとしての気概、根性、そういったものがあまり見えないのではないでしょうか。

● 最後ですが、日本の会計プロフェッション、あるいは若き会計プロフェッションと言ったほうがいいかもしれませんが、彼ら彼女たちに向けて、両先生からメッセージをお願いします。

八田 私は、会計と監査を自分の専門領域にしている人間の一人なのでそう思うのかもしれませんが、情報化社会における会計情報は極めて重要であって、会計制度とか監査制度が社会において正しく理解され定着している国は民主主義の先進国であると思っています。つまり、自らの経済意思決定ないしは判断をするときに、拠って立つ情報が適時・適切に正しく与えられている場合に、自身の行った行為の結果に対しては自ら責任を負いましょうというのが自己責任という考え方の原点にあると思います。

自由主義経済の中で経済社会として成熟していく礎としては、会計が極めて重要であり、それを支

える専門的な能力と高度な倫理観、誠実性を備えた人間が当然に必要になると確信しています。したがって、今はその過渡期で、世の中に会計と監査に対する誤解や理解に対する若干のブレがあるため、少し厳しい環境に置かれているかもしれませんが、将来を担う若い人にとって会計の世界は当然に、まさに法の世界もそうであるように、「バラ色」という言葉は少し安易ですけれども、必ずや国を背負えるような役割期待が待っていますから、優秀な人たちには大いに会計を身につけていただきたいと思います。

久保利 アメリカには30万人の会計士と100万人の弁護士がいると言われます。では、30万人が会計監査をやっているのか、100万人が法廷に立っているのかというと、そんなことはないわけです。要するに、その人たちは会社経営に関連したり、会社のしかるべきポストを占めたり、あるいは国家公務員や州の公務員になっているわけです。

日本は、ある意味でいうと経済規模は小さくなるかもしれないし、人口は減るかもしれないけれども、働く人の質は逆に高まるに決まっています。そういうときに、100社回りました、50社回りましたと大学で就活ばかりやっていて、やっとどこかの大企業にぶら下がったとして、その大企業はどうせ、韓国、台湾、中国との競争に敗れてつぶれます。その経済戦争で勝とうと思ったら、韓国よりも台湾よりもシンガポールよりももっと大勢の有能で倫理観のあるプロフェッションが出てこないと、この国はもたないと思います。

そういうときに就活でばかな時間を使いますか。そうではなく、本当のプロフェッションを育成するロースクールなり会計専門職大学院なりへ行って監査を勉強する、法律を勉強する、倫理をしっかり身につける、これは自分の一生を考えてみたときにものすごい財産ではないか。

これからは逆に、プロフェッションである会計士と、弁護士という二つの職種が協調・協働しながら経営者を変え或いは自らが経営者になっていかないとこの国はもたないと思っていますので、若い人にはぜひプロフェッションになっていただきたいと思います。

● 本日はどうもありがとうございました。

(了)

識者の箴言
「専門職は大人の仕事」
― 専門職大学院と倫理教育 ―

● 不正との関連で、倫理教育の問題もあると思いますが、これについてはいかがでしょうか。

八田 日本では、職業との関連での倫理教育というのは、昔から何もしてこなかったといえます。まだまだ形式的かもしれませんが、それでも今やっと、専門職業を念頭に置いての「倫理」が取り上げられて議論されるようになってきています。

特に専門職大学院の場合には、倫理教育は必須であり、青山学院では実際に私が担当しています。半期に15週の授業がありますが、授業開始のときと終わったときを較べてみると、全体として受講生の気づきの気持ち、自分の日々の行動に関して「ちょっと待てよ」という気持ちなど、明らかに倫

(久保利 英明 氏（左）と八田 進二 氏（右）)

理的な視点での向上が見られる場合が多いと思っています。ただ、倫理の教育や研修というのはそれで終わるわけではなく、それを一つのとっかかりとして、常に反芻する、あるいは相手の立場で考えるという考え方を継続させることが大事なわけです。

また、監査に携わる会計士だけではなく、不正が社会にとっていかに罪悪であるかを、ビジネスマンあるいは社会の人々に対して、どこかで徹底的に教える場面が必要ではないかと思います。よく言われるように、「自分のために粉飾しているわけではない。組織防衛だ」と皆さんおっしゃいます。したがって、従業員もみんな「そうだよな」と許してしまいますが、私は違うと思います。粉飾とかダーティーなところに手を染めた人は会社の中で必ず優遇されています。実際にオリンパスの従業員もそうです。だから結局、還元して必ず自分の利益ないしは保身に結びついているということです。本当に世のため人のために粉飾したというようなことは、ゆめゆめありえないと私は思っています。

したがって、個々の人たちに経済不正ないしは粉飾がいかに罪悪かを理路整然ときちんと説明して抑止力をもたせるような教育が必要です。少し青臭い話ですが、こうした議論が正しくなされるためには教育や研修がしっかりしなければいけないと思っています。

久保利 全くそうですね。弁護士も今、たぶんどこのロースクールでも必ず2単位、必修に近いかたちにしていまして、大宮法科大学院などは学長が自ら倫理を4単位やっているわけです。

逆にいうと、なまじっか法律の知識をたくさん知っているだけの人よりは、倫理がしっかりしている弁護士のほうが長期的には役に立つ。私もその信念があってやっているわけですけれども、そういう意味でいうと、今、八田先生がおっしゃったとおり、会計士を鍛えていくことが一つです。要するに、倫理研修なりを含めてやっていく。もう一つは会社を変えていくことです。経営者も従業員も含めて、会社は公的な存在であるという認識をもたせる。利益を上げなければいけないけれども、インチキをして利益を上げてもそれは組織防衛でもなんでもないことを教育する。やはり教育ですね。

● 法曹の世界では、今やほとんどの方が法科大学院を出た人たちから輩出されます。ところが、会計士の場合は、1年間に合格する人間が1,500人いても、会計専門職大学院を出た人間はその中の100人の世界です。これは決定的に違います。

会計士の場合、会計士試験に合格した後、公認会計士協会主催の集合研修で職業倫理を勉強することになっています。しかしながら、そうした研修は、日常業務に従事する中で日々疲れ切って受けることになるし、そもそも合格してしまった後なので、モチベーションが高まらない。したがって、会計専門職大学院では、合格する前の段階でどれだけしっかり職業倫理の考え方を学んで貰うかが大事だろうということで、われわれは必死にやっていくしかないわけですが…。

八田 全くおっしゃるとおりです。ただ、すべての会計士を一律にレベルアップするのは難しいので、将来的にはきちんとした教育を受けた者、あるいは、会計士にランクをつけることはありえないと思いますけれども、社会がそうした人たちを適正に評価できる環境づくりができればということで、専門職業教育に専心しているわけですが、なかなか難しいですね。

現在の会計士の試験制度は、平成15年の公認会計士の改正で受験資格要件が撤廃されたことで、会計士の試験は誰でも受けられる制度に変えられてしまったために、義務教育前の幼児でも受けられるわけです。とんでもない改悪だと私は思っています。べつに義務教育とか高等教育とかは言わないけれども、少なくとも時間をかけた手作りの教育体制の中で人を育てていく、あるいは10代のときに身

につけなければいけないような素養があるだろう。そういうのを一気に飛び越して、すでに16歳の最年少公認会計士合格者も出ている状態です。

　ところが、会計専門職大学院を作ったときは、法科大学院を例にとって、現行の大衆化した学部教育では養成しえない専門家を輩出する必要性に応えるために進められた教育機関だったのです。そのように考えると、現在の大学院修士課程というのは、昔のわれわれがいたときの学部ぐらいかもしれません。

　ところが、会計専門職大学院の場合、会計士試験での入り口試験である短答式試験の一部科目を免除するといった飴をぶら下げておきながら、その一方では、この会計士試験は誰でも受けられますというのです。したがって、下手に大学院に来ると合格を先送りされてしまうということから、早く受験予備校に行って若くして受かったほうがいいという理解も蔓延しており、試験制度が教育機関との関係で全く乖離しているという恐ろしい状況におかれているのです。

　久保利　要するに、プロフェッションは大人がやらなければいけない仕事です。たぶん、お医者さんもそうだと思います。大人がやる仕事については若くて優秀ということはありえないのです。若ければ、社会を知らない分だけ、人間を知らない分だけ、危険に遭っていない分だけ、優秀ではありません。そのことをどこかでダーンと打ち出さないと。試験に受かっただけでは非優秀である、若くて頭が固いから正解のある試験にすぐ受かるのだ、早く受かった者はよくないというメッセージを伝えるべきだと私は思います。

　八田　全く同感です。そういう理解を当時誰もしてくれなかったことは、大いに悔やまれます。

（なお、本対談は、町田祥弘（青山学院大学大学院会計プロフェッション研究科教授）の司会進行により、2012年5月31日に実施したものである。）

久保利 英明（くぼり ひであき）
日比谷パーク法律事務所代表弁護士、大宮法科大学院大学教授。
1944年生まれ。
1967年司法試験合格。元日弁連副会長。
現在、株式会社東京証券取引所グループ社外取締役、NPO法人一人一票実現国民会議理事等。
その他、NHKをはじめ多数の第三者委員会の委員を務める。
著書：『「はしがき」に見る企業法務の軌跡』
　　　（商事法務　2012年）他62冊。

八田 進二（はった しんじ）
現在、青山学院大学大学院会計プロフェッション研究学会会長、青山学院大学大学院会計プロフェッション研究科長・教授。他に、会計大学院協会相談役、金融庁企業会計審議会臨時委員（監査部会）、一般財団法人会計教育研修機構理事、等。

特集 Ⅱ

監査の現状と課題

- 三様監査の要は、監査役／松井 隆幸
- 不正問題に対する監査上の取組みについて／町田 祥弘
- 財務諸表監査と不正
  ー監査人としての公認会計士の果たすべき役割・使命ー／手塚 仙夫
- 監査人の新しい期待GAPー不正発見の期待に応えてー／松永 幸廣
- 証券市場から見た監査制度への期待／静 正樹
- 資本市場からみた監査／引頭 麻実
- 会計不正等に対応した監査基準の見直しについて／栗田 照久
- 国際監査・保証基準審議会（IAASB）による基準設定の動向と課題
  ／関口 智和
- 会計監査における監査人の義務と責任／黒沼 悦郎
- 不正行為の監査における会計法制の役割／中東 正文

　特集Ⅱでは、「監査の現状と課題」と題して、多面的な議論を提示していただくことを目的として、監査論学者（三様監査／不正に対応する財務諸表監査）、会計士（日本公認会計士協会／監査実務家）、市場関係者（上場規制／財務諸表利用者）、監査基準設定主体（企業会計審議会／国際監査・保証実務審議会）、及び法学者（市場法制／会社法制）のそれぞれの立場から、わが国の監査の現状と課題に関する貴重な論稿を寄せていただいた。

特集 II

三様監査の要は、監査役

青山学院大学大学院会計プロフェッション研究科 教授
松井 隆幸

　三様監査において、経営者不正の防止又は発見・是正を直接の監査目標とするのは監査役である。独立監査人や内部監査は、自らの監査目標に関係する限りで、経営者不正に対応する。本稿では、IIにおいてまずこの点を指摘した上で、IIIにおいて監査役監査と独立監査人監査及び内部監査の関係を要約した。その上で、監査役が会社法上の権限を生かして不正の兆候を感じ取り、独立監査人や内部監査に適切な示唆を与え、適切な対応を導くことが重要であることを論じた。

I はじめに

　監査基準委員会報告書240（日本公認会計士協会(2011a)）第10項は、「不正」を「不当又は違法な利益を得るために他者を欺く行為を伴う、経営者、取締役等、監査役等、従業員又は第三者による意図的な行為」と定義する。不正を実行行為者により分類すれば、経営者等の役員層による不正（以後、経営者不正）、従業員による不正、第三者による不正に分類できる。これらの中で、経営者等は従業員や第三者よりも企業内における権限が大きく、内部統制を無効化できる場合もあり得る。したがって、経営者不正は従業員や第三者による不正よりも、巨額になり、世間の注目を集めることが多い。昨年来話題となったオリンパスや大王製紙の不正事件は、経営者の中でも特に権限の大きい代表取締役社長や会長、いわゆるトップ・マネジメントによる不正事件であった。関与者の権限が大きいだけに、不正の金額も巨額で、影響も大きくなった。本稿は、経営者不正の防止又は発見・是正に、監査がどう貢献できるかについて三様監査の観点から考察する。なお、本稿では、多くの大規模な会社が選択している監査役会設置会社を前提として論を進める。

　会社法上の大会社（資本金5億円以上又は負債の合計額が200億円以上の株式会社）で監査役会設置会社の形をとる場合、法定監査として、監査役監査と公認会計士又は監査法人による会計監査人監査が存在する。上場会社等の金融商品取引法の適用を受ける会社でもある場合、金融商品取引法に基づく公認会計士又は監査法人による財務諸表の監査及び内部統制監査も受ける。ただし、通常、会社法に基づく会計監査人が金融商品取引法における監査も担当する。本稿では、これらの監査を担当する監査人を独立監査人と表記する。監査役監査及び独立監査人監査に加え、多くの大会社では、任意に、内部監査をおいている。三様監査という用語は、一般に、監査役監査、独立監査人監査及び内部監査を指している。

　本稿では、まずIIにおいて、三様監査それぞれの監査目標と経営者不正との関係を整理し、経営者不正の防止又は発見・是正は監査役監査の主目

標であることを指摘する。次に、Ⅲにおいて、監査役監査と他の二つの監査との関係を要約する。その上で、Ⅳにおいて、監査役が三様監査の要として機能すべきことを論ずる。

Ⅱ 監査目標と経営者不正

独立監査人監査及び監査役監査は法定監査であり、法の目的の達成に貢献することが監査目的となる。それぞれの監査目標の達成を通し、法の目的の達成に貢献することが求められる。内部監査は任意監査であり、通常、経営者等が各企業の目的の達成のために設置した企業内組織である。したがって、監査目標の達成を通し、各企業の目的の達成に貢献することが求められる。以下、それぞれの監査目標と経営者不正の関係について要約する。

Ⅱ-1. 独立監査人の監査目標との関係

独立監査人は、財務諸表や内部統制報告書の適正性について意見を表明するために監査を実施する。企業会計審議会の監査基準（企業会計審議会（2010））「第一　監査の目的」において「財務諸表の表示が適正である旨の監査人の意見は、財務諸表には、全体として重要な虚偽の表示がないということについて、合理的な保証を得たとの監査人の判断」を含んでいるというように、監査人は、不正による重要な虚偽の表示がないという合理的保証を得るように財務諸表監査を実施しなければならない。そのため監査基準では、「財務諸表の利用者に対する不正な報告あるいは資産の流用の隠蔽を目的とした重要な虚偽の表示が、財務諸表に含まれる可能性を考慮」（第二　一般基準４）することを求めている。また、監査実施上も「職業的専門家としての懐疑心をもって、不正及び誤謬により財務諸表に重要な虚偽の表示がもたらされる可能性に関して評価を行い、その結果を監査計画に反映し、これに基づき監査を実施」（第三　実施基準一５）することとしている。特に、重要な虚偽表示に結びつく不正の疑いのある取引は、「特別な検討を必要とするリスク」として認識（第三　実施基準二５）し、経営者による内部統制の無効化のリスクへの適切な対応も含め、監査手続を実施するように要請している。

内部統制報告書において内部統制が有効であるとの判断が示されている場合、経営者が内部統制に開示すべき重要な不備がないとの判断をしたことを意味する。開示すべき重要な不備には、不正を許容した結果、財務報告に金額的又は質的に重要な虚偽記載をもたらす可能性が高い不備が含まれる。独立監査人は、経営者による内部統制評価プロセスを監査し、開示すべき重要な不備の有無が適切に識別、評価されてきたかについて判断する。

独立監査人が監査目標の達成のために関心を持つのは、財務諸表又は財務報告の重要な虚偽表示又は虚偽記載の原因となり、誤った監査意見を表明する結果をもたらす不正である。重要性には金額的（量的）側面と質的側面があるが、監査計画の策定時には、金額的側面に着目し、一定の重要性の基準値を超える虚偽表示を発見できる合理的保証を得ることができるように計画する。たとえば、環境規制違反や独占禁止法に違反するカルテルの締結は、財務諸表や財務報告の数値に直結しない。したがって、独立監査人の監査において、経営者への質問や外部者とのやりとりを示す文書の閲覧により気がつくことはあるにせよ、合理的保証を得る対象範囲には含まれない。加えて、独立監査人の監査は企業が残した会計記録やその基礎となる証憑書類の検査に依拠するところが多く、企業

内に常設され、継続的に監査を実施しているわけでもないため、不正が結果として会計記録に影響を与えるまでは、気が付かない可能性も高い。取締役会等の重要な会議への出席権もなく、経営者が関わる通例的でない業務に注目できる可能性も低い。さらに、内部統制への影響力が大きく会計記録等に影響を及ぼす可能性のある経営者が巧妙な隠蔽工作を行った場合、その発見は困難になる。このように、独立監査人が経営者不正に対応するには限界がある。

II-2. 監査役の監査目標との関係

監査役の主な職務は、取締役の職務の執行を監査し、その法令及び定款違反の有無を確かめることである。監査対象は取締役の職務のすべてであり、会計監査及び業務監査の双方を含む。監査を実施するため、監査役は、会社法上、取締役に対する事業報告請求権、業務・財産状況調査権（会社法381条2項）、子会社調査権（会社法381条3項）、取締役会出席義務及び意見陳述義務（会社法383条1項）、独立監査人に対する報告請求権（会社法397条2項）等の権限を付与されている。

日本監査役協会の監査役監査基準（日本監査役協会(2011a)）では、監査役の職責として、「監査役は、株主の負託を受けた独立の機関として取締役の職務の執行を監査することにより、企業の健全で持続的な成長を確保し、社会的信頼に応える良質な企業統治体制を確立する責務を負っている」（第2条）とする。この職責を果たすため、監査役は、会社法で与えられた権限を行使して、取締役会における意思決定状況や監督義務履行状況、内部統制システムの整備及び運用状況、取締役の義務違反事実の有無について監査しなければならない。通常、上級の経営者は取締役であり、これらの経営者が不正に関与するとすれば、取締役の義務違反に該当する。経営者不正を防止又は発見・是正することは、監査役の監査目標そのものである。監査役監査の目標を達成するための環境整備として、監査役監査基準（第13条～第17条）では、監査役は、代表取締役と定期的会合を持って意見交換するようにし、取締役に対して必要な補助使用人を要請するとともにその業務執行者からの独立性を確保し、取締役や従業員から適時かつ適切な報告を受ける体制を確立するように要請している。

II-3. 内部監査人の監査目標との関係

日本内部監査協会の内部監査基準（日本内部監査協会(2004)）では、内部監査業務において「リスク・マネジメント、コントロールおよび組織体のガバナンス・プロセスの有効性について検討・評価し、この結果としての意見を述べ、その改善のための助言・勧告を行い、または支援を行うことが重視される」と規定する。内部監査の監査目標は企業によって異なるが、一般的には、内部統制やリスク・マネジメント等の有効性評価及び改善提案である。内部統制やリスク・マネジメントにおける重要な目標の一つは法令等の遵守である。法令等に遵守しない行為は明らかに不正であるから、有効な内部統制やリスク・マネジメントは不正を防止又は発見・是正するシステムを含まなければならない。

内部監査は、法令等の遵守に関係する内部統制やリスク・マネジメントの有効性評価や改善提案を通し、不正の防止又は発見・是正の可能性を高める。この有効性評価を実施できるために、内部監査基準では、正当な注意を払うために留意すべき事項のひとつとして「重大な誤謬、不当事項および法令違反の兆候」（〔3〕2）をあげている。さらに当該事項に関わる内部監査基準実践要綱（日本内部監査協会(2006)）において、「内部監査人は、重大な

誤謬や不正、不当事項および法令違反の兆候を発見するための十分な知識を有し、とりわけ不正または法令違反の発生を許す状況に注意を払」う必要があること、及び「内部統制システムの妥当性と有効性の評価により、不正発生の防止を支援する責任がある」ことを明らかにしている。内部監査人は、監査目標を達成するため、不正に対応する内部統制やリスク・マネジメントの有効性評価と改善提案を通し、経営者不正にも対峙する場合が生じる。

世界的な内部監査人の専門職団体である内部監査人協会が設定する「内部監査の専門職的実施の国際基準」(IIA (2011)) 2120A2 では、より明確に「内部監査部門は、不正の発生可能性と、いかに組織体が不正リスクを管理しているかを、評価しなければならない」と述べる。加えて、「内部監査人は、個々のアシュアランス業務の目標を設定するにあたり、著しい誤謬、不正、法令等の違反、その他起こり得る障害、の可能性を考慮しなければならない」と明示している。

とはいえ、日本における内部監査は、通常、トップ・マネジメントに直属する組織であり、内部監査人の任免や内部監査計画の承認もトップ・マネジメントが行う場合が多い。内部監査では、企業内のすべての業務諸活動が対象とはいうものの、効率的に監査を実施するため、通常は年度監査計画の策定において、リスク評価の結果に基づいて当該年度で扱う監査対象領域を決める。トップ・マネジメントが内部監査計画の承認権等を通し不都合な領域を監査対象範囲から除くように指示できるとすれば、内部監査によって経営者不正、特にトップ・マネジメントが関与する不正を防止又は発見できる可能性は低い。

Ⅲ 監査役監査と独立監査人監査及び内部監査の関係

Ⅱで述べたように、経営者不正の防止又は発見・是正を直接的監査目標とする立場にあるのは、監査役である。そのため、会社法上、Ⅱ-2で述べたような様々な権限が与えられている。独立監査人の監査や内部監査は、Ⅱで述べたように、それぞれの監査目標に関わる範囲内で、経営者不正に対する責任を持つ。不正が会計記録に影響し、財務諸表や財務報告に重要な影響を与えるのであれば、独立監査人の監査により発見又は防止・是正される可能性は高まる。また、内部統制やリスク・マネジメントにより対処できる不正であれば、内部監査が有効である場合、発見又は防止・是正できる。したがって、監査役は、独立監査人や内部監査の監査目標を十分に理解した上で、その報告を活用し、経営者不正の兆候や証拠を把握するようにしなければならない。以下、経営者不正への対応の観点から、監査役監査と他の二つの監査の関係を要約する。

Ⅲ-1. 監査役監査と独立監査人監査の関係

会社法上、計算書類の監査（会計監査）は独立監査人が実施し、監査役は独立監査人の監査の方法及び結果の相当性を判断する（計算規則第127条）。監査役には、信頼しうる独立監査人を選任することができるように、独立監査人の選解任議案や報酬に対する同意権（会社法第344条、399条）、独立監査人に対する報告請求権（会社法第397条2項）、及び独立監査人の職務遂行に関する事項の通知を受ける権限（計算規則第131条）等の法的権限が与えられている。監査役は、これらの権限を十分に生かし、独立監査人の監査の方法及び結果の相当性を判断すると同時に、経営者不正対する監査を含め、取締役の職務の執行を監査するために独立

監査人から得た情報を活用しなければならない。

　監査役監査基準でも、独立監査人と緊密に連携し、意見交換すること、監査計画を受領し重点項目の説明を受けること、監査実施について適宜説明を受けることなどを規定している。特に第24条では「会計監査人から取締役の職務の執行に関して不正の行為又は法令もしくは定款に違反する重大な事実（財務計算に関する書類の適正性の確保に影響を及ぼすおそれがある事実を含む）がある旨の報告等を受けた場合には、監査役会において審議のうえ、必要な調査を行い、取締役に対して助言又は勧告を行うなど、必要な措置を講じなければならない」と述べている。

　独立監査人は、財務諸表監査及び内部統制監査において、それぞれの監査に必要な範囲で内部統制を監査対象とする。監査役監査は、内部統制における統制環境の要素に含まれ、モニタリングにおける独立的評価の役割を担う。したがって、独立監査人は、監査役会や取締役会の議事録を閲覧し、監査役とのコミュニケーションを図るなどの手段を通し、監査役監査の機能状況を評価する必要がある。この評価において得た情報は、独立監査人の監査において、リスクが高い監査対象を見分ける上で活用できる。加えて、独立監査人は、会社法上、不正行為や法令違反の事実を発見した時には、監査役会に報告しなければならない（会社法397条）。また、金商法上、法令違反事実等で財務諸表の適正性確保に影響する恐れのある事実を発見した場合、監査役に書面で伝達しなければならない。なお、伝達後一定期間を経過しても適切に対応されない場合、独立監査人は金融庁長官に通知する義務がある（金商法193条の3）。

　監査基準委員会報告書240（日本公認会計士協会（2011a））や260（日本公認会計士協会（2011b））では、具体的に監査役等とコミュニケーションを行わなければならない事項を示している。たとえば、240の第40項では、独立監査人は経営者による不正又は不正の疑いに気が付いた場合、監査役等に伝達し、必要となる監査手続の種類、時期及び範囲について協議することを義務付けている。さらに、日本公認会計士協会は、監査・保証実務委員会報告第25号を発行し、企業が設置した調査委員会や証券取引所及び財務局との対応等につき説明した後、会社法第397条や金商法193条の3に基づいて不正行為を通知する場合の方法を具体的に示している。

　日本監査役協会の「会計監査人との連携に関する実務指針」（日本監査役協会（2011c））では、監査の各段階別に、情報・意見交換すべき基本的事項を例示している。その中で「8 随時の連携の例示」において、「取締役・使用人に不正、誤謬もしくは違法行為又はそれらの兆候を発見した時には、会計監査に必要な範囲内で会計監査人に情報を提供する」をあげている。また、「法令違反等事実又は不正の行為等が発覚した場合の監査役等の対応について」（日本監査役協会（2012））では、独立監査人から会社法や金融商品取引法に基づき、不正行為を通知された場合の対応を具体的に示している。監査役と独立監査人は、経営者不正又は不正の兆候に気が付いた場合、相互に連携し、対応することが重要である。それぞれの専門職団体が上記したような報告書を公表し、法で求められる対応について具体的に示したのも、こうした相互連携の必要性を重視したからであろう。

　日本公認会計士協会（2009）は、2009年8月から9月にかけて、上場会社の監査を担当した監査責任者を対象にアンケート調査を実施し、430名から回答を得た結果を要約している。その設問11及び12に監査役又は監査委員会との連携についての設問がおかれている。それによれば、独立監査

人から監査役に情報提供を行ったとする回答者は74.9％であったのに対し、監査役等から独立監査人への情報提供が行われたとする回答者は24.2％にすぎなかった。また、日本監査役協会（2011d）は、2011年7月から8月にかけて、会員を対象にアンケート調査を行い、3607社（うち上場会社1930社）から回答を得た結果を要約している。その設問12-2では、内部統制報告制度に関する独立監査人との連携について聞いている。それによれば、上場会社について、独立監査人の監査計画について報告・説明を受けた割合は89.8％に達するのに対し、監査役が監査計画を説明した割合は36.8％にすぎない。監査役から独立監査人に対する情報伝達は、まだ不十分なケースが多いように思われる。

Ⅲ-2. 監査役と内部監査の関係

内部監査は任意監査であり、内部監査人と監査役の間に法的な関係はない。しかし、企業経営を健全に行うために内部統制やリスク・マネジメントを整備し運用することは重要でるため、会社法348条では、業務の適正を確保するための体制の整備について取締役会で決議することを求めている。監査役にとっても、取締役が内部統制やリスク・マネジメントを適切に整備し運用しているかどうかを監査することは不可欠である。それゆえ、監査役にとって内部統制やリスク・マネジメントの有効性を評価する職務を担う内部監査は、内部統制やリスク・マネジメントに関する監査証拠の源泉としても重要な存在である。以下に述べるように、それぞれの専門職団体が公表する基準等では、両者の連携に関する規定が多くおかれている。

監査役監査基準第21条2項では、「監査役は、内部統制システムの構築・運用の状況についての報告を取締役に対し定期的に求めるほか、内部監査部門等との連係及び会計監査人からの報告等を通じて、内部統制システムの状況を監視し検証する」とし、内部統制に係る証拠を入手するため、内部監査部門と連携するように要請している。また、監査の方法等について規定する監査役監査基準第33条では、効率的な監査のために「会計監査人及び内部監査部門等と協議又は意見交換」して監査計画を策定するべきとし、34条では「内部監査部門等からその監査計画と監査結果について定期的に報告を受け、必要に応じ調査を求める」ように要請している。

「内部統制システムに係る監査の実施基準」（日本監査役協会（2011b））第6条では、より具体的に、監査役は、内部監査部門等から内部監査計画とその実施状況の報告や重大なリスクへの対応に関するシステムの状況について定期的に報告を受けるだけでなく「必要に応じ内部監査部門等が行う調査等への監査役もしくは補助使用人の立会い・同席を求め、又は内部監査部門等に対して追加調査等とその結果の監査役への報告を求める」ように求めている。また、監査役に、内部監査部門等との連携を通じて、内部統制システムのモニタリング機能の実効性について、監視し検証するようにも求めている。

内部監査基準〔2〕2では、「内部監査部門は、組織上、原則として、最高経営者に直属し、同時に、取締役会または監査役会もしくは監査委員会への報告経路を確保する」とし、取締役会又は監査役会への報告を求めている。この報告は、内部監査がトップ・マネジメントの関与する問題点に気が付いた場合、トップ・マネジメントに対する監督又は監視機能を持つ機関に報告できるようにし、内部監査の独立性・客観性を高めるために必要である。特に、内部監査基準実践要綱において「内部監査部門長の任命および解任について取締役会または監査役会もしくは監査委員会の決議を必要とす

ることにより、内部監査の独立性はより高められる」というように、監査役会等が内部監査部門長人事に関与できるようにすることにより、内部監査の独立性は一層高まるものと期待されている。

内部監査基準〔5〕1では、監査の効率化の観点から、独立監査人や監査役と業務の調整を図り、情報を共有するように規定している。また、〔7〕では、内部監査として、監査役監査や独立監査人監査等の法定監査が十分にその目的を達成し得るように、「基礎的前提としての内部統制を検討・評価し、その改善を図ることにより、その整備・充実に役立つ必要がある」と述べている。その上で、監査役監査や独立監査人監査は、「有効な内部統制がその監査の前提とされており、したがって、内部監査は、これらの監査との情報交換、意見交換等の機会を持ち、さらには連携を図ることが望ましい」としている。特に、監査役監査との関係については、内部監査基準実践要綱〔7〕において、「会社法の規定に基づいて、監査役または監査委員会がその監査を実効的に行おうとする場合、内部監査部門長はそれらの求めに応じ、内部統制の整備と運用の状況に関する情報を監査役または監査委員会に提供しなければならない」と述べている。

内部監査協会（2011）では、2010年7月から8月にかけて内部監査人を対象にアンケート調査を行い、2042社（うち上場会社1351社）から有効回答を得た結果を要約している。その第111表によれば、91％の上場会社で、監査役から内部監査へ何らかの情報伝達はあった。第114表において、内部監査から監査役会に情報伝達している場合の頻度を聞いているが、この設問に無記入であったのは12社のみであり、ほとんどの場合に情報伝達しているものとみられる。

Ⅳ 監査役の役割

Ⅱで述べたように、経営者不正の防止又は発見・是正を監査目標とする立場にあるのは、監査役である。監査役は、取締役会等の重要会議への出席や取締役等に対する報告請求権の行使により、経営者不正の兆候を識別することが期待される。監査役は取締役会等の重要な会議に日常的に出席することができ、経営者と日常的に接することができるため、独立監査人や内部監査人よりも、通例的でない経営者の動向を感じとることができる。感じとった場合、それが不正に結びつくものかどうか、場合によっては、独立監査人や内部監査人に監査すべき領域を指示することにより、確かめることもできる。

経営者不正も他の者による不正も、粉飾であれ、資産の流用であれ、会計記録の改ざんや内部統制の無効化により隠蔽されることが多い。独立監査人は会計及び監査の専門家として、会計記録の改ざんや財務報告に係る内部統制の無効化の痕跡を発見するための専門的知識を持つと期待できる。内部監査人は、内部統制やリスク・マネジメントの専門家として、統制が機能していない状況を発見するための専門知識を持つと期待できる。監査役のみで対応するのではなく、独立監査人や内部監査人に効果的な示唆を与えることにより、対応することが効率的であろう。

加えて、監査役は、自ら独立の立場で企業の業務や財産についての調査を行い、日常的に企業内の情報収集に努め、不正の兆候を見逃さないようにする必要がある。ただし、常勤監査役以外の監査役は、業務や財産についての直接的調査や日常的情報収集を行うわけではないので、常勤監査役からの情報提供に依存する結果になる。とはいえ、監査役会において、取締役や管理職の立場にある

従業員に対し、監査役会として意見聴取する際には、自らの知見に基づき、積極的に質問して不正の兆候を識別するようにしなければならない。

日本監査役協会（2011d）によれば、アンケートに回答した上場会社（1930社）について、監査役の平均数は3.75名、うち常勤監査役の平均数は1.52名である。また、監査役スタッフの数も、平均1.98名、専属のスタッフに限ると0.79名にすぎない。上場会社の規模にもよるが、十分な人数とはいえないであろう。監査役監査基準では、「監査の実効性を高め、かつ、監査職務を円滑に執行するための体制の確保」につとめるように求め（第14条）、特に、補助使用人の体制強化に努めるように求めている（第15条）。とはいえ、スタッフ部門の人数を増加することは、効率化の観点からも困難である。そのため、独立監査人監査や内部監査と連携して情報を得て、またこれらの監査に適切な示唆を与えて効率的に情報を得ることが重要になる。

監査役は、III-1で述べたように、独立監査人の選任や報酬の決定に対する同意権を持つことにより、独立監査人の経営者に対する独立性を高めることに貢献している。内部監査は、III-2で述べたように、トップ・マネジメントに対する独立性を欠く場合が多い。監査役は、内部監査に関しても、監査環境の整備の一環として、内部監査から監査役会への報告ラインを確立することや内部監査部門長人事への関与を要請し、内部監査の独立性・客観性を高めることに貢献すべきである。会社法施行規則100条3項では、業務の適正を確保するための体制に、取締役及び使用人の監査役への報告体制や監査役監査が実効的に行われることを確保するための体制が含まれることを明示している。監査役は、このような体制整備の一部として、内部監査に関する上記の要請をすることができる。監査役は、独立監査人や内部監査の独立性・客観性を高めることができる立場にもある。この役割を通し、三様監査が機能する環境を整備しておくことが、不正の兆候を感じ取った時に、独立監査人や内部監査に働きかけ、それぞれの専門知識を活用させ、不正の防止又は発見・是正を促すために重要なことであろう。

監査役は、経営者不正の兆候に対し独立監査人や内部監査に適切に示唆を与え、また示唆に対応できるためにも、これらの監査の独立性・客観性を確保するという意味で、三様監査が機能するための要なのである。日本監査役協会は、会員に向けて「最近の企業不祥事について」（日本監査役協会（2011e））と題する声明文を公表している。その中で、「健全な懐疑心を持ちながら、時に経営者と対峙するだけの覚悟を持ち職務を全うしなければなりません」、「いかなる状況下にあっても公正不偏にして毅然とした態度でその職務を果たさなければなりません」と呼びかけている。この覚悟と態度で、経営者不正の兆候を感じ取り、会計記録に重要な影響を与えていない早期段階で対応することこそ、監査役に最も期待されることである。

V おわりに

大王製紙の『調査報告書』（大王製紙（2011））に次のような記述がある。

「社外監査役3名がおり、本件のようなトップの不祥事にはチェック機能を発揮することが期待されていたが、残念ながら社外監査役には本件貸付についての情報が届いていなかった。

経理部、常勤監査役、取締役、監査法人など、社外監査役に適切な情報を届けるべき役割を担う人々が、その役割を果たし、監査役会に問題を報告し、注意を喚起することがなされなければ、社外監査役はその期待に応えることができない。」

監査役による監査の実施は、実際上、常勤監査役に依存することになろう。しかし、社外・非常勤監査役も、常勤監査役に依存するだけでは不十分である。監査役には内部統制の整備・運用状況を評価する中で、独立監査人や内部監査人と積極的に意見交換し、彼らから内部統制の整備・運用状況の評価や自らの監査実施において抱えている問題点を含め、率直な意見を引き出す努力をする必要があろう。この意見交換を実りあるものとするには、社外・非常勤監査役自らが、当該企業の業務を理解し、さらに独立監査人や内部監査に関する知識を有することが必要である。そして、提起された問題点について、取締役会等で問題提起するなど、真摯な対応をすることが、監査役と独立監査人及び内部監査人の間の信頼感の醸成につながり、三様監査の機能を高めるはずである。

引用文献

企業会計審議会（2010）「監査基準の改訂について」
http://www.fsa.go.jp/singi/singi_kigyou/tosin/20100329/01.pdf

大王製紙（2011）大王製紙株式会社元会長への貸付金問題に関する特別調査委員会『調査報告書』http://www.daio-paper.co.jp/news/2011/pdf/n231020a.pdf

公益社団法人　日本監査役協会（2011a）「監査役監査基準」
http://www.kansa.or.jp/support/el001_100315_01a.pdf

────（2011b）「内部統制システムに係る監査の実施基準」
http://www.kansa.or.jp/support/el001_100315_02a.pdf

────（2011c）「会計監査人との連携に関する実務指針」
http://www.kansa.or.jp/support/el002_110825_02.pdf

────（2011d）「定時株主総会前後の役員等の構成の変化などに関するアンケート調査結果」
http://www.kansa.or.jp/support/enquet12_111003-1.pdf

────（2011e）「最近の不祥事について」
http://www.kansa.or.jp/news/ns20111209.pdf

────（2012）「法令違反等事実又は不正の行為等が発覚した場合の監査役等の対応について」
http://www.kansa.or.jp/support/el002_120420.pdf

日本公認会計士協会（2009）「平成21年3月期の内部統制監査に関するアンケート調査結果」
http://www.hp.jicpa.or.jp/specialized_field/files/0-8-0-2-20091218.pdf

────（2011a）監査基準委員会報告書240「財務諸表監査における不正」
http://www.hp.jicpa.or.jp/specialized_field/files/4-24-240-2-20111024.pdf

────（2011b）監査基準委員会報告書260「監査役等とのコミュニケーション」
http://www.hp.jicpa.or.jp/specialized_field/files/4-24-260-2-20111024.pdf

────（2012）監査・保証実務委員会報告第25号「不適切な会計処理が発覚した場合の監査人の留意事項について」
http://www.hp.jicpa.or.jp/specialized_field/files/2-8-25-2-20120322.pdf

社団法人　日本内部監査協会（2004）「内部監査基準」
http://www.iiajapan.com/pdf/guide/KIJUN0406.pdf

────（2006）「内部監査基準実践要綱」
http://www.iiajapan.com/pdf/guide/IIAJ-PAh18.pdf

────（2011）『2010年　監査白書』日本内部監査協会

IIA（2011）*International Standards for the Professional Practice of Internal Auditing*, IIA.（檜田信男（監訳）『内部監査の専門職的実施の国際基準』日本内部監査協会）
http://www.iiajapan.com/pdf/guide/IIAJ-final-IPPF_Standards.pdf

松井 隆幸（まつい たかゆき）

1985年、中央大学大学院商学研究科博士後期課程満期退学。同年、拓殖大学商学部助手。専任講師、助教授、教授を経て、2005年より現職。イリノイ大学客員研究員（1994年～1995年）、日本監査研究学会理事（2000年～2006年、2009年～）。大学院では、監査論、監査基準、内部監査などを担当。主な著書に『内部監査機能の管理』同文舘2007年、『内部監査（五訂版）』同文舘2011年。

特集 Ⅱ

不正問題に対する監査上の取組みについて

青山学院大学大学院会計プロフェッション研究科 教授

町田 祥弘

現在、わが国の監査が直面している最大の課題は、2011年後半に相次いで生じた企業不正に対して監査が十分に機能しなかったことへの対応に他ならない。監査の失敗ともいえる事例が発覚した際に採るべき対応は、監査実務における責任の所在を曖昧にせず明らかにすることと、同じ状況下に置かれたときに二度と同じ失敗を繰り返さないように善後策を講じることである。前者については、守秘義務が課せられた監査業務においては外部者から窺い知ることは困難であることから、会計プロフェッションの自主規制機能の発揮が期待されるであろうし、後者については、単に新たな規制を課すということではなく、なぜ従来の基準や規則が機能しなかったのかを徹底的に問い直すことから始めなくてはならない。本稿では、いくつかの問題点を取り上げて、そうした議論への一助としたい。

Ⅰ 監査の失敗への対応策 ― 問題の所在

2011年後半、わが国では、精密機器メーカーのオリンパス株式会社(以下、オリンパス)と製紙会社の大王製紙株式会社(以下、大王製紙)における企業不正が相次いで発覚した。前者は損失隠しのための粉飾決算、後者は創業者による不当な資金の流用と、両者の性質は大きく異なるものであるが、いくつかの共通する特徴もある。たとえば、第1に、両事件では、会社法や金融商品取引法等の制度が予定しているほとんどすべてのガバナンスやモニタリングの仕組みが機能しなかったこと、第2に、両事件とも、原因の究明にかかる第三者委員会報告書が公表され、その後の企業形態や上場維持について内外の関心を集める中で事態が推移していったこと、第3に、両者の担当監査法人が、日本の大手3大監査法人であったにもかかわらず、監査人がそれらの不正を見抜くことができなかったこと等が挙げられる。

監査の問題に限ってみれば、両事件を契機として、金融庁企業会計審議会では、2012年5月より監査部会を開催し、「国際的な議論の動向等も踏まえつつ、我が国の監査をより実効性のあるものとするとの観点から、会計不正等に対応した監査手続等の検討を行い、公認会計士の行う監査の規範である監査基準等について所要の見直しを行う」[1]として、監査基準の見直しに着手している。現在、わが国の監査が直面している最大の課題は、企業不正に対して監査が十分に機能しなかったことへの対応に他ならない。

監査の失敗ともいえる事例が発覚した際に採るべき対応としては、大きく分けて2つの方向性がある。1つには、当該事案において実際に行われた監査実務を検証し、担当者の責任の有無を含めて責任の所在を曖昧にせず明らかにすることである。この点については、監査業務が企業と監査人

との間の守秘義務契約によって外部からは窺い知ることができないことから、裁判を通じて、あるいは規制当局による強制力を有した検査等を通しての事態の解明を待たなくてはならない部分もある。しかしながら、司法の場や行政の手によらなくとも、専門職業たる会計プロフェッションが自主規制の下で、一定の客観性を保った上で、調査や検証を行い、監査の専門家としての判断をそれらに先んじて示すことはできるであろう[2]。

またもう1つの方向性としては、他の企業において、あるいは今後同様の事態に直面した場合に、監査人が同様の監査の失敗を起こすことのないように、当該監査の失敗に学んで、なぜ当該事案で監査が機能しなかったのか、監査人は何をすべきだったのかと検討しなくてはならない。このことは、新たな監査基準上の規定や制度上の規制を導入することと必ずしも同義ではない。従来の基準や規則に脱漏があったのであれば、それを埋める必要があるが、同時に、基準や規則において定められているにもかかわらず、実務上、それらが機能しなかったのだとすれば、いかにして実効性を高めるかという観点から、監査実務を見直すことが不可欠であろう。

これらの方向性のうち、本稿では、後者の観点から、とくにオリンパス事件を念頭に置きつつ、今般の監査の失敗への対応策について検討を試みることとしたい。

II 監査上の問題点 ─ オリンパス社事件における認定事実

2012年7月6日、オリンパス社事件に関連して、同社の監査を担当していた前任及び後任の2つの監査法人に対して、「公認会計士法第34条の21第2項第3号に該当する事実が認められた」として、行政処分が公表された[3]。処分の内容は、いずれに対しても同様に「業務改善命令（業務管理体制の改善）」であり、それぞれ異なる3項目の業務改善命令を履行するための「業務の改善計画を、平成24年8月6日までに提出し、直ちに実行すること」、及び、その実行後、「当該業務の改善計画の実施完了までの間、平成25年1月末日を第一回目とし、以後、6ヶ月ごとに計画の進捗・実施及び改善状況を取りまとめ、翌月15日までに報告すること」というものであった。

ここでは、行政処分の意義や軽重、あるいはそれに先立つ両監査法人の異なる事後対応等について検討することは目的としていない。先の問題意識の下、[図表1]に示した処分理由となった事実をもとに、いかなる監査上の課題があったとされているのかを把握したい。

[図表1]の中で、とくに下線部を中心に見てみると、ここに示された範囲で識別できる問題点は、大きく分けて2つの側面からなることが分かる。1つは、監査法人内の監査チームと法人本部との間

[図表1] オリンパス社事件にかかる行政処分における認定事実 （※下線は筆者による）

a) 前任監査法人の処分理由となった事実
 イ．過去に問題のあった被監査会社に対するリスク評価に係る情報を法人本部に集約し、フォローする体制が<u>不十分であったため</u>、当該会社に対する監査証明業務に従事する監査チームに、過去の監査等の状況を踏まえたリスクを的確に認識させることができなかった点において、<u>法人本部としての実効性のある監査の実施に向けた取り組みが十分ではなかった。</u>
 ロ．取引の内容等からその経済合理性等に疑問を抱かせるような特異な取引について、上級審査の対象事項と

なることを規定していなかった点において、法人本部が監査現場の状況を的確に把握するための体制が十分とはいえず、このため、監査チームと法人本部とが連携した専門部署の機動的な活用等による、より深度ある組織的な監査が行われていなかった。

ハ．監査人の交代に際して、監査チームは、後任監査人に概括的な説明を行ったのみで、被監査会社とのやり取り等について詳細な説明を行っていなかったため、監査で把握された問題点が的確に後任監査人に引き継がれていなかったが、法人本部も引継ぎについて適切なフォローを行わなかった。

b) 後任監査法人の処分理由となった事実

イ．オリンパス株式会社から会計監査人就任の依頼を受けているが、依頼の時期が3月決算会社としては異例の5月上旬というタイミングであったこと、平成21年3月期に1000億円以上の特別損失を計上していたこと等を踏まえると、監査契約の受嘱の可否を検討するに当たっては、多額の損失を計上する原因となった国内企業3社ののれんの減損処理や英国医療機器メーカーの買収に係るフィナンシャル・アドバイザリー報酬の一部の損失計上について、前任監査人にその見解や経緯等の詳細な説明を求めた上で、受嘱の決定をすべきであった。法人本部は、受嘱の申請者でもあった監査チームに、前任監査人の見解の聴取を指示してはいたものの、監査チームは前任監査人からこれらの情報に関する詳細な聴取を行っておらず、また、法人本部は聴取結果について具体的な説明を求めていなかったことから、法人としての十分なフォローができていなかった。

ロ．監査チームは、上述のとおり、国内企業3社ののれんの減損処理等に関する詳細な聴取を行っていないなど、前任監査人との間で十分な引継ぎを行っておらず、監査チームにも法人本部にも前任監査人が把握した問題点が適切に引き継がれなかった。

ハ．監査チームは、上述の国内企業3社ののれんの減損処理等に関する問題は、前任監査人が基本的に解決したと理解したため、こうした点に係るリスクを的確に認識することができず、また、法人本部も受嘱時に認識していたリスクについて、特段の分析や監査チームからの聴取を行っていなかった点において、法人として組織的な監査を実施するための仕組みが十分に機能していなかった。

の連携、とくに法人本部における情報の集約や本部から監査チームへの指示等が十分に行われていなかったこと、もう1つは、監査契約の引継ぎにおける前任及び後任の監査人のそれぞれの手続が不十分であったことというものである。

これらは、業務改善命令という監査法人に対する行政処分である以上致し方ない部分ではあるが、いわゆる監査の品質管理の部分に特化した処分内容となっている。まずは、これらの点について検討することとしよう。

Ⅲ 品質管理体制に関する課題 ― 厳格監査の手法

旧くから、監査の領域では、いかにして不正に対応した監査手続を実施するか、すなわち監査を厳格に実施する方法が検討されてきた。それらを纏めたものが［図表2］である。

なお、本稿では、不正に対する監査実務にかかる株主又は投資者等の期待と実際の監査実務との乖離の問題、すなわち期待ギャップの議論には立ち入らない。なぜならば、第1に、少なくとも監査基準上は、アメリカでは1988年及び1989年の監査基準書の改正、日本においても1991年、遅くとも2002年の監査基準の改訂によって、監査人は、

すべての不正に対応したり、違法行為についての発見義務を負ったりするものではないが、財務諸表における重要な虚偽の表示については発見義務を負っていることが明記されていること[4]、また、第2に、われわれが実施したアンケート調査によれば、株主又は投資者等、あるいは社会の人々の側にあっても、監査人に対して、すべての不正や違法行為を発見してほしいといった過度な期待を有しているわけではなく、あくまでも、監査業務の中で気づいた不正の兆候に適切に対応してほしいというだけであるという意識が明らかであったこと[5]による。

今般の監査法人に対する業務改善命令は、そのほとんどが［図表2］における③の2005年10月に公表された「監査に関する品質管理基準」に関わるものである。2005年の品質管理基準は、2004年末及び2005年初頭に発覚した非違事例を背景として、当時、国際的に進められていた監査の品質管理の動向、すなわち、監査実施レベルの品質管理——監査チーム内における監査実施の責任者による補助者の業務に対する品質管理——のみならず、監査事務所としての品質管理の重要性に着目した国際基準の改正に対応したものであった。

前述の問題点のうち、監査法人内の監査実施レベルと監査法人の品質管理レベルとの連携が不十分であったとの指摘事項は、2005年の品質管理基

［図表2］ 厳格監査の手法

① 旧くから採られてきた手法
- 監査手続の範囲の拡大
- 監査補助者への監督(監査調書の査閲を含む)の強化

② リスク・アプローチに基づいて採られるようになった手法
＜当初のリスク・アプローチにおいて導入＞
- 重要な虚偽表示のリスクが高い領域に監査資源を集中的に投下

＜事業上のリスク等を重視したリスク・アプローチにおいて導入＞
- 重要な虚偽表示のリスクが高い場合に対する全般的な対応（補助者の増員、専門家の配置、適切な監査時間の確保等）
- 特別な検討を必要とするリスクの識別と対応（重要な虚偽表示のリスクが高い事項、不正の疑いのある取引、特異な取引等に対して、通常の監査プロセスとは別途の手続で対応）

③ 品質管理基準等において採られるようになった手法
- 監査実施者レベルと監査事務所レベルのそれぞれにおける品質管理の識別（監査事務所において品質管理の方針及び手続を定め、監査実施の責任者がそれに従って監査チームの品質管理を実施）
- 監査契約時（新規の契約の締結、契約の更新、監査人の交代時の引継ぎ、共同監査等）における品質管理手続の規定
- 審査部門による審査手続の明確化

④ 近年採られるようになった手法
- 不正リスク要因(不正の周辺、又は不正の要因へのアプローチ)
- チーム内のディスカッション(複数の人間の目による検討)
- 通例ではない又は予期せぬ関係の検討(監査計画からの逸脱の重視)
- 収益の認識における不正リスクの想定(懐疑心のレベルの引き上げ)
- 監査役等とのコミュニケーションの拡充、金融商品取引法193条の3に基づく当局への通報義務

準の実効性が不十分だったとの指摘とも解される。

　しかしながら、ここで問題となるのは、監査事務所レベルの品質管理を強化すればするほど、先の［図表1］の処分内容に示されている法人本部における情報の集約や本部から監査チームへの指示といった点に顕著なように、監査業務が中央集権化し、また、情報の伝達のための調書の作成が過大となって重要な専門家としての判断や不正リスクへの対応が不十分となってしまうおそれがある、という点である。このトレードオフともいえる関係にかかる問題をいかにして解消するかが、品質管理を強化する措置を採る場合の絶えざる課題となる。

　さらには、監査の現場における実務自体に問題があった場合には、監査の品質管理を通じて監査法人本部による監査チームへの管理やモニタリングを強化したとしても、監査の失敗が防げるかどうかは定かではない。監査の品質の焦点は、監査の現場における監査手続の実施とそれによって収集された監査証拠に対する判断やその後にいかなる対応をとるかにかかっているからである。

　不正に対する監査上の取組みにおいて、品質管理の問題を考える際には、品質管理を一方的に強化するだけでは不十分であり、いかにして現場の実効性を高めつつ、品質管理を通じて、監査法人として適切と考えて策定した方針及び手続を監査の現場で実施できるようにするかを十分に検討しなくてはならないであろう。

　多くの監査の失敗事例に対しては、「監査人がヨリ職業的専門家としての懐疑心を発揮すべきであった」とか、「ヨリ深度ある監査手続を行うことが望ましい」といった指摘が行われることが多い。前掲の処分理由においても、「より深度ある組織的な監査が行われていなかった」との表現が見受けられる。監査の失敗が明らかとなった後になって、後知恵的に、もっと懐疑心を発揮すべきであったとか、もっと監査証拠を深掘りする手続を実施すべきだったといっても始まらない。いったいどのように懐疑心を発揮すべきなのか。そうした問題意識から、近年、監査論の領域においても、国際的な監査基準の設定の場においても、「いかにして、どこまで職業的懐疑心を発揮すべきなのか」を明らかにしようという取組みが行われている。

　その具体的な例として、2つの点を指摘しておきたい。

　1つは、［図表2］の④に示した一連の手続である。これらのうち最後の1項目以外は、アメリカでは、2002年の監査基準書99号「財務諸表監査における不正に対する考慮」[6]において導入され、日本では、国際監査基準とのコンバージェンス作業を通じて、2006年10月に日本公認会計士協会の監査基準委員会報告書第35号「財務諸表の監査における不正への対応」において規定されている。これらの手続は、すでにわが国の監査規範に含まれているものの、さらに高次の監査規範に規定したり規則等を設けることで手続の実施を強制化して、それらの徹底を図るよう促す方策も考えられるであろう。

　もう1つの点は、アメリカの公開会社会計監視委員会（Public Company Accounting Oversight Board：PCAOB）が2010年8月に、監査基準8号から15号までのリスク評価及びリスク対応に関連する基準を一度に公表した際に採り入れられた、監査人によるリスク評価の有効性を高め、リスク対応を改善するための手法である。

　たとえば、①計画のみならず計画の実施に関する監督（supervision）についての規定を計画と併せて基準化したこと、②他の監査人の利用の問題も含めて多地域に及ぶ監査についての規定を導入したこと、③従来規定が十分に示されていなかった

ウォークスルーの規定を導入したこと、及び④近年大きな課題となっている財務諸表における注記についても重要なものについての手続規定を導入したこと等が挙げられる。とくに不正との関係でいえば、入手した監査証拠に不正の兆候や監査計画の上で想定していなかった結果が示された場合には、重要な虚偽表示の有無を確かめるための追加的手続を実施するよう求めていることに留意すべきであろう。従来の監査手続が、ともすると当初の監査手続のみを規定して、その結果への対応を十分に規定していなかったのに対して、リスク評価からリスク対応への適切な連関を求めているものと解される。

これらの改正内容は、必ずしもドラスティックな改正ではないものの、現在の監査実務が抱える課題に対応して、監査の有効性を高める方向で、リスク・モデルを着実に洗練するものと捉えることができる。今後、国際監査基準の設定等にかかる議論においても直接・間接に影響を及ぼすことが予想されるであろうし、今般のわが国における不正事例への対応として、こうした動向を参考にすることも考えられるであろう。

Ⅳ 引継ぎに関する課題 ── 守秘義務との対峙

オリンパス社事件における顕著な特徴の一つは、2つの監査法人が関与し、その交代時の引継ぎが問題視されたことにある。前掲の処分理由においても、監査契約の引継ぎにおける前任及び後任の監査人のそれぞれの手続が不十分であったことが指摘されている。

監査人の交代時の引継ぎの問題は、以前より大きな問題とされてきた。2005年に「監査に関する品質管理基準」が新設された際にも、当時の監査実務では、一般に守秘義務を理由として前任監査人から後任監査人への引継ぎが適切に行われていなかったことから、引継ぎの規定が設けられたのである。

同基準の第十 監査事務所間の引継によれば、「財務諸表における重要な虚偽の表示に関わる情報又は状況を把握していた場合には、後任の監査事務所に、それらを伝達しなければならない」とされている。これを受けて、公認会計士協会の倫理規則においても、守秘義務が解除される正当な理由として引継時の情報提供が明記されることとなった。

オリンパス社が2011年に設置した第三者委員会の報告書（以下、「調査報告書」）[7]によれば、前任監査人と同社の経営者は、会計処理を巡って意見対立があり、また、監査人は、金融商品取引法193条の３に定める当局への通報規定の適用を仄めかして会計処理の適正化を迫ったとされている。第三者委員会とはいえ、あくまでも会社が設置した私設の機関による報告書であることから、全面的に依拠することはできないものの、仮にそうした事実があったとすれば、上記の引継ぎ規定が導入された趣旨からすれば、当然に引継ぎ内容の視野に入ってくる問題であるといえよう。

しかしながら、日本公認会計士協会が公表している実務指針では、「なお、前任監査人は、閲覧に供する監査調書の範囲及び閲覧の方法等について、後任監査人と協議するものとする」[8]（当時の基準内容によっている。以下同様。）とされていることもあって、実際の引継ぎの実務では、前任と後任の監査人が会合をもつほかは、監査概要書のみの引き渡しに留まることが多いと言われている。

他方、後任監査人においても、同じく「調査報告書」が指摘し問題視しているように、日本公認会計士協会の監査基準委員会報告書第33号「監査人の交代」13項では、後任監査人は前任監査人に対して、「(3)監査人の交代事由に関する前任監査人の見解」

を質問しなければならないとされている。その他、同項では、次のような質問事項を行うことが後任監査人には求められているのである。

「(1)経営者の誠実性について疑義があるか否か。
(5)会計処理、表示及び監査手続に関して被監査会社との間に重要な意見の相違があるか否か。
(6)経営者による不正若しくは従業員による重要な不正が存在している、又は兆候があるか否か。
(7)重要な違法行為が存在している、又は存在している可能性が高いか否か。
(13)過年度において、最終的には訂正されたものの監査の過程で発見された重要な虚偽の表示があったか否か。」

以上の監査人の交代時における引継ぎの問題に関しては、引継ぎの内容を詳細化すること、すなわち、前任監査人による恣意的な秘匿を防ぐべく後任監査人から要求があった調書については開示しなくてはならないこと、及び後任監査人による質問事項についてはヨリ具体的化して必須の引継ぎ手続とすること等が考えられる。さらには、やや乱暴な意見ではあるが、後任監査人に対して、前任監査人の調書の閲覧を認める権限を付与すれば全て事足りるともいえる。

こうした考え方については、守秘義務の問題や監査法人の経営上の秘匿情報が漏洩するとの議論が提起されることが想定されるが、果たしてそれらはどこまで、引継ぎの厳格化を求める見解に対抗し得る議論であろうか。そもそも守秘義務は、被監査会社において企業内容のほとんどを目にすることができる監査人に対して、それを外部に漏えいすることがないように求められているものであって、財務諸表監査の有効な実施に向けて、たとえ監査法人が交代したとしても、監査が適切に引き継がれ、情報が断絶することなく利用される

ことは、監査の主たる目的である投資者の保護のために重要な虚偽の表示を看過しないということに合致するものである。とくに、監査人の交代後2、3年までは最も監査の失敗が多い時期とされていることから、前任監査人の調書の情報は、かかる目的を達成する上で被監査会社に対する知識の少ない段階にある後任監査人の知識を補う非常に重要な情報に他ならない。

監査人は、契約当事者たる企業又はその経営者のためではなく、株主や投資者等の公共の利益（public interest）のために、監査業務を受嘱し実施しているのだということに鑑みれば、監査人の間での情報共有は大きな問題ではないとも解される。それどころか、引継時だけではなく、ヨリ積極的に監査人間での情報共有を図るべきだとの見解さえ、企業会計審議会の監査部会における循環取引等に対する監査手続の議論では提起されているのである[9]。

さらに、監査人の有する情報を広く投資者に対しても開示させようという動向もある。現在、有価証券報告書では、2009年4月1日に開始される事業年度から、監査人の異動（交代）があった場合には、「異動に至った理由および経緯に対する監査報告書等の記載事項に係る異動監査公認会計士等の意見」の記載が求められるようになった[10]。しかしながら、実際には、その後の他の監査契約の受嘱にかかるレピュテーション等を考慮して、監査人はほとんどかかる記載を行ってきていない。

この点について、監査報告書において監査契約に関する事項を記載させるという考え方も取りうるであろう。現在、国際的に、国際監査基準やアメリカのPCAOB等を中心に、監査報告書の情報内容の見直しが進められている。従来のいわゆる標準監査報告の様式を脱却して、監査人によるコメント等の記載によって、ヨリ投資者等に対す

る情報伝達を高めようとする動向である。監査人の交代時のコンフリクト等が、国際監査基準で議論されている「被監査企業に固有の情報（entity-specific information）」の監査報告書への記載に含まれるかどうかはわからないが、現状では、監査報告が、最終的に各国の法令等によって定められる部分が大きい以上、そうしたアプローチも一つの考え方として採りうるように思われるのである。

いずれにしても、守秘義務という、本来、監査人の正当な注意義務に含まれる概念が酷く強調されて、監査人の有する貴重な情報の活用の妨げとなることは望ましいことではないことはたしかであろう。

Ⅴ　むすびにかえて ── なぜ機能しなかったのか

上記の他にも、オリンパス社事件では、[図表2]で④の最後に挙げた、監査役等とのコミュニケーションの拡充、及び金融商品取引法193条の3に基づく当局への通報義務も機能しなかったといわれている。

前者は、企業における不正の当事者が監査役であったことが大きな影響を及ぼしているが、当該監査役の前職が経理部長であったという点にも留意する必要があるであろう。本来、ガバナンスに責任を有する監査役の職位に着くべきではない出自の者が監査役に就任していたがために、監査役等に期待されている経営者と外部監査人との間に立って、監査の独立性と有効性を確保する役割を果たし得なかったと解するべきではないであろうか。

そうした前提に立つならば、今般の「会社法制の見直しに関する要綱案[11]」が独立取締役1名の必置すら規定できなかったことは、現在、世界的に見て、外部監査人の独立性や監査の実効性の確保又はガ

バナンスへの貢献のためのアプローチとして、ガバナンスに責任を有する者とのコミュニケーションを重視している点からみて、残念な結果であったと言わざるを得ない。

他方、後者は、2007年6月の法改正で導入されて以後、僅かなケースでしか発動された例はない。法改正時に、対象となる法令違反等事実の範囲やその発動条件を限定することに焦点が当てられ、監査人がいざ発動しようとした際にも、いかなる要件で発動することができるのかが明らかでないという問題があったと言われている。

同規定のモデルとなったアメリカの1995年民事証券訴訟改革法（Private Securities Litigation Reform Act）では、監査人に対する発動要件を明確化して、後日の企業側からの訴訟に耐えられる枠組みを整備する一方、通報を行った場合には、監査人に対して当該監査契約からの辞職を求めている。すなわち、アメリカの規定は、あくまで監査人による緊急避難的対応のための規定であって、日本のように、その後も当該監査契約に留まることも可能であったり、発動に際して監査役の対応を求めるプロセスが含まれていたりすることは、やや曖昧さを残しているといえるのかもしれない。

その他、オリンパス社事件に関しては、監査の側面だけに着目しても、多様な問題を内在していることから、検討すべき事項は枚挙に遑がない。しかしながら、いかなる点に関しても、重要なことは、当該事案においていかなる監査上の問題があったのかを十分に検討し、再度、同じ状況に直面したときに、同じ監査の失敗に至ることのないようにすることである。

現在のわが国の監査規範は、国際監査基準とのコンバージェンスが相当程度進められており、また、過去のさまざまな不正事例を経験した上で、十分な追加的規定を有しているように思われる。

そこに、いかにオリンパス社の不正事件が大きな事案であったとしても、屋上屋を架すかのような規定を置くことは、非効率であるだけでなく、国際的に展開されている現在の監査の枠組みとの不整合をもたらしかねない。

留意すべきは、数ある規定のうち何が、なぜ機能しなかったのかという点を識別し、職業専門家としての監査人が専門的能力と判断を十分に行使できる環境又は支援体制を整備することであろう。それは、十分な監査時間を確保させるべく自主規制によって不適切な監査契約を識別することかもしれないし、監査報告において監査契約に関する事項や監査の品質に関する事項を記載させることかもしれない。あるいは、PCAOBの監査基準のように、監査手続の実施後の対応についてヨリ詳細に手続を規定することかもしれない。

忘れてはならないのは、監査業務は、専門業務であって、いかに詳細に基準化したとしてもその実効性を左右するのは、わが国の職業専門家の判断であるということである。わが国の監査人が、単なる基準に準拠して手続を実施する存在ではなく、「プロ」としての判断を行使する職業専門家であり続けられるように、今般の事件を真摯に議論していきたいと考えている。

【注】
1) 企業会計審議会第26回監査部会「資料1 会計不正等に対応した監査基準の検討について（案）」、2012年5月30日。
http://www.fsa.go.jp/singi/singi_kigyou/siryou/kansa/20120530/01.pdf（visited at 20120706）
2) 訴訟になることが予想される案件では、裁判への影響が懸念されるため自主規制としての処分は下すことができないとの見解が聞かれることがあるが、裁判上の判断と自主規制は別の次元の問題であり、諸外国の例を見ても、そうした懸念が自主規制上の処分を妨げるものではなく、それどころか、職業専門家としての判断を率先して示していこうというのが通例であるといえよう。
3) 金融庁「監査法人の処分について」2012年7月6日。
http://www.fsa.go.jp/news/24/sonota/20120706-6.html（visited at 20120706）
http://www.fsa.go.jp/news/24/sonota/20120706-7.html（visited at 20120706）
　なお、公認会計士法第34条の21第2項第3号とは、同第1号の故意による虚偽の監査証明、同第2号の正当な注意義務違反による虚偽の監査証明とは異なり、「この法律若しくはこの法律に基づく命令に違反し、又は運営が著しく不当と認められるとき」という事由による処分である。
4) 町田祥弘・松本祥尚「不正に対する監査基準の現状と課題」『企業会計』2012年8月号。
5) 松本祥尚・町田祥弘「企業不正と監査に関するアンケート＜1＞・＜2＞・＜3＞の結果について」『週刊経営財務』3069号・3070号・3071号、2012年6月18日・6月25日・7月2日。
6) American Institute of Certified Public Accountants, Auditing Standards Board, Statements on Auditing Standards No.99, *Consideration of Fraud in a Financial Statement Audit*, Oct. 2002.
7) オリンパス株式会社第三者委員会（甲斐中辰夫委員長）「調査報告書」、2011年12月6日。
8) 日本公認会計士協会監査基準委員会報告書第33号「監査人の交代」、2006年3月30日、15項。（オリンパス社における監査人の交代時における規定。現在では、「監査基準委員会報告書900」に名称変更されているが、同様の規定は、同第16項にある。）
9) 「企業会計審議会第27回監査部会議事録」、2012年6月27日。
http://www.fsa.go.jp/singi/singi_kigyou/gijiroku/kansa/20120627.html（visited at 20120707）
10) 「企業内容等の開示に関する内閣府令の一部を改正する内閣府令」、2008年3月28日公布。
11) 法制審議会会社法制部会第24回会議資料27、2012年8月1日。
http://www.moj.go.jp/content/000100819.pdf（visited at 20120810）

町田 祥弘（まちだよしひろ）

青山学院大学大学院会計プロフェッション研究科教授。
早稲田大学大学院商学研究科博士後期課程単位取得後退学、東京経済大学経営学部専任講師・助教授を経て、2005年4月より現職。博士（商学）（早稲田大学）。
日本監査研究学会理事、金融庁企業会計審議会（監査部会及び内部統制部会）専門委員、公認会計士試験試験委員等。
主な著書：『会計プロフェッションと内部統制』（税務経理協会、2004年）、『内部統制の知識』（日本経済新聞出版社、2007年）、『会計士監査制度の再構築』（中央経済社、2012年、共編著）等。

特集 II

財務諸表監査と不正 ─監査人としての公認会計士の果たすべき役割・使命─

有限責任監査法人トーマツ パートナー　公認会計士
手塚 仙夫

昨年の秋に発覚した企業不祥事、不適切な会計処理事案に関連し、監査制度に対する不信感への問題提起がなされている。この問題は経営者の誠実性に大きな課題があることは言うまでもないが、監査人に対しても十分な監査ができていたのかという疑問を持たれている。いままで監査実務を長年経験してきた公認会計士の立場から、実務的な観点での論点を整理してみた。

I　はじめに

　2011年は、いろいろな面で困難な問題を突き付けられたという印象が強い年であった。3月には東日本大震災が発生し、未曾有の被害を受けたが、そこに原発の事故が絡み例えようもない大きな問題を経験することになった。

　われわれ公認会計士に係る問題としては、同年秋口に発覚した企業不祥事、不適切な会計処理事案がある。

　日本において公認会計士の独占業務とされている監査制度は、1948年に制定された公認会計士法のもとスタートし、それから60余年経過することになるが、その過程では常に企業不祥事、粉飾決算など不適切な会計処理による決算操作及びそれに基づく虚偽の決算書の公表との戦いの歴史であったということもできる。

　本稿では、統一テーマ「監査は不正を見抜けるか？」を受け、監査実務を中心に業務経験をさせていただいている筆者が、日頃感じていることを思いつくままに反省も含め、整理をさせていただくこととした。なお、文中意見に亘る部分は独断と偏見による筆者の私見であることを、あらかじめお断りしておきたい。

II　公認会計士に求められている役割

　公認会計士に求められている役割については、公認会計士法第1条（公認会計士の使命）に、次のように規定されている。

　「公認会計士は、監査及び会計の専門家として、独立した立場において、財務書類その他の財務に関する情報の信頼性を確保することにより、会社等の公正な事業活動、投資者及び債権者の保護等を図り、もって国民経済の健全な発展に寄与することを使命とする。」

　また、同法第2条（公認会計士の業務）第1項には、「公認会計士は、他人の求めに応じ報酬を得て、財務書類の監査又は証明をすることを業とする。」と規定されている。

　筆者が業としている公認会計士の役割は、この規定が基本となる。
ここでのキーワードは、
　・「監査及び会計の専門家」

・「財務に関する情報の信頼性を確保」
であり、具体的には「財務書類の監査又は証明」業務を通して、公認会計士としての社会的役割を担うことが期待されていると理解することができる。

昨年発覚した企業不祥事、不適切な会計処理事案に関して、公認会計士は同法の立法趣旨に照らし適切な対応ができていたのか、それにより社会貢献は適切に果たされたのかという観点から、社会の批判に晒されているのではないかと感じている。

III 公認会計士法が想定している監査制度

公認会計士法によれば、公認会計士は第一義的には監査を通して社会貢献をすることが期待されていると解することができるが、ここでの監査とはどのようなものなのかを少し考えてみたい。

監査という言葉は、いろいろなところで聞く事ができる。一般的な理解としては、「・・・を監査する」とは、「・・・が正しいことを確かめる」というような意味を期待されているように思われる。具体例を少し挙げれば、監査を行う主体により公認会計士が行う監査、監査役が行う監査、監事が行う監査、役所が行う監査などがあるが、それぞれ監査の中身は違うものである。また、監査対象物としては、決算書等の財務書類、取締役の行動、業務の法令順守などいろいろなものが存在する。このように監査主体あるいは監査対象は種々あるとしても、あえて共通点を見つけるとすれば、「何かに照らして正しい」ということを証明することをいずれも想定されているように思われる。この「何かに照らして正しい」とはどういうことかについては、後述することとする。

公認会計士法が想定している監査は、同法第2条第1項にあるように、「財務書類の監査」である。ここで財務書類とは、同法第1条の3（定義）によれば、「財産目録、貸借対照表、損益計算書その他財務に関する書類（・・・省略・・・）をいう。」と規定されていることから、いわゆる決算書の監査を想定しているものと解することができる。

公認会計士法ではここまでの規定となっているが、これを受け他の法律では、公認会計士法で規定されている公認会計士又は監査法人による監査をいろいろな法律で規定している。例えば、会社法では会社が作成する計算書類について、一定の要件を満たす場合、会計監査人の設置が義務付けられており、その会計監査人の資格について会社法第337条第1項で「会計監査人は、公認会計士又は監査法人でなければならない」と規定されている。会社法では、会計監査人を設置していない会社類型も予定されており、その場合の計算書類の監査は監査役が行うことが予定されている。同じ監査でも会計監査人が行う監査と監査役が行う監査では、その内容に違いが生じることは十分想定されるところである。

また、上場会社等については、金融商品取引法第193条の2で「（・・・省略・・・）この法律の規定により提出する貸借対照表、損益計算書その他の財務計算に関する書類（・・・省略・・・）公認会計士又は監査法人の監査証明を受けなければならない」と規定されている。

日本の監査制度の代表である会社法監査と金融商品取引法監査は、いずれも公認会計士又は監査法人が行う決算書に関する監査（以下「財務諸表監査」という）ということになる。

IV 現行監査制度の中心にある財務諸表監査

公認会計士又は監査法人が行う財務諸表監査について、もう少し詳しく説明する。

監査の信頼性を確保するためには、当然のこととして監査人あるいは各監査局面において、監査人が勝手に監査手続を決めて監査を実施していたのでは、監査の品質に大きなバラつきが生じることになり、監査人によって監査の信頼性の水準に大きな差が生じてしまうことになる。このような現象は、監査の命である「信頼性」に大きな疑念をもたらすことになり、そもそも制度としては成り立たない。そのため、監査制度を信頼できるものとするためには、監査人によって品質面で大きなバラつきが生じない工夫が必要になるが、それが監査基準の制定である。制度として行う監査において、監査人が遵守しなければならない基準である。

　日本では、金融庁の関連組織である企業会計審議会が、監査基準を作成公表しており、公認会計士又は監査法人が行う財務諸表監査は、この監査基準に準拠して行うことが義務付けられている。金融商品取引法に基づき実施する監査は、一般に公正妥当と認められる監査に関する基準に準拠して行う必要があるが、企業会計審議会の公表する監査基準はこれに該当することが、財務諸表等の監査証明に関する内閣府令第3条第2項及び3項に規定されている。会社法監査に係る監査基準については、会社法では特に言及していないが、会社法監査と金融商品取引法監査はいずれも監査対象は事実上同一（開示内容に相異はある）であることから、そこでの監査の基準は同一のものとの理解のもと、監査慣行が形成されていると理解している。

　それでは監査基準にはどのようなことが書かれているのかを、主に不正との関係について簡単に説明する。

(監査の目的)

　財務諸表監査の目的は、経営者の作成した財務諸表が、一般に公正妥当と認められる企業会計の基準に準拠して、企業の財政状態、経営成績及びキャッシュ・フローの状況を適正に表示しているかどうかについて、監査人が意見として表明することにある。監査人の意見は、財務諸表に全体として重要な虚偽の表示がないことについての監査人の判断を含んでいる。

(一般基準)

　監査人は、監査対象会社に対し形式的及び実質的な独立性を保持すること、職業専門家としての正当な注意義務と懐疑心の保持、品質管理の方針と手続の制定と実施、守秘義務が求められる。

　また、監査人は、財務諸表の利用者に対する不正な報告あるいは資産の流用の隠蔽を目的とした重要な虚偽の表示が、財務諸表に含まれる可能性や違法行為が財務諸表に重要な影響を及ぼす場合があることに留意しなければならない。

(実施基準)

　監査人は、監査計画立案の段階から、財務諸表における重要な虚偽表示のリスクを評価し、当該リスクを軽減させるための監査手続を計画し実施しなければならない。重要な虚偽表示のリスク評価は、内部統制を含む企業及び事業環境の理解と事業上のリスクの評価、財務諸表項目の実在性、網羅性、権利と義務の帰属、評価の妥当性、期間配分の適切性、表示の妥当性、会計上の見積りや収益認識等の判断など多面的に検討の上監査要点を設定し、これらに適合した十分かつ適切な監査証拠を入手しなければならない。また、計画段階のリスク評価は、監査の進行に応じて必要な修正を行い、適切に監査が実施される必要がある。

監査人は、監査の実施において不正又は誤謬を発見した場合は、経営者に報告し適切な対応を求めるとともに、適宜、監査手続を追加して十分かつ適切な監査証拠を入手し、当該不正等が財務諸表に与える影響を評価しなければならない。

（報告基準）

監査人は、経営者の作成した財務諸表が一般に公正妥当と認められる企業会計の基準に準拠しているかどうかについての意見を表明する。この意見表明は、一般に公正妥当と認められる監査の基準に準拠して形成されていることを、監査事務所内の審査を受ける必要がある。

Ⅴ 財務諸表監査への期待と監査の限界

前項において、日本で制度化されている会社法監査及び金融商品取引法監査とはどのようなものかについて、極めて簡単に説明したが、ここでは不正を中心に据えて財務諸表監査への一般的な期待と監査の限界について私見を述べてみたい。

1. 企業会計の基準

会計不祥事の問題が発覚したとき、必ず言われるのは「あの財務諸表は正しくなかった」という言葉である。どうして監査人は間違った財務諸表を正しいと言ったのだろうか、という疑問である。ここのキーワード「正しい」の意味について考えてみる。

監査基準が監査人に求めている監査目的は、経営者の作成した財務諸表が一般に公正妥当と認められる企業会計の基準に準拠して正しいかどうかについて意見表明することであることは前述した。それでは一般に公正妥当と認められる企業会計の基準とはどういうものを指すかである。金融商品取引法のもとで作成される財務諸表については、内閣府令である財務諸表等規則に準拠して作成することが求められている。財務諸表等規則は主に財務諸表の表示方法を規定した規則であるが、そのもとになる会計処理に関しては、一般に公正妥当と認められる企業会計の基準に従うものとするとされている（財務諸表等規則第1条第1項）。ここでの一般に公正妥当と認められる企業会計の基準の具体例については、財務諸表等規則第1条第2項では、企業会計審議会の公表した企業会計の基準は、これに該当することが規定されている。また、同第3項では、企業会計の基準についての調査研究及び作成を業として行う団体であって、同項で掲げる要件の全てを満たすものとして金融庁長官が定めるものはこれに該当すると規定されている。この団体とは、いわゆる財団法人財務会計基準機構に設置されている企業会計基準委員会を指すものと理解されている。また、企業会計基準委員会設置前は、企業会計審議会が会計基準を作成公表しており、その会計基準の実務指針作成を日本公認会計士協会が委託を受けて作成公表していた。現在も有効な実務指針が現存している状況である。このように一般に公正妥当と認められる企業会計の基準は、企業会計審議会、企業会計基準委員会及び日本公認会計士協会の公表した会計基準及び同実務指針を主に指すものとして制度運営が行われている。

会社法に関しては、計算書類の作成方法について会社計算規則に規定されており、同規則第3条に「この省令の用語の解釈及び規定の適用に関しては、一般に公正妥当と認められる企業会計の基準その他の企業会計の慣行をしん酌しなければならない。」というしん酌規定が置かれている。しかし、これを具体的に示す規定は置かれていない。金融商品取引法では、前述した少し具体的な規定があ

ることから、会社法の一般に公正妥当と認められる企業会計の基準も同様に解釈できるものと一般的には考えられている。

以上説明したように、経営者の作成した財務諸表が正しいと言えるためには、この一般に公正妥当と認められる企業会計の基準（以下「GAAP」という）に準拠したものであることが必要になってくる。正しいことの1つ目のポイントは、このGAAPへの準拠性である。

2. GAAPへの準拠性

財務諸表が正しいという意味の1つは、GAAPに準拠していることであるが、ある会計事象をとらえてGAAPに準拠しているか準拠していないかについては、簡単に判断できる場合だけではない。

例えば、収益の認識基準は実現主義によるというGAAPがあるが、どのような状況のときに実現したと認められるかについては、実務的にはなかなか厄介な問題である。商品を販売するという取引を考えてみる。まず、①注文を受ける、②当該注文を承諾する、③契約手付金を受領する、④商品を手配する、⑤出荷する、⑥受領書を入手する、⑦先方が商品を検収する、⑧請求書を発行する、⑨代金を入金する、という一連の取引の流れがあるときに、どの時点をもって実現と認めるかは、いろいろな考え方があり得る。

注文を受けそれを承諾すると契約行為が法的に効力をもつのでこのとき実現したとみるか、契約手付金を受け取ったときとみるか、出荷したときなのか、先方が検収したときなのか、請求したときか、代金が入金したときか、などポイントはいくつか存在する。法的に契約が成立すれば売上を計上してもよいのではないかという主張がある場合、考え方としては1つの理屈である。しかし、契約対象商品を相手に渡してもいないのに売上を計上してよいかという疑問が生じるとすれば、少なくとも商品の出荷をもって契約行為が完了するので、そのときが実現ではないかという考え方がでてくる。さらに、出荷しただけでは先方が注文どうりの商品であるかどうか確認できていないので、それでは代金を請求できず売上計上すべきでないと考えれば、先方が検収するまでは実現していないという考え方もあり得る。あるいは、代金を請求してはじめて売上計上できるのではないかという考え方もある。代金の入金を確認できなければ実現とはいわないのではないかという考え方もあるかもしれない。

このように実現という基準でもいろいろなタイミングがあり得ることから、一概にGAAPへの準拠性といっても、何をもって準拠しているかの判断は難しい問題である。ちなみに、日本の会計基準は、売上は実現主義によるというものであり、その実現の認識タイミングは商品を出荷したとき、いわゆる出荷基準によるのが一般的である。しかし、全て出荷基準で問題ないかといえば、特に機械装置などの場合は、出荷基準だけでは十分でなく装置を組み立て注文主が当該機械装置が注文どおり動くことを確認したとき、すなわち注文主が検収したときに実現と看做す会計慣行もある。

以上例示したように、GAAPとは会計基準として書かれているものだけではなく、書かれていることを会計事象としてどのように捉え、会計慣行も踏まえ会計基準に準拠していると言えるかについては、経営者と監査人の判断によるところが大きい。ここで一番の論点は、財務諸表が正しいという場合、いろいろな会計事象を捉えて意見表明することができることから、何がもっとも合理的な正しさの判断であったのかについては、個々の会計事象を吟味しないことには、その判断の当否を評価することは困難であるという点である。監

査人は常に自分の監査判断については、積極的に第三者に説明できる説明責任を果たせるよう準備しておく必要がある。

3. 会計事実の確認と監査

　財務諸表が正しいことの意味として、GAAPへの準拠性を説明したが、次のポイントは財務諸表作成の基礎となる会計事実について正確に裏づけがとれて判断できているかの論点である。すなわち、監査人は十分かつ適切な監査証拠をもって監査意見を表明できているかということである。この論点についてもいくつかの例を示して考えてみることとする。

　商品の販売取引において、その取引が実在するかどうかは何によって確認できるかを考えてみる。まず考えられることは、取引相手に確かめればすぐわかるのではないかということであるが、この取引先が全くの架空のものである場合は、一般的な監査手続としてのいわゆる確認手続（文書による事実確認）によれば、そもそもその取引先へは文書がとどかないため架空であるかどうかはすぐわかることになる。しかし、実在する企業が結託して悪意の行為を行っている場合は、監査人による文書での確認には問題なしで回答されてしまうため、この確認手続では問題を発見することはできない。この場合、取引先が悪意の結託者であるかどうかの見極めを行うことは、極めて困難な問題である。全ての取引先が結託者であるという可能性を前提としては、監査制度そのものがコスト的、時間的に成り立たないことは明白である。取引先が架空あるいは悪意の結託者であるかどうかという論点の他の例としては、不祥事事案によくでてくる投資先の問題などがある。

　また、IT関係の商売では、対象商品が複雑なソフトウエアである場合、物理的には記録媒体あるいは各種説明書は存在していても、それが実体のある商品なのかどうか、架空の商品である可能性はないのかについては、かなりの専門知識がないと判断できない場合も多くある。監査において、常時網羅的にこのような専門分野の実体調査をどこまで追及しきれるかという技術的な問題も存在する。

　さらに、会計取引には、債権の回収可能性、投資価値の評価、税効果の評価など将来予測などいわゆる見積り要素を多く含んでいる場合も多く、経営者の判断の合理性に関しての監査人の判断が適切であるかどうかの見極めが困難な場合も多い。監査人の判断の適切性は、その時点で入手可能な裏づけ情報の信憑性や網羅性について、どこまで最善の努力をし納得感をもって監査判断をしたかが重要となる。ここの部分がいわゆる職業専門家としての懐疑心の発揮という側面である。

　現在の監査は、通常全件精査方式で監査証拠を入手することは、物理的に不可能である。そのため、内部統制制度によりある程度企業内において不適切な会計処理事案は、自己検証が可能であることを前提に、試査いわゆるサンプル抽出方式で監査証拠を入手する制度となっている。ここでも統計学的な誤差の問題あるいは内部統制評価の各局面での判断の不確実性なども可能性としてはあり得ることから、絶対的な事実確認は困難な要素を内在しているということができる。監査人には、このような状況の中でどれだけ合理的に監査を実施できたかについての説明責任があるということになる。

Ⅵ　期待に応えるための監査人の努力

1. 不正と監査意見

　前項において、監査に対する一般的な期待と監

査の限界という観点から監査人としての言い訳を説明してきた。しかし、監査基準の一般基準では、「監査人は、財務諸表の利用者に対する不正な報告あるいは資産の流用の隠蔽を目的とした重要な虚偽の表示が、財務諸表に含まれる可能性や違法行為が財務諸表に重要な影響を及ぼす場合があることに留意しなければならない。」としており、不正な報告や資産の流用による虚偽表示（以下「不正」という）の有無は、監査の重要な目的であることは明白である。それでは、財務諸表監査の最終目的である適正性の意見表明と不正との関係はどのように考えればよいであろうか。ここで明確にしておきたいことは、不正事案の重要性の評価が極めて大切であるということである。すなわち、監査基準の監査の目的で述べられている「監査人の意見は、財務諸表に全体として重要な虚偽の表示がないこと」を理解する必要がある。もう少し砕いて説明するなら、財務諸表の中に含まれているであろう全ての不正摘発が監査の目的ではないが、財務諸表全体の信頼性を損なうほどの重要な不正の存在は、監査の重要な関心事であるということである。従って、監査人はこの重要な不正の有無を念頭に置きながら、監査計画を立案し、監査手続を実施することになる。

2. 不正の兆候

　財務諸表監査の重大な関心事である重要な不正の存在を、通常の監査局面でどのように見つけ出すか、あるいはアクセスできるかを考えてみる。

　前述したように、現在の監査制度は全ての会計記録が不正に行われているという前提は取っていない。少し極端な言い方をすれば、全ての会計記録は正しく行われているということを推定することが、監査の目的であるという前提を置いている。そのために、いろいろな会計記録を監査する中で、正しい会計記録であれば当然想定される事象が何かを見極め、監査人は監査手続により監査証拠を入手しその「正しさ」を確かめる作業をサンプルを抽出して行うことになる。

　このような作業の中で、監査人は時折「当然想定される事象」ではない現象に触れることがある。ここに「不正の兆候」に結びつく場合があり、監査人が最も神経を使わなければならない局面ということができる。すなわち、不正である可能性と財務諸表全体に与える重要性の評価である。いくつか例を挙げて説明する。

　被監査会社のある事業所において、小口現金の実査（実際に現金をカウント）を行ったところ、出納帳残高と一致しなかった。監査人としては、これは不正の兆候にあたる可能性もあり得るとまず考えることが大切である。しかし、この原因が必ず不正であるかどうかは別問題であり、担当者が一時的に出金記録を失念していただけかもしれないし、出納担当者が個人的に流用していたのかもしれない。後者の場合に不正に結びつくことになるが、そもそもこの事業所が取扱う資金が、月に数百万円程度であるならば、この不正による影響額はそれほど大きくはない可能性がある。この場合は不正は存在したが財務諸表全体に与える影響は軽微であるという結論になることが想定され、この問題は監査上それほど重要性は高くないという監査判断になる可能性が高い。その場合、この問題対応のために、多大の監査コストをかけるという選択はしない場合も多い。

　一方、新規ビジネスを立ち上げ、その業績のおかげで多額の増益となったという説明を受けた場合、監査人としては、当該新規ビジネスのいわゆるビジネスモデルはどのようなものなのか、それが今の時代にマッチした要因は何か、新規ビジネスは当該会社にとって慣れない事業なので、人的

資源はどのように調達したのか、そもそも利益を生み出している要因は何かなど、あらゆる角度から検討し、当該新規ビジネスの利益が納得感をもって「正しさ」を立証できるかどうかを確かめることになる。その監査の過程において、会社の説明に違和感を感じたものがあるとすればそれが不正の兆候となる可能性があり得る。これが当期純利益へ与える影響が大きい場合、重要な不正であるかどうかは監査の重要課題となり、その立証はまさに当期の重要な監査目的となる。

監査局面において、いわゆる不正の兆候と思われる事象に遭遇することは時折あり得ることであるが、監査人にとってはその場合の後処理をどうするかは重要な問題である。留意点はいろいろあると思われるが、いくつかポイントを挙げると以下のようになる。

- 兆候にあたるかどうかの見極めは、安易に結論づけず保守的に対応する
- 兆候と認定された場合は、通常の監査手続ではなく不正を前提とした監査手続に切り替える
- 発見された不正の是正処理は当然として、他に同様な問題がないかどうかについては、時間をかけて検討する必要がある。たまたま発見された事象のみの是正だけで済ませてはならない
- 不正を前提に監査手続を実施しても、正確な事実関係が把握できない場合がある（取引相手の実在性を確認しきれない場合や取引の実態を把握しきれない場合など）が、重要な不明要因を残したまま断定的な監査意見を表明しない

監査意見を不表明にすることは、特に上場会社については証券取引所の上場廃止規程との関係で監査人が躊躇する傾向があると言われている。しかし、無理に無限定適正意見を表明することにより、結果として監査責任を問われる監査リスクは避けなければならない。この問題を回避するために監査人を辞任するという選択肢もあり得るが、監査の信頼性を損ねる結果にもなることから慎重であるべきである。監査意見と上場廃止規程との関係について、「監査意見の不表明は、必ずしも重要な虚偽表示が存在する」という結論ではないことを改めて認識していただき、証券取引所の上場廃止規程の弾力的な運用を強く要望しておきたい。

一般社会から監査の信頼性の支持を得るためには、この不正の兆候とどのように向き合うかが極めて重要である。監査人としては、重要な不正を全て監査しきれるかどうかの問題は残るにしても、この不正の兆候と真正面から取り組む姿勢が重要であるということができる。

Ⅶ おわりに

本稿では、現在関心を持たれている財務諸表監査の信頼性に焦点をあてて、監査人としての公認会計士の立場から私見を披露させていただいた。公認会計士が監査人として無限定適正意見を表明した財務諸表には、一切間違いは存在しないという一般社会からの期待に対し、必ずしもそうではないという弁解をさせていただいた。いわゆる期待ギャップが存在するという論点である。

重要な虚偽表示に結びつく不正には、従業員が主体となっている不正と経営者が主体となっている不正がある。前者については、いわゆる内部統制制度の工夫によりある程度防止することは可能であるが、後者については、内務統制制度では対応しきれない重要な要素を含む場合が多い。経営組織ガバナンスの問題ともいわれているが、何はともあれ経営者の自覚を促す以外に妙案がないの

も現実である。期待ギャップを考える場合、このような側面も考慮していただければ幸いである。

　われわれ公認会計士は、監査を通して社会貢献をすることが使命とされており、そのことに対しては大きな誇りを自覚させていただいているが、期待ギャップの存在を受け入れながら、そのギャップ差を可能な限り小さくする努力を、われわれ公認会計士は行わなければならない。現在監査基準の見直しの議論が行われているが、監査人にとっての最重要課題は、重要な不正の兆候を見逃さず、かつ、適切な対応を行えるよう日々研鑽を積むことであると考えている。最後になるが、現在約1万社がいわゆる会社法や金融商品取引法の法定監査を受けており、その99％以上の監査では十分な信頼性は確保できているということもぜひ再認識していただければ幸いである。

手塚 仙夫（てづか せんお）

1972年専修大学商学部会計学科を卒業し、等松・青木監査法人に入所し、法定監査、IPOなどの監査実務に携わってきた。一方、日本公認会計士協会の会計制度委員会、監査・保証実務委員会などの委員を経験し、2004年から同協会常務理事、2010年に監査・会計担当副会長に就任し現在に至る。

特集 Ⅱ

監査人の新しい期待GAP －不正発見の期待に応えて－

京都監査法人 マネージング・パートナー

松永 幸廣

不正を発見するという監査への期待はますます高くなり、それに応えられない場合は厳しい社会からの反応があり、新しい期待ギャップとでも呼ぶものがここ10年くらい世界を支配していると感じています。監査人への期待の高い中、監査の原理原則・あるべき姿と実際の実務の乖離を分析し、「言うは易し行うは難し」という実務を一歩でも日々改善しようと努力しています。

その分析・改善プロセスを述べてみたいと思います。

Ⅰ 一体何がギャップなのか？「監査の目的と不正発見の関係」

一番大きなネックは、監査の目的が不正発見を第一義にしているかどうかであります。監査の目的は財務諸表の適正性についての意見表明であるとされています。その適正性についての根拠は、見える会計処理の適正性だけでなく、見えない不正の不存在の確認が前提になっています。見えない不正の発見は、リスクアプローチによってエリアを特定し、集中的に意識・時間を投資してそのリスクの領域での不正の網羅的な把握を目指しています。しかし、まず、その不正が存在するかどうかわからないうちに監査が始まり、網羅的な不正の把握についての完璧な方法論がないこともあり、二重否定の世界（不正の不存在）での心証形成という曖昧に思えるような目的のため、不正摘発の手続きの結果の評価・測定が困難という不完全燃焼に見える作業を行いますが、何か気持ち悪さを感じながらの部分が残る領域であると感じています。

監査というものが、保証業務である以上この気持ち悪さが投資家の不安感、不信感に直結します。その意味で不正発見は監査人に対する期待であり、監査人の責務であると考えています。こうした不正を見過ごすことで、仮に一つのクライアントの財務諸表での品質不良は、その監査法人の品質となります。監査のようなネガティブなことがないという保証業務の品質は、その欠陥の数と影響度で測定されますので、1件の不良でも監査法人に深刻な、時には致命的な評価と打撃を与えます。

宝探しならあるとわかっているものを探しますが、まずは、あるかないかわからない不正、またあったとしてもどこにあるかわからないそして巧みに隠蔽されている不正発見とは、ゲリラ戦で姿を見せながら戦う正規軍の戦い方に似ていて、掃討作戦には膨大な戦力とエネルギーが必要になります。また昨日までは味方であった人が実は敵方のゲリラ・スパイだという裏切りもあり得るという極めて不利な中での戦いにどう勝利するかという難題に取り組むことが、不正発見の監査とも言えます。

ゲリラ掃討作戦ではとジュウタン爆撃とか皆殺しのような作戦があるかもしれませんが、そこま

で本格的にならず、むしろ平時感覚でゲリラの存在に気がつかずにいるというハイリスク状態を脱して、どうやって平時からの備えをしての不正発見を行うかが課題となってきます。

　ゲリラ戦と一緒で、いるとわかってる敵は、比較的方法論が容易です。資産の実在性、評価などはこの部類に入ります。どこまで対象とするかというカバレッジの問題があります。遠い海外子会社や小さく分散された資産は監査を漏れてしまう可能性があるからです。

　本当に難しいのは、網羅性を要求される負債や簿外取引（ディリバティブ取引など）でこの網羅性は頭を使います。負債の確認状を出す相手は、理論的には世界の人・企業全員ですが、現実的ではありません。支払い実績などのヒントをもとに絞りこむことで有効な手続きを行い不正・誤謬の発見に努めています。

　リスクアプローチの監査が成功するかどうかは、リスク感覚の鋭さがあるかどうか、かつ、実行できているかどうかという点にかかっており、それは監査をする人の姿勢にかかわってくるものです。

　そうした主観的な部分によっているところが多く、標準化・一般論化しずらいところがあり、そのため不正発見の有効な手続きを実施できず期待ギャップにつながっている場合が多いと感じています。

　すなわち同じ監査アプローチ、監査マニュアルで監査をしても監査チームの間の差が存在し、レビュー・審査をかけても問題点発見についての保証がしずらいところに問題があると考えています。

II　不正の発見の手法（フェーズ別）「不確実なものに対する備えをしているのか？」

＜初回監査の引き受け＞

　監査のリスク回避として、不正の発見の前にまず不正の起こりそうな企業の監査を新しく引き受けないという原則があります。不正が天災でなく、人災でもなく犯罪であることから経営者の誠実性・倫理観・それを支える内部統制・経理システムを勘案しての監査引き受けになるのですが、ここで監査人が本当に経営者の評価ができるかどうかの能力が問われます。

　過去3年間の業績・財務体質の分析・評価などを中心に数字面のチェックは厳密に行われていますが、経営者の資質判断は、その監査人の力量と見合ったものでしかなく、人間性に注目しない監査の引き受けはやがて様々なトラブルを起こしていく場合が多いのです。

＜継続監査の場合＞

　経営者の資質も業績もいい企業の監査を引き受け、しばらくすると業績が落ち込んでくることがあります。その場合その経営者が本当に今までのように正しい経営をしていくのかという問題が起こります。窮すれば鈍すというのは、不正のもっとも多い誘因ではないかと思っています。また、業績の悪化する中での不正を開示して正面から経営改善に取り組んでいく経営者がほとんどなのですが、経営責任をとって交代する場合もありますが、中には逆目の隠蔽にいってしまうこともまれに起こります。経営者の交代の理由、リスクなどを評価するとともに、その人のゴール、手法などに関心を持ち評価していくことが求められますが、ここでも関心を持っているか、評価できるほど人間や経営を知っているかという根本的な疑問にぶつかります。その人の器、その法人の器というものがあり、手続きの厳格化は形に見えるのでやりやすいのですが、手続きの中身の厳格化はその構成員やキーの意思決定者の力量による場合が多いので、その能力測定や育成も機械的な研修では成し遂げるのが難しいところであります。

<監査計画「動くリスク・環境への監査リソースの固定化」>

　不正を見つけるには、そういった事情から監査計画を作成する計画段階の品質管理が重要となってきます。この監査計画の立て方に工夫が要ることになります。監査を取り巻く経済環境、企業を取り巻く経営環境、経営者の求めるゴールなど毎年と言わず四半期ごとにも環境が変化する波乱に満ちた中での計画の策定になるのです。見知らぬ明日を推測しながらの監査計画は、不正リスクのみならず監査の目的を達成するための重要なものであります。取り巻く環境の変化、不正リスクの変化を時間と人（担当者）と対象範囲と手続きを決めるリスクが高いものであり、監査戦略という重要な位置づけで動き続けるリスクに対してリソース、方法論を固定化していくところに難しさが内在しています。

<監査範囲>

　不正を行う際、経営者が考えるのは、その不正をどこでどう実行するか、どうして隠すかであります。監査対象からはずすべく、小規模の国内・海外子会社を選ぶ場合が多いと考えられます。海外の場合、法定や任意監査が入っている場合が多いので、そのためにネットワーク以外の監査人を選んだり、監査そのものをはずすように仕組んでくることが予想されます。国内ではもともと法定監査の対象が上場会社と大会社に限られており、監査のない子会社に不正を溜めるリスクも考えられるところです。

　また、小規模の子会社に分散させる、特定目的会社を作るなど様々な手法が考えられます。また、先方にとってこちらの方が重要な取引先、得意先である場合は、第三者の取引先を利用した不正もあり得るのです。この場合は、監査の確認状は無効になります。そうした不正取引は、いわゆる循環取引などの相対や一周するような取引なので要注意です。こうした第三者の取引先については、相手先の依存度がどの程度かを調査し、依存度の程度を調査しておき、高いところは、関連会社か子会社のように恣意的な関係が容易に構築できるので、可能であれば往査対象にしたり、追加調査を行う必要があると考えます。

　また、システムを使った構造的な不正などについての対策としては、システム監査の専門家と内部統制の検証を行い、不正な使い方のリスクについて備える必要があります。

<監査時間>

　不正の起こっている気配がある時には必ず監査時間が増加して行きます。その追加手続きは監査計画の立案段階ではわからないので、追加の予定時間修正になっていきます。

<監査報酬と採算管理によるリスク>

　経済状況の厳しい中で監査報酬が頭打ちになったり、減額になったりしてそこに厳しい採算管理を組み合わせると何か発見すればするほど時間が取られるので、これを避けたいという誘惑が湧いてきます。時間増加の交渉をできる環境にあれば採算と時間増加は矛盾しないのですが、固定報酬の環境下では反対方向に動きます。とりわけ曖昧な段階の不正の芽の発見は、根拠も乏しいため時間だけ増加します。その監査時間を報酬に反映することは難しく、また、期中での増加には反発のある場合も多く、また、人員も十分にアサインできないような状況も出てきて、尻すぼみで終わってしまうリスクが高くなります。監査の原理原則を現場段階で徹底する以外あまり手がないように感じている部分です。監査法人の個別クライアントの採算管理は、リスクファクターの定量化が困難な場合、徹底すると監査リスクの増加を招く危険性を十分認識することが必要であると考えています。

<監査マニュアルのパラドックス>

監査マニュアルが監査目的の遂行のために誕生し、存在し続け改善されていることに疑念を挟む人はいないと思います。一方で頻繁に変わる監査基準や監査マニュアルは、監査人をして森から木に視点を移すどころか枝や葉に神経を使い、肝心の隠れている不正に気がつかなくなるというリスクが生じている。追加ステップが増え、ますますチェック項目が増え、レビューが増える中での不正リスクへの対応は難しくなってきています。

現実はというと、監査マニュアルの精緻化によって手続きを行い、それで適正性を保証するという調書作成を行っています。問題はその場合、不正発見の努力をし、そこに何かあると思っているかどうかになります。適正性を求め、時間的な制約の中で、つい不正はないものと思ってしまう場面が多くなっていることです。いわゆるマニュアル主義、プロセス指向の監査が多くなり、直感力の働く場面が減っているのです。不正は異常点なので、異常を予感し、あるものと思う自然な懐疑主義の減少が現場の直感力を弱めていると見えます。そもそもリスクの特定は形にしにくいものです。網羅的な感覚を持ちながら表に出てこない不正を探していくというのが、監査の基本的な目的なのですが、財務諸表にも内部統制にも出て来ない不正について、あるものと思い探していくという姿勢が取りにくくなってきていると感じています。

<監査調書の作成>

量は過剰に書いてあるものの監査の品質上過小品質の監査調書が増え問題になっています。監査マニュアルをこなすうちにそのマニュアルの世界に浸りこみ、クライアントの会計システムも知らず、海外子会社も知らず、リスク特定が形式化してしまい、本来あるはずの柔軟な直感力が徐々に落ちていくというのが、問題であると考えられます。

<品質管理のパラドックス>

本来の目的と異なり、往々にして起こりがちなものに品質管理強化のための品質低下があります。これは品質向上を監査工程の作りこみ工程の分析や見える化の手法によらず、後追いチェックの強化に依拠する場合に陥りがちなリスクです。チェック項目が増え、それに伴い時間が増加し、調書のレビューが厳しくなり、さらに別の審査担当によるチェックが入る時、すべてを無事に納めようとする心理が働き、なるべく不都合なものを発見したくないという心理に陥る時があるようです。監査の原理原則と実務の運用が乖離するという結果になります。

監査が不正を発見するためだけに設計されている場合は、予想されがたい手続きを行ったり、監査対象を追加したりします。実際は極めてオーソドックスな監査手続きとあらかじめ決められた監査対象で監査を行い、正直にリスクに特化できていないというのが監査の実務の実情であり、悩みではないでしょうか。この形式化の壁を破るのは、個人の意識とチームとしての姿勢であると感じています。有限の監査手続き時間の中で個人が様々なリスクを思い監査手続きを有効に行うには、適切なゴール設定がされ、それが実行されることが条件になります。そういった個人レベルのモチベーションについて必ずしも監査実務では研究されても実行されもしていないケースが多いようであります。

監査実務の中でのゴール設定と実際のレビュー体制の乖離が大きな原因となっています。レビューは、監査が済んでいる調書であるという前提で行われ、まだやれていない箇所、不備な部分にハイライトが当たります。

レビューは弱点を指摘するに留まることが多い

ものなのです。レビューの結果追加手続きを行い、見える部分が適正であることを確認する作業になっていきます。書いてあることをレビューすることは、まじめに仕事に取り組んでいると達成できるものです。問題は、そこに書いていないことをどれだけ指摘できるかにあります。レビューとは、re-viewということで、再度見ることがその語源となっており、人の書いたものをもう一度見ることで、その書き方の不備はわかるにしても、不正に対するリスクを網羅的にカバーすることは難しいのです。レビューという後追いではなく、事前のゴール設定や前倒しに計画する「前始末」をどうつけるかという問題になってきます。先のことを考えたり、することをLead（リード）Leadするひとを Leader（リーダー）と言いますが、このリードすることが不正を発見する監査では最も重要な機能ということになります。

<減点主義の弊害（モチベーションマネジメント）>

監査の品質管理でよく行われているのは、レビュー・審査による減点方式で、一番ミスの少ない監査チームは、順位では上に出るが注目されることはなく、もっとも悪いものがハイライトを浴びるという現象がよく見られます。減点主義は、指摘の後、処分・指導が待っており、これを総合すると評価の悪いチームにはペナルティーと負のハイライトが来て、監査をするポジティブなモチベーションはなくなるよう運営されています。簡単に言えば、悪い品質を良くするモチベーションは、ペナルティーに対する恐怖心ということになり、これはモチベーションとは呼び難く単なる恐怖政治に近いアプローチです。ただし、これは広く行われている手法で特にPCAOB設立以降、監査業界は一点品質不良を無くすというアプローチになってきています。この場合の品質とは、不正発見などの監査結果を問うだけではなく監査手続のプロセスを徹底的に行っているか分析的に見るので、部分ができていないと品質が不良という評価になります。部分ができていると確かに全体は不良なことが多く見られます。

不正を見つける点では、その手続きの良否については評価されますが、監査手続きの結果については不正があるかどうかの確証までは踏み込めていない場合、最終的には評価できないのが現状です。すなわち不正があるかどうかは確証まで行っていない場合、監査調書の中からはわからない場合がほとんどですので、見えているプロセスの評価になります。不正発見のプロセスに必要な直感力などは主観的なものなので、その評価者の価値観が影響するため主観的なものになり客観性が保持できないのです。客観的な評価は、手続きにいかにまじめに取り組んでいたかが評価対象になります。その場合、不正発見に必要な直感力・全体感、予想されない手続きなどは往々にして優先順位を持たない項目となっていきます。

不正発見の絶対的な方法が存在しないので、不正発見のプロセスの評価方法は現状のように客観的なものに留まらざるを得ないと考えています。

不正発見に限らずリスク・アプローチ自体が極めて高い知覚能力を要求しているのですが、その研修、評価、育成などが追いついていないアンバランスの中に実務があると言ってもいいのかもしれません。

<サンプルと科目の狭間で>

そもそもの監査の目的が財務諸表の適正についての判断とされていますが、監査では全数チェックはなく内部統制に依拠してのサンプリングを実施しての監査手法です。監査の適正性意見とは所詮適正性の推定でしかありません。リスクアプローチで期首よりの監査を実施していかに不正リスクの高いところをつぶしていくわけですが、その過

程で不正が発見されなければ適正であるという二重否定の論理にたった適正の意見表明であることが明確になっていないことが多いように感じます。すなわち監査手続きを粛々と行っているようで、潜在的に各々の担当科目について「適正」であるとか「問題がない」という結論に持っていきたいという潜在的な要求に引かれてしまう傾向に陥ってしまうリスクがあります。監査調書はレビューによって品質保証しているわけですが、現場の担当者の気のつかない、または、書かれていない問題をレビューによって探すのは極端に困難な場合が多いのです。

＜部分責任の狭間＞

　監査現場では各々が担当科目や担当事業部、子会社を持ちます。ここで問題になるのが各々の責任対象の間に落ちるリスクです。監査の現場では各担当に分かれての作業になるので、それを総合的に見る主査、関与社員の役割が極めて重要になり、そこでの失敗は監査の致命傷になるものと考えます。

Ⅲ 監査人の必要な能力と能力向上

＜倫理力＞

　不正で言えることは、①不正するという人間がいるから起きるという事実があります。台風や地震と不正の違いは、それが人為的であるということです。だれかが行うわけで、これが自然発生的に起こるわけではないということと、②それが巧みに隠蔽されているということの２点であります。

　それまで信頼されている経営者が不正をしている訳なので、一種の詐欺のようなことが起こるのです。人間として正しい人かどうか、それが継続するのかどうかが大切な判断対象となります。この判断ができるためには、判断する監査人はそれ以上に正しくなくては判断ができません。人間の判断が判断基準になっているという意味で、倫理性というのは監査人にとっては、職業上のもっとも必要な資質であり、能力であると言えます。問題は、この倫理力の強化・評価というのが極めて困難であるというところにあります。また、隠された問題を感じる感性力も必要となり、先入観ではない感覚力も必要となります。これは、「懐疑主義」と言われるものなのですが、これもその育成方法・評価方法が困難であるということがあります。

＜論理力＞

　どこに不正があるかという仮説を考えるのには当てずっぽうでは時間が浪費されるので、論理的に隠し場所を推定し、隠蔽方法を予想することが必要となります。また、監査チームやチーム外の人からの情報をもとに推理を働かせるための論理力は必要な能力と言えます。

＜直感力＞

　結局のところ、この直感力がないと何もわからないところがあります。好奇心・直感力というものがあるとすべてのものの奥が見えてきてそこにある不正にも他のことにも気付くことが多くなるのかと思います。この能力をどう伸ばすのかも監査人としての能力向上に必要なことですが、系統だった能力向上の努力はあまりされていないのが現状です。

　監査での必要な資質での直感力とは、何かそこにあるという感覚であり、おかしい何かがあるといういわゆる直感です。あまりに散文的なアプローチの横行のために本来必要な直感力の育成が阻害され、理屈はあっても行動・実績のない監査になってしまったりします。直感力で感じた疑問は、貴重で、なぜという論理的な思考と合わさると優れたリスクアプローチの展開になります。そうした優れた感性の育成については、現状では個人個人

の感じる範囲での育成となっているが、有効な監査には下記のコミュニケーション力の育成とともに必須のものと考えられます。

<コミュニケーション力>

聞く力、伝える力は、プロフェッショナルとしての必須の要件にもかかわらず今まであまり脚光を浴びることなく、個人での努力にゆだねられてきていたように感じます。

<心理学>

不正が人間の作るものであることを考えると、人間心理を考える心理学の利用が望まれます。まだ、監査と心理学の組み合わせの手続きは開発されていません。あえて言えば経営者インタビューや確認書などを通して、意識をしていただいているとも言えますが、まだまだ未開発の分野です。

<粉飾・不正の経験値の活用>

既に起こった不正についての事例を徹底的に分析して再発を防止することは、とても有効な手段と考えています。これを組織的に行い、同じ過ちを二度と繰り返さない覚悟が必要と考えます。

Ⅳ 監査人の必要な知識や分野

<連結会計ガバナンスの理解>

会計監査人は、不正リスクの高い海外子会社の管理についても精通しておく必要があります。

① 海外子会社のCFOの選任は海外CEOが行っている場合が多いですが、特に買収した子会社では会計が経営と一体になり、不利な情報が親会社に来ない場合が多いのです。また、グループ全体の会計処理の統一化も夢のまた夢になります。（会計ガバナンスの不足）

② 会計監査人の選任権を子会社が持つ場合も多い。この場合、外部監査人も親会社によほどのことがない限り報告は行わないのです。（監査ガバナンス）

③ 決算期が3か月ずれている子会社について、どういう経営的なチェックが入っているのだろう。誰が使っているのだろう。（管理会計と財務会計の乖離）

<減損、評価>

別の一番大きなポイントは固定資産の減損の問題かも知れません。将来のキャッシュフローを見る際に経営的な見地が理解されずにいたずらに時間が浪費されてしまっているケースが散見される。赤字の事業に追加投資がなされる時に経営者の見る当該事業と監査人が見る事業がまるで異なる事業のように映る時、どこに不正があるのかどうか混乱している場合が多いのです。投資の評価については、苦手な会計監査人が多いのではと想像しますが、その理由は将来のことを予想することに慣れていないことも大きいと感じます。

<日本の財務会計制度の弱点>

日本の財務諸表は上場会社の場合、会社法での連結・単体金商法の連結・単体があり、4種類の財務諸表を発表しています。世界でも特殊な例です。そのためGAAP構造が複雑になり、読者は混乱します。さらに会社法の期限が早いことで、会計監査の時間的なゆとりがなく、本当に綱渡りのような監査日程で実務が行われています。

対象財務諸表が複数あり、さらにそれ毎に差異がある時にそれに大きなエネルギーが割かれ、本来の不正発見の時間的なリソースが不足してきます。期末近い処理での不正に十分な時間が取れなくて混乱することは避けなければなりませんが、環境が不利に働いているのです。

Ⅴ 社会の期待に応えられる監査人とは？

＜責任を感じる力＞

　監査人はそうした期待を感じ、責任を感じることで成長していきます。この知覚力もまだまだ未開発な分野ですが、責任を感じることは、そのための行動をすることだと定義すると、社会の期待する不正発見ももっと早く正確に把握でき、投資家の信頼をつなげるものと考えています。

Ⅵ これから来る未来

＜ギャップから共感へ「感じることから始めよう」＞

　社会の監査への期待、財務諸表の数値の奥の何かを感じる知覚力の向上が必要と考えています。財務諸表の数値を見て、その奥の取引、その奥の商品を感じ、ものの動き、ITシステムの動き、営業の人の受注の動きなどが感じられるようになれば、会社の生き様が感じられ、不正も当然に感じてくるようになってくると思います。

　医者に行って触診されるだけで病気がどうかわかるのですが、そうした一番初歩の触診にも似た診察ができるようになれば、世のため人のために貢献できる監査がもっともっとできるようになると考えています。

　現状は困難が多いですが、未来は創っていけると確信しています。

　その姿、やり方は変われども、何かを発見して行こうと思うことがまずは第一歩だと考えています。

松永 幸廣（まつなが ゆきひろ）

1975年京都大学理学部卒業。化学メーカーにて勤務後、大阪の会計事務所にて会計士の資格を取得。
トロント、ニューヨークでの12年半の勤務を経て、2007年より京都監査法人マネージング・パートナーを勤め現在に至る。
社団法人京都経済同友会　常任幹事
日本監査研究学会　会員、国際会計研究学会　会員

特集 II

証券市場から見た監査制度への期待

東京証券取引所 常務執行役員
静　正樹

　本稿では証券市場を運営する東京証券取引所（以下、「東証」という。）としての立場から、上場会社が公表する財務情報が果たしている役割及び不正行為などに起因する重要な虚偽記載が財務情報に含まれていた場合の影響について説明し、現在までの東証における虚偽記載の防止を目的とした対応について、関連する法令や監査制度も含めて概説する。その上で、これらの総括として、証券市場の立場からの監査制度に対する期待について考えるところを述べる。なお、本文中意見に関する部分については筆者の私見である。

I　証券市場から見た財務情報の重要性

　グローバルベースでの証券市場間の競争が活発化する中、我が国の証券市場の流動性を世界的にどのように確保するかということが日本経済の更なる発展のための重要な課題のひとつとなっている。高い流動性を提供することができる市場こそが、質の高いサービスの提供、すなわち、高度な価格発見機能とそれを通じた適切な資産配分機能、そして、投資者のリスク分散機能を十分に発揮することが可能となる。グローバルな市場間競争に打ち勝って高い流動性を獲得することによって日本企業に国内外の良質なリスクマネーを供給することが、日本経済の成長・発展に向けて我が国証券市場の果たすべき役割である。

　東証では、かかる観点から、昨年3月に策定した「中期経営計画」において、「ニッポン再生に向けた金融資本市場インフラの機能強化」というコンセプトの下、「IPOの拡大によるリスクマネーの供給機能の発揮」及び「ワンストップマーケットとしての機能を発揮するためのデリバティブ・ETF市場の拡大」という観点から、必要な上場制度の見直しなどの環境整備、上場会社向けサービスの拡充及び上場商品の多様化などに努めているところである。

　また、国際競争力を一層高めるため、平成25年1月1日を目途として大阪証券取引所との経営統合を行う予定である。互いに補完関係が成立する両社が経営統合を行い、システム統合等を推進することによりシナジー効果を得ることができ、また国際的な金融センターとしてのプレゼンス向上が図られることにより、市場利用者にとっても利便性向上等による多大なメリットを創出し、さらには日本経済の再生に向けた金融資本市場全体の競争力強化にも資するものと考えている。

　我が国証券市場の機能強化・国際競争力向上が強く求められる中、その大前提として、証券市場の信頼性を確保することが極めて重要である。投資者の合理的な投資判断の拠り所として、上場会社の正しい会社情報が適時・適切に開示され、投

資者が安心して取引することができる環境が整備されていることなくして証券市場は成立しない。正確な会社情報の適時・適切な開示は投資者の自己責任原則の基盤でもある。

上場会社の財務情報は、会社情報の中で最も基本的かつ不可欠な情報であるということは異論のないところであろう。こうした財務情報に対する粉飾は、投資者の投資判断を誤らせ、投資者に被害をもたらすばかりでなく、証券市場の機能を阻害するという意味において、証券市場の存在基盤を揺るがしかねない有害極まりないものである。財務情報の虚偽記載が頻発するようなこととなれば、我が国の証券市場の信頼性は大きく低下する事態に陥ってしまうだろう。

II 証券市場と監査制度との関係

このように、証券市場にとっての上場会社が発信する財務情報の重要性を考慮すると、重要な虚偽記載が発生する原因である不正や誤謬が速やかに発見・是正されることが市場の健全性の確保の観点から不可欠であり、重要な虚偽記載の存在する財務情報が投資者に提供される事態となることは可能な限り防止しなければならない。

そのための手段のひとつとして、上場会社が発信する財務情報について、第三者としての会計専門家である公認会計士の監査を受け、その適正性に関する保証を得ることは、企業活動自体の複雑化・国際化が進展していることに加えて国際財務報告基準（IFRS）とのコンバージェンス作業により、我が国の会計基準が大きく変化しつつある現状においても、非常に有効な手段であると考えている。

また、東証の市場運営においても、監査意見に対する適時開示についてのルールを設けているほか、上場審査や上場管理業務を行うにあたり有価証券報告書等に記載された財務情報に付された監査意見を利用しているなど、監査制度は証券市場を運営する上で必要不可欠なインフラ的存在として組み込まれている。したがって、公認会計士による監査が十分にその機能を発揮することが、企業の財務書類に対する投資者の信頼性を確保する上で欠くことのできないものとなっている。

さらに、平成20年度より四半期報告書制度が導入され、新たに四半期報告書が公認会計士のレビュー対象とされたほか、財務諸表に対する監査に加えて、適正な財務諸表作成の前提となる財務報告に係る内部統制に対する監査制度が平成21年度より開始されるなど、監査の対象範囲は拡大を続けており、これに比例して、監査制度が果たすべき役割や社会的責任についても、その重要性は次第に増してきているものと思われる。

しかし、その一方で、後ほど詳しく述べるが、過去から現在にわたり上場会社の不正による重要な虚偽記載が繰り返し発覚し、その都度対策を講じているという状況にあることも事実である。直近においても、昨年の秋に一部の上場会社の不祥事が相次いで発覚したことを端緒として、かねてから我が国の企業のコーポレート・ガバナンスの改善を求めていた国内外の投資者から我が国の上場会社全般に対する不信感を指摘する声が次々と寄せられており、我が国の上場会社のコーポレート・ガバナンスに対する投資者の信認は、大きく傷つけられている。

また、上場会社のガバナンスの整備状況がその成否に大きな影響を与えると考えられる監査制度に対しても、これらの会社の不正行為による財務情報の重要な虚偽記載を適時適切に発見することができなかったとして、同様に疑問の目が向けられている。

財務諸表の利用者である投資者は、財務情報に含まれる投資決定の誤りにつながる重要な虚偽記載は監査を通じて投資者の手に届く前に発見・是正されており、その結果、適正な情報を基にした投資判断が可能となることを期待している。そして、そのように期待するからこそ、上場会社の発信する情報に基づいて安心して証券取引を行うことが可能となり、ひいては証券市場全体の信頼性につながることになる。

　監査制度に対する外部からの信頼を常に高い水準で確保し続けていくことが、監査制度が導入されて以来の重要な課題である。そのためには、財務情報の利用者である投資者が監査制度に対して当然抱くと考えられる期待と、現実に実施されている監査制度及びその結果の間の溝を埋めていくための対応を早急に行わなければ、監査制度に対する信頼を今後も継続して得ることは困難となるであろう。

Ⅲ 過去の不正事例とその対応

　企業不正及び不正による財務諸表に対する虚偽記載については、過去から現在にわたり繰り返し発覚し、その都度取引所を含む市場関係者による対策が講じられてきた。ここからは、過去から現在にわたる東証としての企業不正及び不正による虚偽記載への対応について、法令や公認会計士監査における対応にも触れながら概説する。

1. 上場会社の不正による虚偽記載の社会問題化とその対応

　一般に上場会社による粉飾決算が社会問題として注目を集め始めたのは、昭和30年代末頃からであるかと思われる。当時は東京オリンピック開催による好景気の反動で、経済不況が深刻化していた時期でもあり、経営が破綻する上場会社が続出し、これに伴い多くの粉飾決算が露見することとなった。それらの中でも、当時、戦後最大の倒産といわれた山陽特殊製鋼の経営破綻は131億円もの巨額粉飾が判明し、当時の経営陣が逮捕されるなど社会に大きな衝撃を与えるものであった。そして、これらの粉飾事件をきっかけとして、企業経理の健全化及びディスクロージャーの徹底を求める声が高まってくることになった。

　これらの声を受ける形で、当時の大蔵省では粉飾決算を撲滅すべく、粉飾決算の疑いのある会社を選定し、それらの会社から提出された有価証券報告書の内容の重点審査を行うとともに、粉飾決算を行った会社及びそれらの会社に対して虚偽の証明を行った公認会計士に対する訂正命令・懲戒処分の厳格化を図っている。また、同時に東証においても、財務諸表に対する監査意見が「不適正」または「意見不表明」の上場会社に対して会計処理の適正化を要請するとともに、必要に応じ、今後の会計処理改善のための計画書の提出を求める対応を取ることとした。

　これらの対応を通じた粉飾決算に対する社会的な規範意識の定着を踏まえ、東証では昭和45年に上場廃止に関する規則として明定する旨の規則改正を実施している。具体的には、上場会社が財務諸表に虚偽記載を行い、かつ、その影響が重大であると東証が認める場合には、上場廃止とするものとしている。この「財務諸表の虚偽記載」の中には、訂正命令や告発を受けた場合のほかに、上場会社の財務諸表等に添付される監査報告書または中間財務諸表に添付される中間監査報告書（四半期報告制度導入後は四半期財務諸表等に添付される四半期レビュー報告書）において、「不適正」または「意見不表明」である旨の意見が表明された場合も含まれている。

また、昭和49年に発覚した日本熱学工業の粉飾決算のケースでは、同社の破綻前に一部で信用不安が伝えられていたが、当時の東証の制度では、上場会社は会社情報について東証に通告することが義務付けられていたにのみすぎず、投資者への開示は東証からの上場会社に対する個別の要請に基づく形で行われていたことから、信用不安に関する会社情報の開示が直ちに行われなかったことが問題となった。

　この事件をきっかけに、従来の各上場会社への個別の要請に基づく対応の限界が指摘されることとなり、同年、各取引所から全上場会社に対し、「一般投資者が投資判断を行うに当って影響を受けることが予想される重要な会社情報の開示」についての要請が一斉に発出された。これにより投資者に対する適時開示が一般的な要請として求められることとなり、この要請こそが現在の東証における適時開示制度の礎をなすものとして、大変意義深いものであった。

　なお、この上場会社の適時開示については、当該要請の発出後しばらくの間規則化はされず、要請に留まっていたが、その後のインサイダー取引規制の導入や、東証作成の「会社情報適時開示の手引き」の定着、上場会社自身の適時開示に対する理解の促進、投資者からの適時開示の充実に対する要望の高まりなどを背景として、平成11年に適時開示の根拠が規則上明文化され、現在に至っている。

　これに加え、日本熱学工業の粉飾決算を防止することができなかった原因の一つと考えられたものとして、「単独監査」の問題があった。このケースにおいては、個人の公認会計士による単独監査が実施されており、監査によるチェック機能が適切に働かなかったことが、会社による粉飾決算を未然に防げなかった一因とみなされたことから、昭和50年、東証から上場会社に対し「財務監査の充実に関する要請」を発出し、公認会計士等による監査が真正かつ十分に行われるよう上場会社に協力を求めると共に、監査は監査法人によることが望ましく、少なくとも2人以上の監査責任者による組織的監査を実施するよう配慮を求める旨の要請を行っている。

　また、昭和53年に発覚した不二サッシ工業の粉飾決算の事案においても、日本熱学工業と同様に単独の公認会計士による監査が実施されており、このことが粉飾決算を招いた一因と考えられたことから、再度東証より上記の組織的監査を求める旨の要請を徹底することを上場会社に対して改めて求めている。さらに、上場審査の面からも平成8年の東証規則の改正により、新規上場申請会社は数の公認会計士による監査を受けることが必要である旨が規定され、上場準備の段階から組織的監査を受けることが必要となることが明確化された。

　その後も上場会社の財務情報の不正及び粉飾に対しては、法令及び東証規則の両面において、様々な制度整備が図られてきた。具体的には、上場会社の代表者に対し、投資者への会社情報の適時適切な提供について真摯な姿勢で臨む旨を宣誓した「適時開示に係る宣誓書」の提出を求めるとする「宣誓書制度」の創設（現在は、「取引所規則の遵守に関する確認書」として内容を整理）や、有価証券報告書等について、発行者の代表者が不実の記載がないと認識している旨およびその理由を記載した書面である「有価証券報告書等の適正性に関する確認書」の東証への提出義務付け（その後、確認書の提出が法定義務化されたことを受け、現在は東証規則による提出義務は廃止）などが挙げられる。

2. 特設注意市場銘柄制度・上場契約違約金制度

　上場会社による不正行為及びそれによる虚偽記載に対しては、上述のとおり様々な対応がとられてきたが、残念ながら、その後も粉飾事件は続き、とりわけ、平成17年のカネボウのケースやその翌年のライブドア、また、平成19年の日興コーディアルグループを巡る粉飾事件については、当時のメディアでも大きく取り上げられた。

　これらカネボウ、ライブドア及び日興コーディアルグループの虚偽記載が明らかになった当時、東証がとりうる措置は、「上場廃止」か「改善報告書の徴求」かのいずれかに限られていたが、これに対し、上場廃止には至らないものの、改善報告書徴求よりも強力な対応が必要と思われる場合の、いわば中間的な措置の必要性が認識されるようになった。

　このような議論を受けて検討を進めた結果、平成19年10月、「特設注意市場銘柄制度」を創設するに至った。具体的には、有価証券報告書等に虚偽記載を行うなどして上場廃止のおそれが生じたものの、審査の結果、影響が重大とはいえないと認められ上場廃止に至らない場合で、かつ、内部管理体制等について改善の必要性が高いと認められる場合に「特設注意市場銘柄」に指定し、もって投資者への注意喚起を行うものである。この「特設注意市場銘柄」の指定を受けた上場会社は、指定から1年経過するごとに、内部管理体制の状況等について記載した「内部管理体制確認書」を提出することが求められており、東証は、その内容等に基づき審査を行った結果、内部管理体制等に問題があると認められない場合には、その指定の解除を行うこととしている。

　なお、この指定は、有価証券報告書等の虚偽記載以外にも、財務諸表等に添付される監査報告書において、「不適正意見」又は「意見の表明をしない」旨が記載された場合や、上場契約等について違反を行った場合、その他公益又は投資者保護の観点から必要とされる場合にも適用される。

　また、上場会社に対して金銭的処分を課す制度として、平成20年7月には、上場契約違約金制度を新たに導入している。具体的には、上場会社が東証の定める諸規則に違反し、その上場会社が証券市場に対する株主および投資者の信頼を毀損したと認められるときは、その上場会社に対し、上場契約違約金の支払いを求めることができるというものである。この制度についても、上場契約違反の程度が契約解除、すなわち上場廃止にまでは至らない程度である場合の措置として位置づけられる。

3. 上場会社監査事務所登録制度

　日本公認会計士協会では平成19年に「上場会社監査事務所登録制度」を創設し、上場会社の監査を行っている監査事務所に対して、上場会社監査事務所名簿への登録を求めることで、市場関係者に登録された監査事務所の監査の品質管理の状況を明らかにすることに加え、協会が実施する品質管理レビューの結果、不備が認められた場合に、限定事項等の概要の開示や登録取消し等の処置を講じることにより、登録監査事務所における品質管理の改善の実効性をより強固なものとしている。

　東証の上場制度においても、企業行動規範の「遵守すべき事項」として、上場会社監査事務所名簿へ登録されている監査事務所（準登録事務所名簿に記載されている監査事務所を含む。）の監査を受けることを規定しており、当該制度との連携を図っている。

　加えて、平成22年には、新規上場前から継続して財務諸表に虚偽記載を行っていた事案が複数発覚したことなどを背景とする成長企業向け市場

であるマザーズの信頼性低下の指摘や新規上場の低迷への対応として、マザーズの信頼性向上及び活性化を目的とする総合的な施策をまとめており、新規上場申請者に対して上場会社監査事務所による監査を義務付けたことに加え、日本公認会計士協会に対し、上場会社監査事務所登録制度及び品質管理レビュー制度の一層の充実と、その適切な運用を要請している。

Ⅳ 監査制度への期待

繰り返しになるが、上場会社の財務情報に対する監査制度は、証券市場を運営するにあたり必要不可欠なものとして組み込まれており、監査制度自体への評価は証券市場への信頼性と密接に関連しているものである。したがって、これまで述べたとおり、不正による重要な虚偽記載が含まれる財務情報の投資者への提供を防止することを目的として、監査制度及び上場規則の双方において必要とされる対応を繰り返し実施してきたところである。

しかし、昨年明らかになった一部の上場会社の不祥事について、公認会計士監査によりその兆候を見抜くことができなかったとして、市場関係者の監査制度に対する信頼が低下しており、その結果、財務情報の利用者の期待と現状の監査実務の間のいわゆる期待ギャップが大きく顕在化していることは疑いようのない事実であると思われる。

この点について、監査制度は「企業不正の発見を第一義的な目的とするものではない」と説明されることも多いが、投資者は重要な虚偽記載がない財務情報により投資判断を行うことを当然に期待しているのであり、企業不正は財務諸表の重要な虚偽記載をもたらすこともあり得ること考慮すると、その兆候を発見できるか否かは監査の成否に大きな影響を与える可能性がある。したがって、不正の兆候を発見した時点で適切な対応をとることができず、結果として不適切な監査意見を表明することになれば、そのことが監査制度の存在意義の問題に直結しかねない。

監査基準においても、平成14年の改定により上場会社の不正による重要な虚偽記載がないことの合理的な保証を提供することについての監査人の責任が明確化されており、さらに、平成20年に金融商品取引法において、不正・違法行為発見時における監査人による申出制度が設けられたことで、監査人が監査手続の過程で何らかの法令違反等を発見した場合には、監査役を通じて被監査会社に是正を促すことが法令上明確化されているところである。

昨年の不祥事についても、これらの制度に従い監査対応が行われたものと思われるが、現在、監査上の不備の可能性が指摘されていることを鑑みると、現状の制度における対応のみでは市場関係者の信頼を得ることは困難になりつつあることを示しており、少なくとも監査手続の過程において企業不正の端緒を発見した場合は、監査人がより深く関与していくことが今後求められていくのではないかと思われる。

ただし、この点について検討するにあたっては、監査の本来の役割、公認会計士の法律等に関する専門的能力及び会社外部の第三者としての立場であり、会社内部の事情に監査役や内部監査人ほどには情報を得ることができないことなどについて十分に考慮する必要がある。それに加え、企業不正自体の性質として、経営者自身が関与している場合があることや、行為の隠蔽が行われている可能性が高いことを考慮すると、公認会計士による監査ではその発見や対応が困難になることも予想され、それにのみ不正発見の責任を負わせること

は実情にそぐわないものと思われる。

　企業不正の早期の発見及び是正のためには、上記３．において述べたとおり、これまでもいくつもの対策が講じられてきたにも拘らず、企業不正が繰り返し発覚してきたことを考えると、特効薬のような対策を編み出すことは困難と思われる。現実的な対応としては、例えば、企業の内容をより深く知る立場にある監査役監査や内部監査など、企業不正を防止するための制度との連携をより深め、一体として対応にあたっていくなど地道な対応を徹底していくことが不可欠であり、それを容易にするための仕組みが監査制度の中により実効性のある形で今後、組み込まれていくことが望ましい。

　監査制度における不正への対応という点については、現在、金融庁企業会計審議会監査部会において議論が開始されている。この監査部会においては、企業不正に対してより実効的な監査手続を求める指摘に対応し、公認会計士の行う監査の規範である監査基準等の見直しの是非及び内容について検討されることと聞いている[1]。また、有用な監査が実施される重要な基盤のひとつと考えられる上場会社のコーポレート・ガバナンスの充実の観点から、会社法制の見直しに係る検討が法務省法制審議会において行われているほか、公認会計士協会においても、現状の監査及びガバナンスのあり方について検討を行うことを目的とした調査会が設置され、検討が進められていると聞いている[2]。

　このように、市場関係者の間で監査制度に対する絶え間ない見直しが行われることを通じて、監査制度が従来にも増して十分にその機能を発揮し、顕在化しつつある期待ギャップが解消されていくこと通じ、監査制度に対する信頼性が高い水準で確保されていくことを期待したい。

　ただし、その一方で、監査制度に対する信頼は、監査制度及び関連するルール等を整備することのみにより得られるものではなく、職業的専門家として実際に監査実務を行っている公認会計士の方々の実務によるところも非常に大きいと考えている。証券市場の運営者の立場からは、公認会計士の方々がその使命を果たすべき相手は投資者をはじめとする広範な利害関係者であるという観点に立ち、職業的専門家として、被監査会社から独立した立場から、投資者保護の要とも言うべき重要な職責を担っていることを常に意識し、より信頼性の高い監査に努めていただくことを強くお願いしたい。

　東証としても、市場運営者の立場から、社会的に要請される役割を十分に踏まえ、各市場関係者と協力しつつ、上場会社が自主的なガバナンスの改革を推進していくための必要な制度整備や上場会社に対するサポートを通じて、上場会社のガバナンス向上を推進することにより、より有効性の高い監査を行いうるための環境整備に協力していくことで、我が国証券市場の活性化と信頼回復に向けた努力を今後も継続していきたいと考えている。

【注】
1) 企業会計審議会監査部会における議論の内容については、金融庁ウェブサイト（http://www.fsa.go.jp/singi/singi_kigyou/top.html）を参照。
2) 日本公認会計士協会からの平成23年12月27日付プレスリリース（http://www.hp.jicpa.or.jp/ippan/jicpa_pr/news/post_1621.html）を参照。

静　正樹（しずかまさき）
株式会社東京証券取引所 常務執行役員。早稲田大学法学部卒業。1982年に東京証券取引所入所後、1996年から2004年まで、上場制度やディスクロージャー制度の改革に従事。その後、財務部長、経営企画部長を歴任。2007年6月執行役員、2011年から常務執行役員に就任、現在に至る。
現在、法務省法制審議会臨時委員、日本証券アナリスト協会理事・試験管理委員会委員を務める。

特集 II

資本市場からみた監査

(株)大和総研 執行役員 コンサルティング副本部長
引頭 麻実

株式公開企業の不正会計処理事件が続いている。こうした不正に対して、財務諸表利用者は残念ながら無力であると謂わざるを得ない。最近の事件に対する調査報告書を見ると、監査法人は不正が発覚するに先立ち、被監査会社に様々な指摘をしていることが窺える。このうちの重要な指摘事項について、監査報告書において開示されることで、不正のトライアングルの一端が崩れるのではないか。開示を通じて不正に対する牽制機能が働くことが現実的な解と考える。

I はじめに

このたびは、『青山アカウンティング・レビュー』に寄稿させていただくチャンスを頂戴し、大変光栄に感じている次第である。財務諸表利用者としての筆者が監査の世界に触れることができたのは、企業会計審議会の監査部会および公認会計士・監査審査会の委員を務めさせていただいたおかげである。普段利用者は、"監査"という"機能"を意識せずに財務諸表を利用している。筆者も当然ながらその一人であった。しかしながら、監査の世界をおぼろげながら理解させていただくにつれ、その生々しい現実を実感するとともに、利用者との間にあまりに遠い距離があることを率直に感じている。ただし、これは平時の印象である。有事の際はもちろん異なる。

米国のエンロン事件では大手会計事務所のアーサー・アンダーセンが不正会計処理や証拠隠蔽に関与していたことが発覚、信用失墜によりその翌年の2002年には解散に追い込まれた。また日本のカネボウ事件においても、中央青山監査法人（当時。後にみすず監査法人と改称）が2ケ月間の監査業務停止処分を当局から受けた後、多くの所属する会計士が法人を去ったことなどから、同じく事件発覚翌年の2007年には解散に追い込まれている。このほか、米国ではワールドコム事件が、日本でもライブドア事件など、大型不正会計処理事件が世界で散見されたことなどから、普段監査や監査法人を意識しない財務諸表利用者であっても、さすがに関心を持たずにはいられない状況となった。その結果、米国のエンロン事件を契機に上場企業会計改革および投資家保護法（サーベンス・オクスリー法／ＳＯＸ法）が2002年に成立、日本でも2007年に金融商品取引法（その一部が日本版ＳＯＸ法とされる）が施行されることとなる。

内部統制監査制度の採用で企業の不正に対してある程度の抑止力が働いたことは事実であろう。しかしながら、日本においては、2007年のニイウスコー事件や加ト吉事件、そして2009年のメルシャン事件に見られるような架空循環取引処理による不正会計処理事件が発覚した。規制と不正の"イタチごっこ"は続くものだとみていたところ、

最近発覚した3つの事件、具体的にはオリンパス事件、大王製紙事件、ＡＩＪ投資顧問事件であるが、それらは、従来と全く質の異なる事件であった。率直に言って、財務諸表利用者は、企業の不正に対して無力であることをあらためて痛感させられたのである。オリンパス事件に関しては、この7月に、金融庁から監査を担当したあずさ監査法人、新日本監査法人に対し、業務改善命令が通知されている。しかしながら、無限定適正と判断した監査手続きそのものに関しては言及されていない。

『企業の不正に対して無力である財務諸表利用者が、外部会計監査人（以後、監査人）、あるいは監査という機能に対して何を望むのか、あるいは期待できるのか』について、実際のケースを踏まえて本稿で論じたいと思う。ただし、本稿における意見にわたる部分はあくまで筆者個人の意見であり、筆者が所属する（株）大和総研の意見ではないことを申し添えさせていただきたい。

Ⅱ　オリンパス事件にみる監査人の行動　～利用者の視点から～

まずは、オリンパスのケースにおいて、会社側がすでに公表している第三者委員会の資料をもとに、財務諸表利用者あるいは投資家の視点から見ていく。本不正会計処理事件において、財務諸表作成者側の責任が大きいことは言うまでもない。しかしながら本稿においては、監査人の行動に着目して整理していく。ただし、その目的は監査人の監査意見の内容の妥当性や、監査人の責任を明らかにすることではない。先に述べたように、あくまでも利用者の立場から、その行動を見ていく。また、本件は非常に複雑かつ、長期にわたる案件でもあるため、ここでは、長く監査を務めたあずさ監査法人の行動をみることとする。

1. 事件の経緯

1985年のプラザ合意以降の急激な円高により目減りした利益を埋めるために、いわゆる"財テク"を積極化したことが発端である。その後90年代にはバブル崩壊により運用資産は損失を抱えることとなり、その損失分を穴埋めすべく、ハイリスク・ハイリターンのデリバティブ商品等での運用にさらに傾注した結果、1998年ごろには損失が950億円程度まで膨らんだ。また、2000年度決算から金融商品の時価会計基準が導入されることとなり、巨額の損失の処理がオリンパス社にとって大きな問題となった。1998年から2000年にかけて複雑な損失分離スキームが実行され、2008年ごろまで維持された。しかし関与した経営陣もいずれはその損失を穴埋めしなければならないと考えており、2008年から2010年にかけて、損失分離解消スキームが実行された。翌2011年7月に一部の雑誌において、損失分離解消スキームの取引の一つに対する疑惑が報じられ、事件が発覚するに至った。

2. 調査報告書から読み取れる監査人の行動

本ケースの経緯を簡単にまとめるとこのようになる。1998年ごろから2011年に発覚するまで約10余年にわたり、不正会計処理が行われていたわけであるが、監査人であるあずさ監査法人はどのような行動をとったのだろうか。2012年1月16日に発表された『オリンパス株式会社　監査役等責任調査委員会　調査報告書』にその詳細が記載されている。監査人が会社側の不正の可能性を随所で掴んでいた事実が窺える。これは財務諸表利用者にとってはある意味で衝撃である。なぜ、こうした事実がもっと早く外部の目に晒されなかったのか。事実関係を明らかにするために、少し長くなるが、調査報告書から引用する。

① 1998年から2008年ごろまでの損失分離スキームの実行・維持の期間

『(中略)当該損失分離のスキームは、海外の多数のファンドを利用して行われるなど、仕組みが極めて複雑なものであるばかりではなく、関与取締役により社外の協力者との間で意を通じた巧妙な隠蔽工作などが行われたことなどもあり、関与取締役らにより故意に隠されたいわば密閉されたスキームとして、その後10年以上もの長期間にわたり、財務部門以外の取締役、監査役や従業員はもちろん、監査法人にも認識されるところとはならなかった』(同報告書P 11)

『あずさ監査法人に、1999年9月30日朝、オリンパスにおいて「飛ばし」が行われているとの情報が入った。その情報に(中略)信憑性があったので、あずさ監査法人は(中略)事情を聴いた。(中略)「飛ばし」の事実を認めるに至った。

あずさ監査法人はその発覚日が9月30日であったため、同日中に当該不正取引を取り消さないと、1999年9月中間期において不正取引の存在を監査上指摘しなければならなくなることから、オリンパスに対し、直ちに「飛ばし」に関する取引を取り消し、オリンパスが取得した売買代金額と当該金融商品をファンドに戻すように要請した。

(中略)あずさ監査法人は不正取引は断固認められないと当該不正取引の取り消しを強く要請し、その結果、9月30日午後3時までに上記返金手続きを終え、当該不正取引は取り消された。(中略)

あずさ監査法人は、オリンパスに対し、他にも「飛ばし」などの不正取引をしているか否かの監査を行ったが、(中略)不正取引を発見できなかった。

また、あずさ監査法人は、オリンパスが特定金外信託を用いて不正取引を行っていたことを問題視し、オリンパスに対し、(中略。会計処理方法の変更を求め)、オリンパスはこれを受け入れた。(中略)

さらに、あずさ監査法人は、特定金外信託と同様に不正の温床となりやすい通貨および金利スワップ取引についても、その解消をオリンパスに求め、オリンパスは(中略)解消することとした。』(同P 24～P 26)

② 2008年から2010年にかけての損失分離解消スキーム実行の期間

『あずさ監査法人作成の2007年3月期(第139期)の中間監査概要報告書において、当期から企業結合に係る会計基準が適用され、(中略)本件国内3社については投資額が多額であり、投資消去差額の償却にも重要性があることから持分法を適用すること、今後は関係会社としての管理と経営責任を明確にし、合理的な事業計画を策定したうえで、計画と実績が乖離した場合には減損処理を検討する必要がある旨が記載されている。(中略)

また、監査役4名(中略)は2006年11月6日に、あずさ監査法人から当該中間監査概要報告書の説明を受け、本件国内3社の持分法損失が11億円となっていることに関して、「株式取得の際にオリンパスとしての評価がされており、事業計画も載っているが夢のようなものといえる。ファンド側でも新たな投資に関しての財務レビュー資料が残っているが、詳細な検討がされている実績はない。投資の管理は多岐に亘るため手薄になりがちで、監査上も時間がかかるためにリスク・アプローチ手法で対応しているが、投資評価のプロセスが問題だと思っている。監査役としても監査の視点に加えてもらいたい。」との指摘を受けている。』(P 47～P 49)

『あずさ監査法人作成の第140期中間(2007年9月)期の中間監査概要報告書において、(中略)、「本

件国内3社の事業計画達成の可否は、各社とも事業立上げ時期にあるため下期の状況次第と考えられること及び当該事業計画により5年程度の期間で投資回収が図られる見込みであることから、中間期での減損処理は行っておりません。各社とも今後の業績の状況によっては、減損処理あるいは投資損失引当金並びに貸倒引当金の計上を検討する必要があります。」との記載がなされている。

　また、監査役4名は、2007年11月6日に、あずさ監査法人から、当該中間監査概要報告書の説明を受けるとともに、「（中略）本件国内3社は投資額が多大であり大きなリスク要因といえる。業績の見通しもかなり大きな伸びを見込んであり、場合によっては見直しが必要になってくる可能性がある。」旨の指摘を受けている。』（P49〜P50）

『ア　2008年12月に、オリンパスの会計監査人であるあずさ監査法人から、オリンパス監査役会に対し、ジャイラス買収に係るFA報酬が高額過ぎるのではないかとの懸念が示された。

　その後、2009年4月23日にあずさ監査法人からイで後述する通知書（以下、「本件コミュニケーションレター」という）が提出されるまでの間、合計5回にわたりあずさ監査法人と監査役会ないし監査役との協議が実施された。そこでのあずさ監査法人の指摘は、会計監査は同監査法人が行うが、報酬額の妥当性等の業務監査は監査役の職務であるから、取締役が経済合理性の上に立ったビジネスジャッジメントを行っているかの監査をしてほしいというものであった。（中略）

イ　2009年4月23日には、あずさ監査法人より、監査役会に対し、監査役の職務執行に関して重要と思われる事項についての報告として、ジャイラス買収に係るFA報酬に関して、以下の2点について具体的な懸念事項を記載した本件コミュニケーションレターが提出された。

①　高額の報酬を支払うことに関する社内の検討が十分であったか、即ち、一般の料率に比較して異常に高率な報酬となっていることについての検討過程、また、当初2007年11月19日開催の取締役会で買収額の5パーセントおよびワラント購入権と決議したにもかかわらず最終的な報酬金額が大幅に増加したことについての外部専門家によるチェックが行われていたか否か等を含む検討過程に問題がなかったか。

②　支払先の妥当性に関する社内の検討が十分であったか、即ち、従業員数名の小さな証券会社であり実務は他社に行わせているAXESを契約先とした選定過程、また、AXAMに発行した優先株の買取り請求に応じる必要性についての検討過程に問題がないか。

ウ　これに対し、監査役会は、同年5月9日、弁護士及び公認会計士を含む3名の外部専門家（以下、「2009年委員会」という）に調査報告を依頼することを決定し、（中略）同月17日に、2009年委員会から報告書（以下、「2009年委員会報告書」という）が提出された。2009年委員会報告書は、報告の前提として、オリンパスから提出された事実及び資料等について独自の調査、事実確認等を実施していないこと、調査期間や調査対象となる資料等の範囲が限定されていること等の留保を付したうえで、ジャイラスの買収に関し、FA契約締結から株式オプションの優先株への置換え及びワラント購入権の買取りまでの行為について、取締役の善管注意義務違反があるとまで評価できるほどの事情は認識できなかった旨の意見を述べている。ただし、優先株の買取りについては、減資の可否を含めてAXAMとの交渉が継続中であることから、優先株の価値評価については現時点では即断できないとしており、優先株の高額での買戻しについ

て、取締役の善管注意義務違反がないとしたものではない。

　同日、2009年委員会報告書を受領した後、監査役会は、あずさ監査法人に対し、同報告書に基づき審議を行った結果、監査役会の見解として「取引自体に不正・違法行為は認められず、取締役の善管注意義務違反及び手続的瑕疵は認められない」との結論に至った旨を記載した「報告書について」と題する書面を提出した（以下、「監査役会報告書」という）。

エ　監査役会が監査役会報告書を提出した後の2009年5月18日に、あずさ監査法人の要請により、（中略）、2009年委員会報告書についての説明が行われた。その際、あずさ監査法人は、（中略）、ジャイラス買収に係るFA報酬が高いとの認識が共通していること、2009年委員会報告書では優先株の価値が180億円より高くなることが前提とされていないことが指摘され、2009年委員会報告書について修正する意向はあるかと申し入れた。

　2009年委員会の委員は（中略）、2009年委員会報告書を修正することはしない旨を述べた。これを受けて、あずさ監査法人は、（中略）、監査役会としては上記の監査役会報告書を修正する必要を認めるかどうかを検討するよう要請した。（中略）監査役会は、特に追加の調査を行うことはしなかった。

オ　あずさ監査法人は、（中略）2009年3月期の監査結果について、（中略）無限定適正意見を出すに至っている。

カ　（中略）あずさ監査法人に対し、2010年3月期以降は、新日本監査法人に委嘱するので会計監査

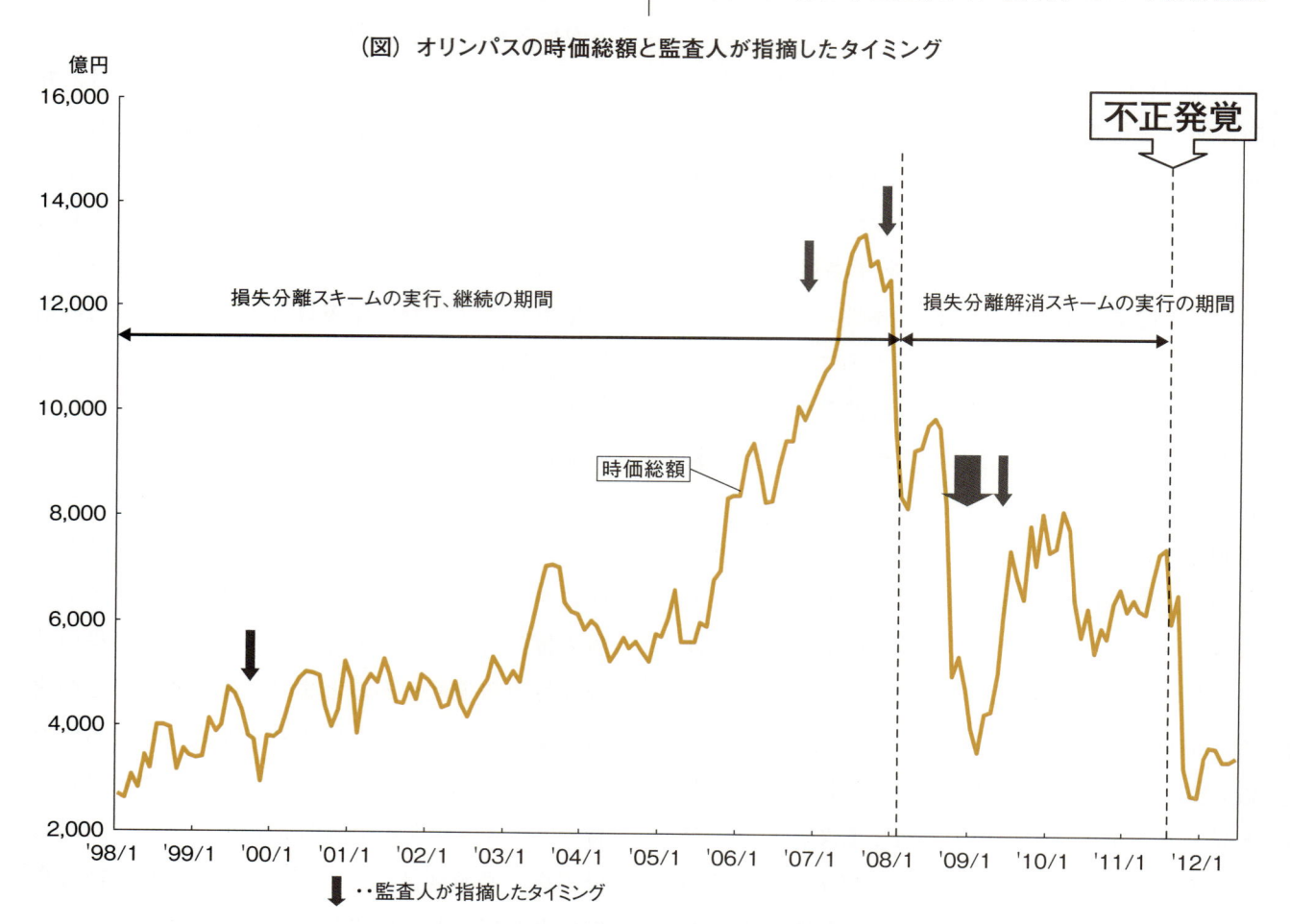

（図）オリンパスの時価総額と監査人が指摘したタイミング

↓‥監査人が指摘したタイミング

（オリンパス（株）監査役等責任調査委員会調査報告書より
大和総研作成）

人として再任しない旨を伝えた。』（P 74 〜 P 76）

3. あずさ監査法人の指摘と時価総額の推移

　非常に長い引用となったが、あずさ監査法人は、1999年9月に「飛ばし」の情報がもたらされて以降、新日本監査法人に交代するまで、折に触れて会社側に指摘してきた様子が窺える。報告書によれば、その指摘回数は、1999年9月から2009年5月までの10年の間に、大きく分けると5回にわたる。その間のオリンパス株式の時価総額の推移を見たものが、（図・前ページ）である。

　オリンパス株の動きをみると、まさに損失分離スキームを実行・維持している期間、株価は上昇し続けていたことがわかる。虚偽記載の有価証券報告書を提出しながら、資本市場はその様子にまったく気づかなかったのである。

4. 資本市場は何を望むか

　ここで考えたいのが、監査の役割である。釈迦に説法であるが、資本市場からみた監査の役割とは、資本市場を活用している、あるいは活用しようとしている企業（事業会社）が行う会計およびそれに関する開示書類（具体的には有価証券報告書に記載される財務諸表）が適正か否かを判断することにより、資本市場における、投資家と企業の間の情報ギャップを埋め、会計に関しては、投資家が安心して投資ができる環境を提供すること、であると筆者は理解している。しかしながら、調査報告書を見る限り、監査人にとって今回のような大掛かりな不正を発見し、その証拠を掴むことは現実問題としては非常に困難であると認めざるを得ない。不正の兆候は掴めたとしても、その確たる証拠を見つけることは難しい。前述のように、金融庁も当該監査手続きそのものについては問題視していない。このようにみると、現在の監査手続きの枠組みで、監査人にのみ、不正の発見やその証拠集めの責を帰するのは、現実的な解ではないと考えるのである。現実的な解とは何か。それは開示である。

　あずさ監査法人が新日本監査法人に交代するまでに、オリンパスに対し、約5回の指摘を会社側に行ったと述べた。仮にその指摘の都度、資本市場が知るところになれば、これほど長きに亘り、不正が続くことがなかったのではないか。開示をすることにより、監査法人のみならず、外部の目がその企業を監視することで、不正に対する牽制機能が働くとみられるからである。

　ただし、何でも開示すれば良いということではない。不正と誤謬はその意味が異なるし、また軽微なものまで開示することは、必ずしも資本市場の利益とはならない。当然ながら重要性の原則を鑑みて、何を開示するかを決めることが肝要である。

　ここで問題となるのが、被監査会社と監査法人との間で結ばれる守秘義務契約である。当該契約がある限り、開示は難しいとされている。現実問題としては、何等かの制度変更を伴わない限り、こうしたアクションは困難ということになる。筆者としては是非、"監査報告書の改善"というアプローチで、当該問題に取り組めないかと考えている次第である。

　監査法人が被監査会社に行う監査実施報告の書類には様々な指摘が記載されていると推察されるが、有価証券報告書に記載される監査報告書は基本的には型通りの内容となっている。例えば、「監査における重要な指摘事項」といった欄を設け、記載する仕組みなどが考えられるのではないか。

　ただし、この考え方に対し、資本市場が戸惑う可能性も否定できない。資本市場の立場からみれば、適正な財務諸表を提出している企業の証券を取引の対象にしたいのであって、疑義の可能性が

ある企業の証券は扱いたくないというのが本音であろう。前述のような制度であれば、監査意見が無限定適正であっても監査報告書の内容をチェックしなければならなくなる。手間がかかる。非常に悩ましい問題ではある。

監査人が各被監査会社に無限定適正意見を表明したとしても、そのレベル感には、ばらつきがあると筆者は考えている。時間的あるいはコスト的な制約により、合理的保証を覆せるほどの証拠は集められなかったために、無限定適正意見を表明しているケースもあれば、そうした疑義が全くない無限定適正意見もあるだろう。資本市場としては、まずはこの事実を受け入れる必要がある。そして、多少の手間がかかったとしても、監査人が行った重要な指摘事項についての開示内容を分析し、時には被監査会社と直接会話することなどを通じて、結果として、被監査会社のガバナンスがより強化されていく方向を選ぶべきではないだろうか。

III 大王製紙事件にみる監査人の行動　～利用者の視点から～

大王製紙事件においては、2011年9月、当時の代表取締役会長に対し、連結子会社が長期にわたり多額かつ、会長の個人的用途のための貸付を行っているという事実が発覚した。会社側は即座に特別調査委員会による調査を開始、2011年10月に「大王製紙株式会社元会長への貸付金問題に関する特別調査委員会　調査報告書」が提出された。同報告書P10〜P11に、監査人について以下のように記載がある。

『(中略)監査法人は、平成22年7月29日に(中略)連結パッケージから本件貸付の事実を知った。経理部に尋ねたが、使途は分からなかった。(中略)

監査法人は、(中略)監査役会に出席した。監査法人は平成22年9月にはエリエールペーパーテックを常勤監査役とともに往査した。同社は元会長に既に4件の貸付をしていた。貸付担当者から事情を聴取しようと思えばできたが、それには及ばなかった。

監査法人は、平成23年5月6日に元会長に面談し、同年6月末ないし遅くとも同年9月末には返済するとの言明を得た。(中略)

監査法人の平成23年3月期における会計監査結果は、第1ないし第3四半期のレビューの結果はいずれも無限定の結論であり、期末の監査結果は適正意見であった。内部統制監査でも適正意見であった。

監査法人は平成23年8月3日に元会長との定例のヒアリングを行った。このときも、元会長から9月末には返済するとの言を得るに止まり、使途等を問い質すことはなかった。』

本件についても、オリンパスのケースと同様、監査人は事件が発覚する1年以上前から、被監査会社の会計処理には問題が内包されていることを気づいていたといえる。しかしながら、監査意見は無限定の結論および無限定適正意見であった。

オリンパスのケースで述べたように、仮に監査報告書の開示制度が改善され、監査人が知りえた事実が開示されていたのであれば、当該事件はこれほど大規模なものにならずに済んだ可能性も否定できないのではないか。

IV 議論が活発化する監査報告書の改善

監査報告書の記載内容を充実させる議論は、海外で活発化している。

まず、EUにおいては、2010年10月に公表された「法定監査人の役割に関する市中協議文書（グリーンペーパー）」に寄せられたコメントを踏まえ、

2011年11月「財務諸表に対する信頼性を回復するための監査に関する規則案」を公表している。具体的には、監査法人のローテーション制度の導入、大規模監査法人の非監査業務提供の全面禁止および監査報告書の改定（財務諸表の重要なリスク等に関して記載）などとなっている。2013年2月中に欧州議会通過を目指している状況だ。米国においては、2011年6月にPCAOBより、監査報告書の改訂に関するコンセプトリリースが公表されている。具体的には、監査人の検討と分析（Auditor's Discussion and Analysis）の記載、強調事項パラグラフの義務付けと拡大、財務諸表外のその他の情報に対する監査人の保証、標準監査報告書の文言の明瞭化などが盛り込まれている。今後の動きとしては、2012年3Qに公開草案が公表されると見られる。さらに国際監査・保証基準審議会（IAASB）においても、2011年5月「監査報告の価値の強化：変更への選択肢の模索」というコンサルテーションペーパーが出されるなど、監査報告書の改訂に向けて議論が進んでいる。

日本においては、2012年5月より企業会計審議会監査部会において、「会計不正等に対応した監査基準の検討」について議論が開始され、検討期間として1年程度が想定されている。監査報告書の改善も盛り込まれるものと期待される。

監査報告書の開示の充実は、被監査会社にとって、あるいは監査人にとって心地よいものではないだろう。しかしながら、資本市場を被監査会社が活用する限り、また監査人が資本市場の質を保つ機能を担っている点を鑑みる限り、避けて通れないのではないか。近年、不正会計処理事件が数多くみられる。資本市場からみて、監査の内容がいつまでもブラックボックスでは、監査に対する信頼が揺らいでしまう危険性は大いにある。監査に対する資本市場からの信頼を高めるためにも必要なことであると考える次第である。

Ⅴ　おわりに

米国の組織犯罪研究者ドナルド・R・クレッシーは、不正を行う要素として、「不正のトライアングル」をという仮説を打ち出した。それは、①動機・プレッシャー、②機会の認識、③正当化の3つの要素で構成され、これらが揃って初めて不正が行われるとされている。本稿で提案させていただいた、監査報告書の開示の改善はまさに②機会の認識、あるいは③正当化の要素の一部を打ち砕く機能を担うものと見られる。

筆者は具体的な開示内容として、「監査における重要な指摘事項」を挙げた。このほか、監査人がリスク・アプローチを行う際の被監査会社に対するリスクについての考え方や、監査時間、経営者とのディスカッションあるいはコミュニケーションレターの概要なども開示内容の具体的な候補として挙げられる。ただし、繰り返しになるが、何でも開示すれば良いということでは決してない。不正防止、あるいは、監査人が確たる証拠を掴みにくかったような不正の可能性がある取引を外部からの牽制機能により、被監査会社にプレッシャーをかけていく、そうした動きに繋がるような開示内容が望まれるのである。

財務諸表利用者の立場としては、監査報告書に新たな機能を付加することにより、資本市場の質が高まることを切に希望する。

引頭 麻実（いんどう まみ）
85年一橋大学法学部卒業。同年、大和證券入社、大和證券経済研究所（現大和総研）配属。電機セクターアナリスト、ストラテジスト等を経て、2009年大和総研 執行役員。2012年より現職。
公認会計士・監査審査会および企業会計審議会の委員、日本証券アナリスト協会企業会計研究会委員、原子力損害賠償支援機構運営委員会委員を現在務める。

特集 Ⅱ

会計不正等に対応した監査基準の見直しについて

金融庁総務企画局企業開示課長
栗田 照久

近時の会計不正事案においては、結果として公認会計士監査が有効に機能しておらず、より実効的な監査手続を求める指摘がある。企業会計審議会監査部会においては、会計不正等に対応した監査手続等の検討を行い、公認会計士の行う監査の規範である監査基準等について、2013年3月を目途に、所要の見直しを行うこととしている。

Ⅰ はじめに

我が国における近時の会計不正事案においては、結果として公認会計士監査が有効に機能しておらず、より実効的な監査手続を求める指摘がある。

こうしたことから、我が国の監査をより実効性のあるものとしていくため、公認会計士の行う監査の規範である監査基準等について所要の見直しを行うこととした。

監査基準は、法令に基づき企業会計審議会監査部会（部会長：脇田良一名古屋経済大学大学院教授）において策定してきているところであり、2012年5月30日、本件に関する初回の監査部会を開催し、審議を開始した。

本稿では、会計不正等に対応した監査基準の見直しについて、検討に至る経緯やこれまでの検討状況、今後の検討の見込みなどについて紹介する。

なお、文中意見にわたる部分は、私見であることをお断りしておく。

Ⅱ 監査基準見直しに関する検討の経緯等

1. 不正会計事案の発生

近時、オリンパス株式会社（以下「オリンパス社」という。）、大王製紙株式会社の事案のほか、証券取引等監視委員会より、いわゆる「循環取引」などによる開示書類の虚偽記載に対して課徴金納付命令勧告が年間10数件行われるなど、数々の会計不正事案が発生している。

オリンパス社は、2011年11月、同社が長年に亘り巨額の損失を先送りしていたことを公表し、12月に有価証券報告書等の訂正報告書を提出したところであるが、その後、証券取引等監視委員会等の調査を経て、2012年2月に同社の元役員等が金融商品取引法違反で逮捕されるとともに、法人としてのオリンパス社とともに起訴された。また、並行して行われた証券取引等監視委員会の開示検査の結果を踏まえて行われた課徴金納付命令勧告を受け、2012年7月、金融庁は、同社に対して約2億円の課徴金納付を命じる決定を行った。

また、同社の会計監査については、問題となった期間について、2つの大手監査法人が監査証明

を行っていた。両監査法人による同社の監査においては、監査法人としての業務管理体制が不十分である事実が認められたことから、金融庁は、平成24年7月に公認会計士法34条の21第2項に基づき業務改善命令を発出したところである。

昨年12月、金融担当大臣は会見において、これまでも市場の公正性・透明性を確保すべく、金融商品取引法の改正など各般の整備に努めてきたところであるが、今後、制度の運用面を含め、所要の点検・検討を行い、関係者が連携して適切な再発防止策を講じていく必要があるとして、以下の4点が示されたところである。

① 企業統治のあり方
② 会計監査のあり方
③ 外部協力者への対応
④ 有価証券報告書等の適正確保のための検査・モニタリングの強化

このうち、②の会計監査のあり方については、会計不正に対して監査人が有効に機能し得なかった要因について分析を行い、それを踏まえ、日本公認会計士協会等とも連携し、会計不正に対応するための監査手続等の充実を図っていく必要があるとしている。

いわゆる「循環取引」は、被監査会社が取引先と共謀し架空売上等を計上することが典型的である。例えば、証券取引等監視委員会が課徴金納付命令勧告を行った食料品会社の事例では、取引先に対して架空の売上を計上するとともに、架空の棚卸資産を取得したこととして資金を支出し、当該資金を同社に還流させることにより、架空売上に係る売掛金の回収を装っていた。この架空取引により当該棚卸資産が長期滞留状態になり、会計監査等において架空在庫が発覚する恐れがあったことから、この架空の棚卸資産を販売したことにして、さらに架空の売上を計上するとともに、同様の方法で売掛金の回収があったように装っていた（「金融商品取引法における課徴金事例集　平成23年6月」参照）。こうした「循環取引」においては、証憑類の偽造等が複数の関係先と口裏合わせをしつつ巧妙に行われることが多く、監査人としては、不正を見抜くことが非常に困難であり、無限定適正意見を出しているケースがほとんどであると言われている。

2. 監査基準における会計不正に関する規定

公認会計士の行う監査の規範である監査基準については、これまで、監査の質の向上の要請など会計・監査を巡る動きを踏まえ、国際監査基準（ISA）の動向にも留意しつつ、改訂を行ってきているところである。

会計不正に関しては、既に監査基準の中に、例えば、

○「監査人は、財務諸表の利用者に対する不正な報告あるいは資産の流用の隠蔽を目的とした重要な虚偽の表示が、財務諸表に含まれる可能性を考慮しなければならない。」（第二　一般基準4）、

○「監査人は、職業的懐疑心をもって、不正及び誤謬により財務諸表に重要な虚偽の表示がもたらされる可能性に関して評価を行い、その結果を監査計画に反映し、これに基づき監査を実施しなければならない。」（第三　実施基準一基本原則5）

○「監査人は、監査の実施において不正又は誤謬を発見した場合には、経営者等に報告して適切な対応を求めるとともに、適宜、監査手続を追加して十分かつ適切な監査証拠を入手し、当該不正等が財務諸表に与える影響を評価しなければならない。」（第三　実施基準　三監査

の実施6）などの基本的な規定は置かれているが、一連の会計不正事案を踏まえ、さらに詳細な規定を置く必要があるか検討していくことになる。

　また、会計不正に関するものも含め、具体的な監査手続など詳細については、日本公認会計士協会が作成している監査基準委員会報告書（監査実務指針）において規定されており、監査基準とともに監査の基準を形成している。このため、会計不正に対応するための監査手続等の充実を図っていくためには、監査基準のみならず監査実務指針を含めた監査の基準全体の検討が必要であると考えられる。

3. 会計不正等に対応した監査基準の検討

　オリンパス社をはじめとする不正会計事案においては、企業の作成した財務諸表に対して公認会計士は無限定適正意見を出しており、公認会計士監査が有効に機能するよう、より実効的な監査手続等を定める必要性が指摘されている。

　こうしたことから、監査基準を策定している企業会計審議会の監査部会において、職業的懐疑心など会計不正を巡る国際的な議論の動向等も踏まえつつ、会計不正等に対応した監査手続等の検討を行い、監査基準等について所要の見直しを行うため、本年5月30日に本件に係る初回の部会を開催した。

　初回の部会において、同部会での検討は、1年程度を目途に検討すること、まず3回程度部会を開催し公認会計士監査の問題点等について幅広く意見を聴取した上で、部会としての主な検討項目を整理することが確認された。

Ⅲ 監査部会における監査基準の検討状況

1. これまでの監査部会の検討状況

　監査部会は、これまで本年5月30日の初回に続き、6月27日に第二回、7月25日に第三回と会合を開催してきたところである。

　初回及び第二回の会合においては、複数の委員より説明を行っていただいた上で、会計不正に対応するための公認会計士監査のあり方についての意見を伺った。また、第二回においては、事務局より、監査報告書の見直しなど会計監査を巡る海外の動向等について紹介した。

　第三回は、事務局及び公認会計士・監査審査会より、最近の事例等を踏まえた課題について説明し、委員の意見を伺った。

　その中では、会計不正対応という観点から、会計監査の使命・目的やいわゆる「期待ギャップ」に関する議論が多くあった。すなわち、「財務報告の信頼を揺るがしかねないような会計不正については、見つけてもらわないと公認会計士の存在意義が問われる。」「会計不正を発見できないような監査は投資者等にとって存在意義がないのではないか。」といった厳しい指摘がある一方で、「会計監査には様々な制約があり、また、組織的な不正など、不正によっては監査人が正当な注意を払ってもなお発見できない状況がある。」といった意見が出された。この点に関しては、現行の監査基準の「監査の目的」において、「監査人の意見は、財務諸表には、全体として重要な虚偽の表示がないということについて、合理的な保証を得たとの監査人の判断を含んでいる。」とされており、この「重要な虚偽の表示」には会計不正に起因するものも含まれていることはコンセンサスになっているものと考えられる。

　その他、監査部会においては、以下のような意見等があった。

・会計不正に対応するためには、より積極的な職業的懐疑心を発揮する必要があるのではないか。
・会計不正リスクが高いと考えられる事項により着目して、監査計画を立案できるようにするための監査手続を求めるべきではないか。
・会計不正の端緒が見つかった場合や矛盾した証拠が見つかった場合などに、より具体的な監査手続を求めるべきではないか。
・不正調査の専門家など専門家の活用のあり方を検討すべきではないか。
・会計不正リスクが高い場合には、監査事務所として適切な対応をする必要があるのではないか。
・監査役等との連携を強化する必要があるのではないか。
・監査人交替時の実効性ある引継ぎを徹底したり、開示を強化する必要があるのではないか。
・監査報告書の記載内容について、国際的な動向も踏まえ、拡充の是非を検討する必要があるのではないか。
・監査人が意見不表明等を出しやすくなるように、証券取引所の上場廃止ルールを見直す必要があるのではないか。
・取引先と共謀する、いわゆる「循環取引」が行われたような場合に、循環取引の特性を踏まえた監査手続を検討する必要があるのではないか。
・会計不正の端緒が発見された場合に、監査人が追加の監査手続など弾力的な対応が行いやすくなるよう監査契約書のあり方を検討する必要があるのではないか。
・監査人間の引継ぎや監査人間の連携において、守秘義務が支障になっているケースが考えられ、守秘義務解除の要件を明確化すべきではないか。
・監査人が行うべき監査手続を包括的に整理し、監査基準に付属する一つの基準（「不正対応基準（仮称）」）として示すことが一法として考えられるのではないか。

2. 監査部会における主な検討項目

　第三回の部会においては、監査部会における会計不正に対応するための公認会計士監査のあり方についての意見等を踏まえ、事務局より、今後、より詳細な検討を行う必要があると考えられる事項を「主な検討項目」（案）として整理したものを提示し、了解を得た。検討項目として挙げられたものは、以下のとおりである（詳細は別紙参照）。

① 会計不正リスクへの対応のあり方
② 会計不正リスクに対応するための実効性ある監査計画の策定、会計不正の端緒が発見された場合の監査計画の見直し
③ 会計不正リスクが高い場合や会計不正の端緒が発見された場合の監査手続
④ 会計不正に関する監査事務所の体制
⑤ 監査人間や監査役等との連携
⑥ 監査事務所間又は監査事務所内監査人間の引継ぎ、監査事務所交替時の開示
⑦ 監査報告書の記載内容
⑧ 関連して検討が必要と指摘された事項
⑨ その他

　監査部会においては、この「主な検討項目」をベースに、今後、具体的な監査基準改訂を検討することとしている。
　なお、これらの検討項目は、監査契約の締結に始まり、監査計画の策定、監査業務の実施から監査報告書の発行に至るまで、監査人の監査プロセスの各段階において、会計不正に対応するために

検討を要する項目があることを示しているが、各項目に示された検討事項については、必ずしもこれらに限定されるものではないことは言うまでもない。

また、今回の検討項目は、公認会計士としての職業的懐疑心をより積極的に発揮することにより、会計不正リスクを的確に見極め、会計不正リスクが高い場合や会計不正リスクの端緒が発見された場合には、適切な監査手続を行う必要があるという考えに基づくものであって、すべての企業の監査に一律に会計不正を前提とした監査手続を求めることを意図したものではないことに留意する必要があると考えられる。

別紙

主な検討項目

(1) 会計不正リスクへの対応のあり方
　(検討事項)
　　・職業的懐疑心のより積極的な発揮
　　・被監査企業及び業種を取り巻く環境、会計不正等についての精通
　　・監査人が不正に起因する財務諸表の虚偽記載を発見できるようにするため、監査人が行うべき監査手続を包括的に整理し、一つの基準(「不正対応基準(仮称)」)として示すことが一法として考えられるのではないか
　　　等

(2) 会計不正リスクに対応するための実効性ある監査計画の策定、会計不正の端緒が発見された場合の監査計画の見直し
　(検討事項)
　　・代表的な会計不正リスク(SPCの利用等)を基準上列挙し、これを踏まえ、会計不正リスクが高いと考えられる事項に係る監査計画の策定
　　・様々な階層の関係者(従業員等)への聞き取りの実施
　　・企業が想定しない要素の組み込み(抜き打ちの監査手続の実施、往査先や監査実施時期の変更　等)
　　・会計不正の端緒が発見された場合の所要の監査計画の見直し　等

(3) 会計不正リスクが高い場合や会計不正の端緒が発見された場合の監査手続
　(検討事項)
　　・残高確認状の内容等の見直し(担保設定状況等に係る記載の徹底等)
　　・疑われる会計不正の態様等に応じた監査手続の実施(売上の前倒し計上が想定される場合の実地棚卸手続の実施　等)
　　・矛盾した監査証拠があった場合や監査証拠の偽造が疑われる場合等における適切な職業的懐疑心の発揮
　　・(金融商品等の評価や企業価値評価等における)専門家の活用のあり方　等

(4) 会計不正に関する監査事務所の体制
   （検討事項）
   ・会計不正リスクが高い場合の適切な受任手続及び受嘱審査
   ・監査チームによる会計不正リスクの評価及び監査実施に対する適切なモニタリング
   ・監査事務所における通報窓口の設置など、情報収集体制の強化
   ・フォレンジックチーム（不正調査の専門家）の活用のあり方
   ・不正事例研究など、会計不正等に関する教育・研修、訓練の徹底
   ・監査事務所内の審査の適切な実施（実効性ある本部審査ルールの整備等）　等

(5) 監査人間や監査役等との連携
   （検討事項）
   ・監査チーム内の協議・情報共有
   ・取引先の監査人（同法人及び他法人）との連携のあり方
   ・監査役等との連携の強化　等

(6) 監査事務所間又は監査事務所内監査人間の引継ぎ、監査事務所交替時の開示
   （検討事項）
   ・監査人交替時の実効性ある引継ぎの徹底
   ・監査事務所交替時における開示の強化　等

(7) 監査報告書の記載内容
   （検討事項）
   ・強調事項の活用の可能性
   ・義務的記載事項（監査の過程で把握した被監査会社の会計処理に係るリスクなど）の拡充の是非の検討　等

(8) 関連して検討が必要と指摘された事項
   （検討事項）
   ・上場廃止ルールのあり方（不適正意見や意見不表明の取扱い）
   ・監査契約書のあり方（会計不正の端緒が発見された場合の弾力的対応）
   ・監査人の守秘義務解除の要件の明確化

(9) その他
   （検討事項）
   ・公認会計士と依頼者との契約に基づいて行われる非監査業務（株価算定等）のあり方
   ・多様な監査業務（学校法人監査等）に応じた審査のあり方　等

Ⅳ 終わりに

　経営者による組織ぐるみの会計不正や循環取引などの第三者と通謀した会計不正のように、会計不正によっては、公認会計士監査のみによって発見することが困難なケースもあると考えられるが、そうしたケースにおいても、公認会計士監査が、監査役など企業における監視・監督を担う機能と連携して対応することが有効であることが多いとと考えられる。

　企業会計審議会監査部会においては、今後、主な検討項目について、詳細な検討を行い、会計不正に対応するためのより具体的・明確な監査手続等を定めた監査基準等をとりまとめることを目指している。

　我が国の会計監査をより実効性のあるものとするために、監査部会委員はもちろんのこと、公認会計士、産業界、学界など関係者の積極的な議論が行われることを期待している。

栗田 照久（くりた てるひさ）

1963年生	
1987年3月	京都大学（法）卒
1987年4月	大蔵省入省
1999年7月	金融監督庁長官官房総務課課長補佐
2001年7月	金融庁総務企画局信用課課長補佐
2002年7月	〃　　　〃　企画課長補佐
2006年7月	金融庁監督局総務課監督調査室長
2007年8月	〃　総務企画局総務課企画官 （金融担当大臣秘書官事務取扱）
2008年8月	〃　監督局総務課監督企画室長
2009年7月	金融庁監督局証券課長
2011年8月	〃　総務企画局企業開示課長

特集 Ⅱ

国際監査・保証基準審議会（IAASB）による基準設定の動向と課題

国際監査・保証基準審議会 メンバー

関口 智和

国際監査・保証基準審議会（IAASB）は、2009年2月までに国際監査基準（ISA）について全面的な再起草を行ったクラリティ・プロジェクトを完了しており、我が国においても、このクラリティ版ISAを参考として改正された監査基準委員会報告書が2012年4月より開始する事業年度等において適用されている。IAASBは、最近、利用者からの要請を踏まえつつ監査報告書の見直しに向けた作業に取り組んでおり、2012年6月にはコメント募集文書を公表している。

Ⅰ　はじめに

　まず、青山アカウンティング・レビュー発刊に対する関係者のご尽力に敬意を表するとともに、第2号の刊行を心よりお祝いさせていただく。会計基準を巡っては、最近、国際財務報告基準（IFRSs）の導入を巡る動きが一般誌等においても報じられていたが、今回テーマとされている監査は会計基準に比べて一般のビジネス・パーソンや学生の方等には馴染みが薄く、また、監査業務に携わっている公認会計士の方にも、国際的な動き等は十分に伝わっていないかもしれない。

　筆者は、2009年度より国際的な監査・保証基準の設定主体である国際監査・保証基準審議会（IAASB：International Auditing and Assurance Standards Board「アイ・ダブル・エー・エス・ビー」と発音）のメンバーとして国際監査基準（ISA）や国際保証業務基準（ISAE）等の開発に携わっているが、監査の世界においては、資本市場のグローバル化等を背景として、国際的な動向が我が国に与える影響が益々高まってきている。このため、最近のIAASBにおける基準設定の動向とその課題について、それを取り巻くその他の国際的な動向に触れつつ解説させていただく。なお、文中、意見に関する部分については、私見であることを予めお断りさせていただく。

Ⅱ　国際監査・保証基準審議会（IAASB）とクラリティ・プロジェクト

　IAASBは、国際会計士連盟（IFAC）の中に置かれた組織であり、**図表1**に記載の基準等を開発している（それぞれの基準等の関係は、**図表2**参照）。

　IAASBは、2009年2月、ISA及びISQCについて、一連の基準の全面的な再起草を行ったクラリティ・プロジェクトを完了させており、これに対して多国籍に展開する監査事務所や証券監督者国際機構（IOSCO）等の監督当局から広く支持が示されている。その後、大手監査事務所の監査メソドロジーにクラリティ・プロジェクトの成果である「クラリティ版ISA」が反映されている他、多くの国の監査基準において、クラリティ版ISAの導入が進められている[1]。

たとえば、欧州では、各国ベースでISAの導入が進められている他、2011年11月に公表された「年次及び連結財務諸表の法定監査に関する指令2006/43/ECを改正する、欧州議会及び欧州連合理事会（閣僚理事会）の指令案」（以下、「法定監査指令改正案」という。）において、EUレベルでクラリティ版ISAを導入し、EUにおける法定監査業務においてISAへの準拠を義務付けることが提案されている。また、米国では、公開会社の監査については、公開会社会計監視委員会（PCAOB）の監査基準に準拠することが求められているが、非公開会社の監査については、米国公認会計士協会（AICPA）の監査基準委員会（ASB）が監査基準（SAS）を開発しており、クラリティ版ISAをベースにしたSASが、2012年12月15日以降に終了する事業年度度から適用されている。

我が国でも、企業会計基準審議会が策定する監査基準の下、日本公認会計士協会が、クラリティ版ISAを参考として、既存のすべての監査基準委員会報告書を新起草方針に基づく報告書に置き換える作業を進め、2011年11月に、一般目的の財務諸表の監査に関する一連の改正作業が完了するに至っている。新起草方針に基づく監査基準委員会報告書は、2012年3月期から既に一部が適用されているが、2012年4月1日以降に開始する事業年度等から一斉に適用されている。

図表1：IAASBが開発する基準等

IAASBが開発する基準等	概　要
国際監査基準（ISA）	過去財務情報の監査に関する基準
国際レビュー業務基準（ISRE）	過去財務情報のレビューに関する基準
国際保証業務基準（ISAE）	保証業務に関する基準（上記以外）
国際関連サービス基準（ISRS）	調製業務、合意された手続に関する業務等の関連サービス業務の基準
国際品質管理基準（ISQC）	監査、レビュー、保証、関連サービスを行う事務所の品質管理に関する基準
国際監査実務ノート（IAPN）	ISAに基づく監査を行う際に参照する文書

図表2：IAASBが開発する基準等の体系

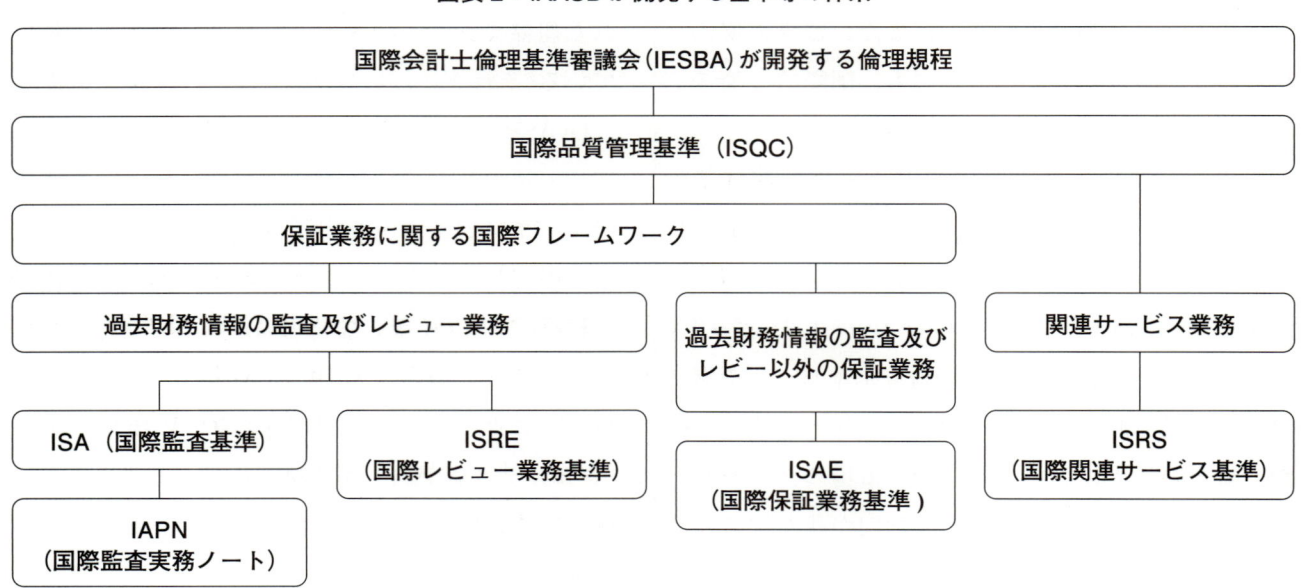

```
国際会計士倫理基準審議会（IESBA）が開発する倫理規程
                    │
        国際品質管理基準（ISQC）
                    │
        保証業務に関する国際フレームワーク
        ┌───────────┼───────────┐
過去財務情報の監査及びレビュー業務   過去財務情報の監査及び      関連サービス業務
                            レビュー以外の保証業務
    ┌──────┴──────┐              │                   │
  ISA              ISRE           ISAE               ISRS
（国際監査基準）  （国際レビュー業務基準） （国際保証業務基準）   （国際関連サービス基準）
    │
  IAPN
（国際監査実務ノート）
```

なお、今回テーマとされている監査人の不正への対応については、クラリティ版ISAでは、主に、ISA240「財務諸表監査における不正に関する監査人の責任」において定められている。財務諸表監査における不正への対応については、IAASBも幾度となく改訂を行っており、2000年以降についていえば、IAASBの前身である国際監査実務委員会（IAPC）が、2001年3月にISA240「財務諸表監査において不正及び誤謬を検討する監査人の責任」を承認している。他方、当時、米国においては、2000年9月に公表された「監査の有効性に関する専門委員会」の最終報告書（通称、「オマリー・パネル報告書」）の中で、監査人による不正発見の能力を強化するために監査基準の改訂を促す提言が含まれたこと等を受け、AICPA/ASBは不正タスクフォースを設置し、2002年10月に、従来の基準（SAS82）を大幅に拡充する形でSAS99「財務諸表監査における不正の考慮」を公表した。

IAASBは、こうした米国の動向や、当時IAASBが同時期にプロジェクトを実施していた一連のリスクモデル基準（2003年10月に基準承認）との整合性等を踏まえ、ISA240の改訂に向けた審議を進め、2004年2月にISA240「財務諸表監査における不正の考慮」を最終化した。また、その後、2004年以降本格的に開始されたクラリティ・プロジェクトにおいて、新起草方針による再起草を行い、2006年12月に現行のISA240を公表している。ISA240では、不正と誤謬との区別は財務諸表の原因となる行為が意図的であるか否かによる旨が説明されるとともに、財務諸表監査に関連する不正には不正な財務報告と資産の流用の2種類があるとされている。

また、不正を防止し、発見する基本的な責任は統治責任者（日本でいう監査役等）及び経営者にある旨、経営者は、統治責任者による監視のもとで、不正の発生の機会を減少させることとなる不正の防止や、不正の発見と処罰の可能性によって各人に不正を思いとどまられることとなる不正の抑止について強調することが重要である旨が説明されている。その上で、監査人の責任に関して、次の事項が説明されている。

・監査人は、不正によるか誤謬によるかを問わず、全体としての財務諸表に重要な虚偽表示がないことについて合理的な保証を得る責任を有する。

・監査の固有の限界のため、ISAに準拠して適切に監査計画を策定し適切に監査を実施しても、重要な虚偽表示が発見されないという回避できないリスクがある。なお、不正による虚偽表示に関しては、監査の固有の限界が重要な影響を与える可能性があり、監査人にとって、不正による重要な虚偽表示を発見できないリスクは、誤謬による重要な虚偽表示を発見できないリスクより高くなる。

・監査人は、合理的な保証を得るために、経営者が内部統制を無効化するリスクを考慮するとともに、誤謬を発見するために有効な監査手続が不正を発見するために有効でない可能性があることを認識し、監査の過程を通じて職業的懐疑心を保持する責任を有する。

Ⅲ　クラリティ・プロジェクト終了後のIAASBの取組

クラリティ・プロジェクト終了後、IAASBは、新たにニーズが拡大している監査以外の保証業務に関する基準開発の他、取り巻く状況の変化を踏まえ、監査についても基準の見直しや実務における適用支援等の作業を進めている（**図表3参照**）。

最近では、米国におけるサブ・プライムローン問題に端を発した金融危機や、その後の欧州における政府債務問題に関する金融危機において、国

際的な規制当局や欧米の規制当局等から、監査の有効性向上に向けた議論や提案が活発になされている。

1. 国際的な規制当局による動向

サブ・プライムローン問題に端を発した金融危機への対応として、2008年4月、金融安定化フォーラム[2]からIAASBに対して、「市場の混乱において得られた教訓を検討するとともに、必要に応じて、複雑又は流動性のない金融商品の評価に関する監査のガイダンスを充実させるべき」との提言がされた。これに対して、IAASBは、2011年12月に、金融商品（但し、売掛金等、一部の金融商品を除く。）の監査に関するガイダンスとして、IAPN1000「金融商品の監査における特別考慮事項」を公表している。

とりわけ、金融商品の公正価値測定においては、価格提供業者（コンセンサス・プライシングによる場合を含む。）や見積価格を提示するブローカーを含む外部の価格提供機関が頻繁に利用されるようになっていることから、本ガイダンスでは、企業が外部の価格提供機関を利用して公正価値測定を行っている場合における監査上の考慮事項を示している。また、このような場合において、価格を算出するプロセスについて理解を得ることが出来ない場合や価格を算出するモデルにアクセスできない場合における監査人の対応についても示している。

2. 欧州における動向

欧州では、監査制度の改革に関する協議やそれを踏まえた規制案の公表がされており、2010年10月、欧州委員会（EC）から、グリーン・ペーパー[3]「監査に関する施策：金融危機からの教訓」が公表されている。グリーン・ペーパーは、EUレベルでISAを採用すること等に加え、監査報告書の見直しや監査事務所の強制ローテーション、大規模な監査事務所に対する非監査業務提供の全面禁止、欧州単一市場の創設等、法定監査制度全般に関して、大きな変革を伴う様々な事項についての意見募集が行われ、多くの関係者の関心を集めた。

2011年11月には、グリーン・ペーパーに対して寄せられたコメントを踏まえ、「社会的影響の高い事業体の法定監査に対する要求事項に関する、欧

図表3：2009年以降のIAASBからの主な公表物

年　月	公　表　物
2009年 1月	スタッフ注意喚起文書「継続企業に関する監査上の留意事項」
同年 8月	スタッフQ&A「事業体の規模及び複雑性に応じたISAの比例的な適用」
同年11月	スタッフ注意喚起文書「外部確認」
同年12月	ISAE3402「受託業務に係る内部統制の保証報告書」
2010年 1月	スタッフQ&A「XBRLの利用」
同年 9月	スタッフQ&A「重要な取引、及び、通例でない取引又は極めて複雑な取引に関する監査上の留意事項」
2011年12月	IAPN1000「金融商品の監査における特別考慮事項」
同上	ISAE3420「目論見書に含まれるプロフォーマ財務情報の調製の報告に関する保証業務」
2012年 2月	ISRS4410「調製業務」
同上	スタッフQ&A「財務諸表監査における職業的専門家としての懐疑心」
2012年 4月	ISA610「内部監査人の作業の利用」及びISA315「企業及び企業環境の理解を通じた重要な虚偽表示リスクの識別と評価」（改訂）
2012年 6月	ISAE3410「温室効果ガス情報に対する保証業務」

州議会及び欧州連合理事会の規則案」（以下、「規則案」という。）及び前述の法定監査指令改正案が公表されている。規則案では、グリーン・ペーパーで示されていた施策の多くが取り込まれており、たとえば監査報告書については継続企業として存続する能力の評価や財務諸表等の重要な虚偽表示リスクの主な領域等について記載を要求することが提案されている。

欧州では、ECによる法案の公表を受けて、欧州議会及び欧州連合理事会による法案採択プロセスが開始されており、当該プロセスにおいて必要とされた修正を行った上で、規則案及び法定監査指令改正案が成立することが予定されている。

3. 米国における動向

米国では、2011年1月にPCAOBの議長が交代した後、監査制度の見直しに向けた協議が活発に行われるようになっており、2011年6月に「監査済財務諸表に対する報告に関連するPCAOB基準の改訂に関するコンセプト・リリース[4]」が公表されたほか、2011年8月には「監査人の独立性及び監査事務所のローテーションに関するコンセプト・リリース」が公表されている。

これらの文書は、今後の基準設定プロジェクトの方向性を探るためのものであり、特定の方向性が明示されたものではない。しかし、2011年6月公表のコンセプト・リリースでは、監査報告書において、監査上のリスク等をはじめとする監査に関する情報や、経営者の判断や見積り、会計方針及びその実務等の財務諸表に関する監査人の見解について記載を要求する「監査人による検討と分析（AD&A）」というアイデアが示されている他、2011年8月公表のコンセプト・リリースでは、監査人の独立性、客観性及び職業的懐疑心を強化する方法として、監査事務所の強制ローテーション

が示されており、今後の動向について関係者の注目を集めている。

Ⅳ 監査報告書の見直し

機関投資家やアナリスト等からの監査報告書の見直しに向けた要請は、グローバルなレベルでも多く示されるようになっており、IAASBも、各国関係者の見解を踏まえつつ監査報告書の見直しに向けた作業を進めている。2012年6月には、監査報告に関する改訂の方向性に関する提案と、それに基づく監査報告書の文例を示したコメント募集文書「コメント募集：監査報告書の改善」を公表している。コメント募集文書では、監査報告書について次のような変更を提案している。

1. 監査報告書における要素の記載順序

監査報告書における要素について、監査意見を末尾としていた記載順序を改め、監査意見を監査報告書の冒頭に記載し、監査意見の基礎等をこれに続けて記載する旨を提案している。詳細については、**別紙**（監査報告書の例示）をご参照いただきたい。

2. 継続企業及びその他の記載事項に関するコメント

継続企業に関して、①経営者が継続企業を前提として財務諸表を作成することの適切性に関する結論、②実施した監査手続に基づき、企業の継続企業としての前提に重大な疑義を生じさせるような事象又は状況に関連する重要な不確実性が認められるか否かに関する記載を要求する旨を提案している。

なお、継続企業としての前提に重大な疑義を生じさせるような事象又は状況を識別したが、重要な不確実性は認められないと結論付ける場合（ボー

ダーラインのケース）に監査人によるコメントを記載するか否かについては議論の過程において検討されたが、判断の余地が極めて高いほか、企業固有の情報を監査人が開示することにつながってしまうとの懸念が寄せられたため、当該記載については提案していない。この点については、会計基準設定主体等による動向を注視するとともに、引き続き、検討を行うことを予定している。

また、その他の記載内容に関して、ISAで要求されている作業（監査人が通読した対象の特定を含む。）、及び、その他の記載内容と監査済財務諸表との間の重要な相違の有無（重要な相違があった場合、その内容を含む。）の記載を要求する旨を提案している[5]。

3. 監査人によるコメント

投資家及びアナリスト等から、投資意思決定に役立つように監査報告書の情報価値を高めるべきとの要請が寄せられたことを踏まえ、社会的影響度の高い事業体の監査において、「監査人によるコメント」の記載を要求することを提案している。

監査人によるコメントは、監査人の判断において、監査済財務諸表又は監査に関する利用者の理解にとって最も重要である可能性が高いと考える事項について、透明性を提供することを目的とするものである。なお、監査人が、何を記載すべきかを判断するにあたって、最低限、次の事項を検討することが想定されている。

・経営者による重要な判断を要する領域（例：会計方針、会計上の見積り、財務諸表の開示を含む、企業の会計実務に関する事項）
・重要な取引又は通例でない取引（例：重要な関連当事者取引、又は、修正再表示）
・監査実施において監査人による重要な判断を要する領域を含め、監査上、重要と考えられる事項（例：監査において識別された困難又は論争となった事項、又は、審査担当者や統治責任者と通常議論されるだろうその他監査上の事項、監査範囲や監査の方針に関連するその他重要な論点）

IAASBは、社会的に影響度の高い事業体の監査において、監査人によるコメントは、一般的に、2から10個程度の項目について記載されることが適当と考えている。監査人によるコメントは、決まり文句にならないよう、事実及び状況に応じて記載されるべきと考えられる。このため、IAASBは、監査人が企業の情報に関する一次的な情報提供者とならないようにしつつ、利用者に有用で理解可能な価値のある情報を提供するようにする観点から、監査人によるコメントの性質及び程度について、どのように説明できるかを検討していくことを予定している。なお、監査人によるコメントは、除外事項付意見の表明や財務諸表における開示の代替となるものではない。

4. その他

監査に関する透明性の向上のため、監査責任者（エンゲージメント・パートナー）の名称、関連する倫理規則等に準拠した旨、（必要に応じて）他の監査人の関与の程度　等に関する記載を要求する旨を提案している。

また、監査に関する期待ギャップの縮小を図る等の観点から、監査人の責任について、不正、内部統制、グループ監査、会計方針及び会計上の見積り、財務諸表の全体的な表示等に関する評価、統治責任者とのコミュニケーション等に関する記載を充実させることを提案している。なお、当該記載については、参照方式（例えば、各国基準設定主体等のウェブサイトへのリンクを参照する方法）も明示的に認めることも併せて提案している。

これに併せて、経営者及び統治責任者の責任に関する記述を充実させることも提案している。

Ⅴ IAASBにおける今後の取組みの課題

　財務諸表監査を取り巻く環境は、金融危機の影響に限らず大きく変化してきている。企業の事業活動のグローバル化や金融取引の複雑化はもちろんのこと、会計基準においても、公正価値測定を含めた会計上の見積りを要求することが多くなってきている。また、過去には、財務諸表項目を分解して説明することが主な役割であった財務諸表における注記情報も、最近では、感応度分析をはじめとする会計システム以外から得られる情報や経営者の見積りの根拠を説明するためのより主観的で将来志向的な定性的情報に焦点がシフトしてきているとの指摘もされている。このため、監査人にとって、職業専門家としての懐疑心を保持しつつ、高度な職業的判断を行使することが益々重要視されるようになってきている。

　こうした環境を踏まえ、IAASBでは、財務諸表の注記情報の監査に関する監査基準の見直しやガイダンスの開発、年次報告書における財務諸表以外の情報に対する監査人の責任の見直しに向けた取組みを進めている。また、会計上の見積り（公正価値を含む。）に関する監査人の責任を定める基準についても見直しに向けた検討を予定している他、適時性の観点から利用者がより重視しているとも言われる業績速報の情報への監査人の関与のあり方についても検討を行うことを予定している。

　財務諸表監査は、一定の歴史を積み重ね実務が確立されてきているが、利用者からの期待を含む社会からの要請に応じて、今回テーマとされている不正への対応に関する点を含め、そのあり方は常に変化していくものと考えられる。IAASBとしては、利害関係者からのご意見を拝聴しつつ、監査品質の向上や財務報告の改善を通じた公益への貢献に向けて、一翼を担っていきたい。

監査報告書の例示[8]　　　　　　　　　　　　　　　　　　　　　　　　（別　紙）

独立監査人の監査報告書

ABC社 株主御中［又はその他の適切な宛先］

連結財務諸表監査

意　　見

　当監査法人は、添付の連結財務諸表が、国際財務報告基準（IFRSs）に準拠して、ABCグループの20X1年12月31日現在の財政状態並びに同日をもって終了する連結事業年度の経営成績及びキャッシュ・フローの状況を、すべての重要な点において適正に表示しているものと認める。連結財務諸表は、20X1年12月31日現在の連結貸借対照表、同日をもって終了する連結事業年度の連結包括損益計算書、連結株主資本変動計算書、連結キャッシュ・フロー計算書、並びに重要な会計方針の要約及びその他の説明事項が含まれる連結財務諸表に対する注記から構成されている。

意見の基礎

　当監査法人は、国際監査基準（ISA）に準拠して添付の連結財務諸表の監査を行った。これらの基準のもとでの当監査法人の責任は、本報告書の「監査人の責任」区分に詳述されている。監査において、当監査法人は、連結財務諸表監査に適用される関連する倫理規定（独立性に関するものを含む）を遵守した。当監査法人は、意見表明の基礎となる十分かつ適切な監査証拠を入手したと判断している。

継続企業

継続企業の前提の利用

　当監査法人は、連結財務諸表監査において、経営者が継続企業を前提として連結財務諸表を作成することが適切であると結論付けた。

継続企業の前提に重要な疑義を生じさせるような事象又は状況に関する重要な不確実性

　当監査法人は、実施した監査作業の結果、IFRSsに従って開示が必要と考える継続企業の前提に重要な疑義を生じさせるような事象又は状況に関する重要な不確実性は識別していない。ただし、将来の事象又は状況を予測することはできないため、本記述は、企業の継続企業としての能力について担保するものではない。

監査人によるコメント

　監査意見に影響を及ぼすものではないが、当監査法人は、当監査法人の判断により、連結財務諸表又は監査について利用者が理解するために最も重要と考える事項について、以下に記載する。これらの事項に関する監査手続は、全体としての連結財務諸表の監査の観点から立案されており、個別の勘定残高や開示

に対する意見を表明するためのものではない。

訴　訟

　ABCグループは、通常の事業活動において、様々な訴訟や賠償請求等に晒されている。ABCグループは、注記9において、20X0年に売却した事業に対する環境クレームに関する不確実性を記載している。

のれん

　注記3に記載のとおり、ABCグループは、20X0年に[国名]において重要な事業を取得した。この取得に起因するのれんはXXX百万円であり、これは（連結）財務諸表全体に対する重要性を有する。年次の減損テストは、重要な会計方針の要約に記載されているとおり、複雑かつ高度な判断を伴うものである。XページのMD&Aに記載されているように、現在の経済状況により、減損の計算に使用した将来のキャッシュ・フロー予測には重要な不確実性が伴う。ABCグループは、減損テストを[日付]を基準として実施した。この結果、のれんが配分された資金生成単位の回収可能価額が、当該日時点における帳簿価額をわずかに超過していたため、減損は認識されていない。ABCグループは、これらの価額がY%下落した場合、他の条件が同じであれば、将来においてのれんの減損が必要になり、この減損は、ABCグループの連結貸借対照表及び連結包括損益計算書に重要なマイナスの影響となるが、営業活動によるキャッシュ・フローには影響しないことを開示している。

金融商品の評価

　ABCグループは、注記5において仕組み金融商品に関する開示を行っている。当監査法人は、これらの金融商品の測定の不確実性が重要であることから、これらの金融商品の評価に関する連結財務諸表の重要な虚偽表示リスクが高いと判断した。このリスクに対応して、当監査法人の評価の専門家が、経営者の公正価値の見積りの合理性を評価するため、モデルの使用により見積りの許容範囲を独立的に算定した。経営者が計上した金額は、当監査法人の見積りの許容範囲の範囲内であった。

収益、売上債権及び現金の受領に関する監査の方針

　ABCグループは、当連結事業年度中に、新規の会計ソフトウェアの導入を伴う、収益、売上債権及び現金の受領を記録するための新しいシステムを導入した。この新しいシステムは、会社の事業セグメント7つのうちの5つのプロセスや関連する内部統制を集中させている。これらのプロセスや内部統制は、連結財務諸表における重要な勘定項目の多くに影響するものであり、当監査法人の連結財務諸表監査にとって重要である。当監査法人は、この新しいシステムの導入が当監査法人の監査の方針に及ぼす影響について、統治責任者と協議した。協議には、会社の内部監査機能が新しいシステムに関して実施した作業についての当監査法人の検討に関する事項が含まれている。当監査法人の監査の方針には、関連する企業構成員との協議を通じて新しいシステムの整備状況に関する当監査法人の理解を裏付けること、キー・コント

ロールの有効性を検証すること、新しい会計元帳への残高の転記を検証することが含まれる。

他の監査人の関与

　当監査法人の監査意見を裏付けるための監査証拠を入手するために実施された一部の子会社の財務情報に対する手続は、当監査法人の依頼により、他の監査人が実施したものである。当監査法人と提携関係にある監査事務所による作業は、当監査法人の監査のうち約XX％を構成しており、その他の提携関係のない監査事務所による作業は、当監査法人の監査のうち約YY％を構成している。監査における当監査法人の責任は、本報告書の監査人の責任区分に説明している。

その他の記載内容

　当監査法人は、監査において、監査した連結財務諸表との重要な相違を識別するため、年次報告書（監査済連結財務諸表に含まれる事項を除く。）に含まれている事項について通読した。当監査法人は、通読の結果、当該その他の記載内容と監査した連結財務諸表の間の重要な相違を識別しなかった。なお、当監査法人は、その他の記載内容を監査しておらず、したがって、その他の記載内容に対して意見を表明するものではない。

経営者、統治責任者、監査人のそれぞれの責任

連結財務諸表に対する経営者及び統治責任者の責任

　経営者の責任は、IFRSsに準拠して連結財務諸表を作成し適正に表示すること、また、不正か誤謬かを問わず、重要な虚偽表示のない連結財務諸表を作成するために経営者が必要と判断する内部統制を整備し運用することにある。統治責任者の責任は、ABCグループの財務報告プロセスの監視を行うことにある。

継続企業に関する経営者の責任

　経営者は、IFRSsに基づき、連結財務諸表の作成に際し、ABCグループの継続企業としての前提について評価する責任を有する。経営者は、継続企業としての前提の適切性の評価に際し、少なくとも報告期間の末日から12か月の期間であるが、12か月に限定されない将来に関する入手可能なすべての情報を考慮する。IFRSsのもとでは、ABCグループの連結財務諸表は、経営者がグループの清算若しくは事業中止の意図があるか、又はそれ以外に現実的な代替案がない場合を除いて、継続企業の前提に基づき作成される。また、IFRSsは、経営者に対し、継続企業の前提に重要な疑義を生じさせるような事象又は状況に関する重要な不確実性に気付いた場合、当該不確実性を連結財務諸表で開示することを要求している。

監査人の責任

　当監査法人の監査の目的は、全体としての連結財務諸表に、不正又は誤謬による重要な虚偽表示がないかどうかに関する合理的な保証を得て、意見を含めた監査報告書を発行することにある。合理的な保証は、

高いレベルの保証であるが、ISAに準拠して実施された監査が、存在するすべての重要な虚偽表示を常に発見することを保証するものではない。虚偽表示は、不正又は誤謬から発生する可能性があり、個別に又は集計すると、当該連結財務諸表の利用者の経済的意思決定に影響を与えると合理的に見込まれる場合に、重要性があると判断される。

ISAに準拠した監査の過程で、当監査法人は、監査の計画及び実施において、職業的専門家としての判断を行使し懐疑心を保持することが求められている。また、以下の事項についても、求められている。

- 不正又は誤謬による連結財務諸表の重要な虚偽表示リスクを識別、評価し、当該リスクに対応した監査手続を立案、実施し、監査意見の基礎を提供する十分かつ適切な監査証拠を入手すること。不正による重要な虚偽表示リスクを発見できないリスクは、誤謬による重要な虚偽表示を発見できないリスクよりも高くなる。これは、不正には、共謀、文書の偽造、意図的な除外、虚偽の言明、及び内部統制の無効化が伴うためである。
- 状況に応じて適切な監査手続を立案するために、財務諸表監査に関連する内部統制の検討をすること。ただし、これは、グループの内部統制の有効性に対する意見を表明するためではない。
- 連結財務諸表に対する意見を表明するため、グループ内の企業及び事業活動の財務情報に関する十分かつ適切な監査証拠を入手すること。当監査法人は、グループ監査業務の指示、監督及び実施に対する責任を有しており、監査意見に対して単独で責任を有する。
- 会計方針の適切性、並びに経営者による会計上の見積り及び関連する開示の妥当性を評価すること。
- 連結財務諸表の全体的な表示、構成及び内容（開示を含む。）、並びに、連結財務諸表が基礎とする取引や会計事象を適切に表しているかどうか評価すること。
- 計画した監査の範囲と実施時期、監査上の重要な発見事項、及び監査において識別した内部統制の重要な不備について統治責任者に報告すること。また、当監査法人は、独立性に影響を与えると合理的に考えられるすべての関係及びその他の事項を報告している。

法令が要求するその他の事項に対する報告
［法令等、各国の監査基準で規定されている事項に応じて、記載する。］

本報告書による監査に対する責任を有する監査責任者は［名前］である。

［監査事務所又は／及び監査責任者の署名］

［所在地］

［日付］

【注】

1) IAASB の事務局調べでは、2012 年 6 月時点において、少なくとも、82 カ国がクラリティ版 ISA を既に導入しているか、近いうちに導入予定と認識している。
2) 金融安定化フォーラム（FSF）は、2009 年 4 月に金融安定理事会（FSB）に改組されている。
3) グリーン・ペーパーは、政策提案における協議資料に相当するもの。
4) コンセプト・リリースは、デュー・プロセスにおける協議文書に相当するもの。
5) その他の記載内容については、現在、監査人の責任を見直す方向で作業が進められている。このため、この検討結果に応じて、結論の文言が変更される可能性がある。
6) 他の監査人の関与の程度については、必要に応じて、「監査人によるコメント」の一部として記載することを提案している。
7) ウェブサイトへの参照方式は、英国において認められている。
8) 本例示は、コメント募集文書で示されている例示を適宜修正して作成している。なお、本例示では、監査人によるコメントの数や含められる項目及び記載内容が様々であることを示すため、次のような項目について記載しているが、個々の監査業務や企業（グループ）の状況等によって項目及び記載内容は異なる。
    - ・1 番目の例示（訴訟）：連結財務諸表に記載された開示を参照。
    - ・2 番目の例示（のれん）：連結財務諸表及びその他の記載内容の開示に関して、主なポイントを要約。
    - ・3 番目の例示（金融商品の評価）：連結財務諸表上の開示に参照するとともに、特定の監査手続について記載。
    - ・4-5 番目の例示（収益、売上債権、現金の受領の記録に関する監査の方針／他の監査人の関与）：監査の基本的な方針に関する事項により焦点をあてて記載。

関口 智和（せきぐち ともかず）

平成 7 年より大手監査法人にて、監査・アドバイザリー業務に従事。その後、金融庁にて、証券監督者国際機構を初めとする国際関連業務等に従事。平成 21 年より、国際監査・保証基準審議会メンバー、企業会計基準委員会 研究員／専門研究員として、国内外の監査基準・会計基準の開発に携わっている。公認会計士。

特集 Ⅱ

会計監査における監査人の義務と責任

早稲田大学大学院法務研究科 教授
黒沼 悦郎

私法は私人間に権利・義務関係を設定することにより、私人が社会的厚生を増大させるよう行動するインセンティブを与えており、このことは監査人の被監査会社や投資家に対する義務と責任についても当てはまる。どのような場合に監査人の注意義務違反を認めるべきかについて、わが国では十分な裁判例の蓄積があるとはいえない。本稿は、裁判例を題材として監査人の注意義務を検討し、あわせて損害賠償責任の主要論点について触れる。

Ⅰ はじめに

監査に携わる人々にとって、法律上の義務というと、法律の規定を杓子定規に適用した結果として課され、監査人の裁量や創意工夫を阻むやっかいなものであり、判例というと、法律にも書いていない意見を裁判所が勝手に示し、監査人がそれに従わなければならない不合理なものというイメージがあるように思われる。しかし、私法の法律関係とは、私人の間に法的な義務や責任を観念することによって、関係人の行動をコントロールし社会的厚生を増大させるための社会システムの一つであるから、義務や責任の内容は一律に決まっているものではない。

人々が取引によって結びつくとき、あるいは直接的な取引関係に入らないまでも、何らかの接触を持つときに、その間にどのような義務が生ずると考えるかは、社会的厚生を考慮に入れて行う政策的な判断であり、これが法律の解釈と呼ばれる営みである。裁判所が行っているのは、法律の解釈と、その解釈を具体的な事件に当てはめて責任の有無を判定することであり、法律を杓子定規に適用するものでもなければ、事例の集積をもってルールと極め付けることでもない。

監査人の義務と責任は、古くから法的規律の対象とされてきたが、実際に監査人の義務違反が問題とされるようになったのはごく最近であり、判例・学説において十分な議論の蓄積があるとはいい難い。そこで本稿は、監査人の義務と責任に関する法の考え方を説明し（Ⅱ）、監査人の義務については裁判例を題材として（Ⅲ）、監査人の責任については学説を紹介しつつ（Ⅳ）、それぞれ若干の検討を加えることとする。

Ⅱ 注意義務についての考え方

1. 被監査会社に対する関係

任意監査であれ法定監査であれ、監査人（公認会計士または監査法人）が被監査会社と監査契約を締結すると、監査人は契約上の債務を履行する義務を負い、義務違反について過失があるときは被監査会社に対して債務不履行に基づく損害賠償責任

を負う（民法415条）。会社法上の法定監査の場合であれば、任務を怠った会計監査人は、そのことによって被監査会社が被った損害を賠償する責任を負う（会社法423条）。会計監査人の任務は監査契約上の義務と同じと理解してよいが、会社法が損害賠償責任の規定を置いたのは、会社法の規定に従う責任限定契約（会社法427条）以外の免責特約を認めない趣旨であり、会計監査人の責任は株主代表訴訟の対象となる（会社法847条）。

債権者（被監査会社）が債務者（監査人）の契約上の責任を追及するときは、一般に、債務不履行の事実を債権者が証明しなければならず、債務不履行の事実が証明されたときは債務者が過失がなかったことを証明しなければ責任を免れることはできない。ところが、監査契約上の債務は、売買契約における目的物の引渡しのように不履行の事実と過失の有無とを截然と分かつことのできるもの（与える債務とか、結果債務という）ではなく、注意を尽くして財務諸表等が会社の財政状態や経営成績を適正に表示しているか否かについて一定の保証を与えることである（なす債務とか、手段債務という）。最近の民法学説では、「なす債務」における過失とは、注意を欠いた状態といった人の主観的状態を指すのではなく、一定のなすべきことをしなかったことを意味すると解されているため、「なす債務」において、注意義務の違反と過失とはその内容が重なり合うことになる。そこで、債権者が監査人の注意義務の違反を証明したときは、監査人が無過失を証明して責任を免れる余地はほとんどないと解されている。そうすると法律学の課題は、監査人の注意義務をどのように設定すれば関係人に適切なインセンティブを与えることができ、被監査会社が監査契約を結び、あるいは法が監査を要求する目的を達成できるかを探求することにあるといえる。

2. 投資者に対する関係

①不法行為責任

監査人による財務諸表等の監査証明は、財務諸表等とともに企業をめぐる関係人の利用に供され、関係人の行動の基準となる。監査証明の内容を信頼して行動した者がそれによって損害を受けたときは、監査人に対して不法行為に基づく損害賠償責任を請求することが考えられる。一般的な不法行為責任（民法709条）の要件は、①加害者の行為の違法性、②加害者に故意または過失があること、③被害者が損害を受けたこと、④加害行為と被害者の損害との間に相当因果関係があることである。①の要件を不要とする説もあるが、裁判所は行為になんらかの違法性があることを要求している。

たとえば、東京地裁2008年4月24日判決（判例時報2003号10頁）は、有価証券報告書を提出する会社および当該会社の取締役は、有価証券報告書等の提出に当たり、その重要な事項について虚偽の記載がないように配慮すべき注意義務があり、この注意義務に違反したことが不法行為上の違法性の要件を構成すると判示した。判例がこのように有価証券報告書の提出者の投資家に対する注意義務を認めているのは、有価証券報告書が公衆の縦覧に供されることが、制度上、予定されているからである。監査人の監査証明についても同じことがいえる。

また、上の例から明らかなように、有価証券報告書の虚偽記載に基づく不法行為責任についても、虚偽の記載がないよう配慮すべき義務に行為者が違反した場合には、違法性と過失の要件が同時に満たされることになる。このことは監査人の責任についても当てはまるから、結局、監査人の不法行為責任の判定に最も重要なことも、監査人の負うべき注意義務の内容を確定する作業であることが分かる。

②金融商品取引法上の責任

　金融商品取引法（金商法）は、法律上要求される監査証明に関して、監査証明にかかる書類について記載が虚偽であるものを虚偽でなく、または欠けているものを欠けていないものとして証明した公認会計士または監査法人に、それによって投資者に生じた損害を賠償する責任を負わせている（金商法21条1項3号、22条1項、24条の4）。虚偽証明の典型は虚偽記載のある財務諸表について無限定適正意見を表明することであり、記載が虚偽であるとは、個々の記載に事実に反する記載がある場合だけでなく、財務諸表が発行者の財政状態および経営成績を適正に表示していないのに適正意見を表明した場合を含む。ただし、監査証明について故意または過失がなかったことを証明したときは、監査人は責任を免れる（金商法21条2項3号、22条2項、24条の4）。

　金商法上の監査人の民事責任は、対象となる行為が上記の虚偽の監査証明に限定されている点、および無過失の証明責任が監査人に課されている点（証明責任の転換）で、不法行為責任の特則となっている。金商法は、監査人の民事責任を重くすることによって、監査人の機能に期待しているのである。したがって、投資家が監査人の金商法上の責任を追及するときは、監査人が注意義務に違反した事実を立証する必要がない。しかし、証明責任の転換とは、裁判所が過失が有るとも無いとも判断できない場合（ノン・リケットという）に、証明責任を負う側に不利な結論を採用するというルールであり、ノン・リケットはごく稀にしか起こらないから、両当事者が注意義務の違反の有無について証拠を出し合うことには変わりない。また、注意義務の内容について裁判所が判断を下さなければならないから、裁判においては、やはり注意義務の内容が重要な争点となる。

③会社法上の責任

　会社法429条1項は、株式会社の役員等（会計監査人は役員等に含まれる）が任務を懈怠したときの第三者に対する責任を定め、同条2項4号は、会計監査人が会計監査報告に重要な虚偽記載をしたときは、注意を怠らなかったことを証明しなければ責任を免れることができないとする。

　本条の責任は法定の特別責任であり、不法行為責任と並立すると解されている。本条2項にいう「注意を怠らなかったこと」は無過失と同義である。このように注意義務の違反がなかったこと＝過失がなかったことの証明責任が監査人に転換されており、義務違反の有無が裁判における争点となることは、金融商品取引法上の責任と変わりがない。

Ⅲ　注意義務違反の認定

　Ⅱでは、監査人の責任制度の構築や運用にとって監査人の注意義務の内容を確定することが重要であること、それが過失の有無の認定を通じて行われることが分かった。そこでⅢでは、最近の裁判例において、監査人の注意義務がどのように判断されてきたかをみていく。

1. 被監査会社に対する責任の追及事例

　労働組合から法定監査を依頼された公認会計士の責任に関する①東京地裁2003年4月14日判決（判例時報1826号97頁）は、(a)「預金の実在性」については、預金先に対して直接預金残高を確認するか預金通帳の原本を実査することが通常実施すべき監査手続として要求されていること、および(b)原告の内部統制組織が極めて不十分なものであったことを被告は十分認識し得たことから、被告は、監査契約上の注意義務として預金通帳の原本を実査すべき義務を負っていたとした。(b)はい

わゆるリスク・アプローチを援用したものといえるが、同時にリスク・アプローチと相容れない(a)を監査人の注意義務を導く根拠として挙げており、本判決は、平成3年の監査基準の改正前後の時期の監査が問題とされた過渡期の判断と見るべきであろう。

　粉飾決算を看過した監査法人の責任が民事再生手続に入った発行者の管財人から追及された事案に係る②大阪地裁2008年4月18日判決(判例時報2007号104頁)は、「通常実施すべき監査手続」にしたがって、個別の被監査会社の状況に応じて、監査計画を策定し、画一的なものでない多様な監査証拠を入手し、監査要点に応じて必要かつ十分と考えられる監査手続を実施することが、監査人に課せられた注意義務であると判示した。そして、本件では、(a)被監査会社の属する業界が全体に不況で、被監査会社の経営状態が悪化し、株価維持の必要に迫られていたという固有のリスクがあり、代表取締役のワンマン企業であったという点で内部統制上のリスクも高かったこと、(b)監査人がある地区の工事の実在性について不自然な兆候を読み取っていたことから、当該工事の実在性について追加監査手続を実施しなかったことは「通常実施すべき監査手続」を満たしているとはいえず、被告の監査手続には過失があったとした。

　②判決に対しては、監査人に任務懈怠があったか否か、過失があったか否かは、通常の公認会計士の注意義務のレベルに照らして判断するのが適当であり、リスク・アプローチという抽象的な理念から演繹的に「通常実施すべき監査手続」を導き出すことは適当でないとの批判がある[1]。しかし、通常の監査人であれば、どのような監査手続をどの程度、実施したであろうかということを基準として注意義務違反の有無を認定することは、現在の平均的な実務を追認することに他ならず妥当で

ない。監査人の注意義務の判断にあたって、専門家の知識と経験から形成された監査基準は重要な考慮要素ではあるが、Ⅰで述べたように、法の解釈は政策的なものであり、監査基準は「あるべき監査手続」を判断する一つの参考になるにすぎない。

　監査人の注意義務違反を否定した例としては③東京地裁2008年2月27日判決(判例時報2010号131頁)がある。③判決は、被監査会社(原告)の売上高の約4.27%を占める相手方会社に対する売上高のほとんどすべてが架空のものであった事例について、当該相手方に対する売掛金が期末売掛金残高の約35%を占めているからといって、原告と相手方との間の取引が異常なものとはいえず、原告と相手方とが不正を共謀していることを前提とした監査をすべき義務または一般に想定されるよりも高度の注意義務を監査人(被告)が負っていたとはいえないとした。本判決は監査人の注意義務について一般的に判示するものではないが、不正リスクが高い場合に監査人の注意義務が高度化することを前提としている点は注目される。

2. 投資家に対する責任の追及事例

　監査人の投資家に対する責任については、山一證券の有価証券報告書虚偽記載事件に係る③大阪地裁2005年2月24日判決(判例時報1931号152頁)と④大阪地裁2006年3月20日判決(判例時報1951号129頁)がある。この事案では、被監査会社が、顧客の含み損のある有価証券を国内および海外のダミー会社に引き取らせ、特金勘定を利用してその資金をねん出するなどの仕組みにより、多額の損失の存在を隠ぺいし、有価証券報告書に虚偽の記載をさせていた。

　監査人の投資家に対する責任を問う訴訟では、まず、監査人に求められる注意義務の内容・程度が会社に対するそれと同等のものかどうかが問題

となるが、この点につき③判決は、監査人が監査基準および監査実施準則に従い、通常実施すべき監査手続を実施し、その過程において、監査人として通常要求される程度の注意義務（職業的監査人としての正当な注意を払う義務）を尽くして監査にあたった場合には損害賠償責任を負わないと判示する。④判決も、当時の会計監査の水準を踏まえ、監査に関する職業的専門家として一般的に要求される程度の注意義務をもって通常実施すべき監査手続等を実施したにもかかわらず虚偽記載等が存した場合には、監査人に過失がないとしている。これらの判示は、注意義務の違反がないことを過失と捉える最近の民法学説を踏まえている点、および監査人が通常実施すべき監査手続を実施した場合でも責任が生じる余地があることを認めている点で妥当であろう。

他方、事案へのあてはめについて③判決は、損失補てんに要した費用をねん出していた特金勘定の監査について、監査人が、被監査会社から提示を受けた信託銀行における特金口座の運用状況報告書を確認し、信託銀行から特金口座の残高証明書を直接入手するなどの監査手続を実施しており、これら以外の監査手続を実施する必要はなかったとして、監査人の過失を否定した。③判決が、監査人が何をすべきであったかを明示した点は評価できるが、追加的な監査手続を不要とした点は、監査人は、損失補てん事件発覚後、被監査会社がなお損失補てんを続けているのではないか、それゆえに多額の損失を簿外に隠しているのではないか、という合理的な懐疑心をもって監査を実施すべきであったとの批判が加えられている[2]。もっとも、④判決では、監査人において、損失補てんが行われる可能性もあることを踏まえ、被監査会社の幹部に損失補てんの有無を質問したり、損失補てんの端緒となるような異常な取引がないかどうかを確認したり、時価乖離取引の有無を調査したりするなどの監査を実施していることから、監査に関する職業的専門家としての注意義務をもって通常実施すべき監査手続を実施したと認定している。そこで、いわゆる飛ばしについての監査は、時間と費用の制約に照らせば、極めて困難であること、被監査会社が飛ばしに用いていたダミー会社が連結の範囲に含まれるか（連結の範囲に含まれなければ監査の対象とならない）について、当時の会計基準を前提とする限り意見が分かれうることから、④判決の結論に賛成する見解もある[3]。

ライブドアの有価証券報告書の虚偽記載についても、一部の訴訟において監査人の責任が追及された。このうち⑤東京地裁2009年5月21日判決（判例時報2047号36頁）は最も詳細な検討を行ったものであるが、監査法人自身の責任については、監査に関与した代表社員が被監査会社の不正な会計処理を認識し、あるいは問題とされた売上げの実在性に強い疑いを抱いていたと推認されることから、簡単に過失が認定されている。注意を引くのは、監査に関与しなかったにも拘わらず、依頼されて監査報告書に署名押印した公認会計士の不法行為責任が認められている点である。もっとも、これは監査上の注意義務に違反したことを根拠とするものではなく、監査していない（虚偽の）監査報告書に署名押印によって加功したことに基づく責任を問われたものである。ライブドア事件では、監査に直接関与せず、監査報告書に署名押印していない公認会計士の責任も認められているが、この者の責任は故意に基づく不法行為責任であるので、監査人の注意義務を考える参考にはならない[4]。

以上のように監査人の注意義務の参考となる裁判例は少なく、注意義務を考える材料が十分にあるとはいえないのが現状である。

Ⅳ 監査人の損害賠償責任

1. 損害賠償責任の機能

　一般に、民事上の（私人間の）損害賠償責任には、違法行為（契約違反や不法行為上、違法な行為）を抑止する機能と、被害者の損害をてん補する機能がある。監査人の責任についてみると、監査人の第三者に対する損害賠償責任が定められている（会社法429条、金商法21条2項3号等）のは、財務諸表等の適正性について監査人に責任を負わせることによって、被監査会社による虚偽記載を監査人が抑止するという機能が期待されているからである。また、一般に監査人には資力があるから（いわゆる deep pocket）、監査人を責任主体に含めることによって、被害者の救済が図られる面があること（損害てん補機能）は否定できない。

　損害賠償制度は、請求権者、請求方法（代表訴訟、集団訴訟等）、賠償の範囲、責任保険等、さまざまなサブシステムから成っており、それぞれに検討課題を抱えているが、ここでは過失相殺と責任免除を取り上げて、問題点を検討したい。

2. 過失相殺

　財務諸表等の作成責任は第一次的には被監査会社の取締役・執行役にあり、監査人にあるわけではない。そこで多数説は、監査人の会社に対する責任を判断する際に、虚偽記載のある財務諸表等を作成したことについて被監査会社の取締役らに故意・過失がある場合には過失相殺（原告側の過失に応じて損害賠償額を減額すること、民法418条・722条2項）をすべきであると考えている。Ⅲ1に掲げた①判決は7割、②判決は8割の過失相殺をしている。

　これに対し過失相殺に否定的な学説も有力である。①大会社では債権者保護の社会的意義が大きいために職業専門家による監査を強制したのであり、監査に対する期待には公益的なものがあるから、過失相殺によって会社の回復額を減らすことは妥当でない、②内部統制組織の不備が甚だしいときに、適正意見を付けても過失相殺で監査人の責任が軽減されるなら、監査人は内部統制組織に注意を払わなくなる[5]、③会社が監査人の責任を追及するのは、株主全体およびすべての利害関係者のために会社の損害を回復しようとしているのだから、取締役の故意・過失を「原告側の過失」と理解することはできない[6]といった見解が主張されている。また、④粉飾決算を主導した取締役は監査法人と連帯して会社に対する損害賠償責任を負うのであるから（会社法430条）、監査法人が取締役の故意・過失を主張して過失相殺を求めるのは、連帯債務の趣旨に反するという見解もある。

　過失相殺の法理は公平の観念に由来するが、監査人の被監査会社に対する責任について監査人に過失相殺の主張を許すかどうかは、極めて政策的な問題でもある。1で述べた損害賠償責任の機能から考えると、過失相殺を認めても違反行為の抑止機能が損なわれることはなく、また会社との関係では損害てん補機能を重視する必要はないから[7]、過失相殺という私法の一般原則に対する例外を認める根拠は乏しい。もっとも、監査人の責任が会社債権者の保護システムとして機能することを重視して、会社法が会計監査人の設置を強制している場合に限り、かつ会社が倒産手続に入り管財人から損害賠償が請求されている場合に限って、監査人による過失相殺の主張を許さないという解釈も検討に値するだろう。

3. 責任免除

　会社法430条は、株式会社の取締役、会計参与、監査役、執行役または会計監査人（以上を、役員等

という）のうち複数の者が、株式会社または第三者に対する損害賠償責任を負う場合に、これらの者を連帯債務者とする。ここにいう連帯債務とは、一人に生じた責任免除等の事由が他の債務者に影響を与えない「不真正連帯債務」であると一般に解されてきた。役員等のうち複数の者が第三者に不法行為責任を負う場合の関係は、会社法430条が規定するところではなく、不法行為法の解釈の問題となるが、一般的には不真正連帯債務が成立すると解されている。不真正連帯債務説によると、債権者（会社や第三者）が一部の役員等の責任を免除した場合であっても、他の役員等に対しては損害の全額について賠償を請求できる。

これに対し、最近、会社法430条は、債権者が一部の役員等の責任を免除した場合には、他の役員等も免除を受けた役員等の負担部分について責任を免れる（これを「免除の絶対効」という）連帯債務と解する説[8]が有力に主張されている。

不真正連帯債務説と連帯債務説との違いは、監査人の会社に対する責任については次のような形で現れる[9]。被監査会社が社外役員との間で責任限定契約を締結していたが、監査人との間では責任限定契約を締結していなかったとする。不真正連帯債務説によると、責任のある監査人は会社の損害の全額を賠償しなければならないが、連帯債務説によると、責任限定を受けた社外役員の負担部分（賠償を行った他の債務者から求償を受ける部分）が限定責任額を超過する分については、監査人は会社に対する賠償を免れる。

従来、通説である不真正連帯債務説はこのような事例の処理についてきちんと考えてこなかった。連帯債務説の論者は、不真正連帯債務説によっても、(a)全額の賠償を行った監査人は社外役員に対し（負担部分－限定責任額）を求償することができ、(b)責任限定契約制度の趣旨を没却しないという観点から、当該社外役員は会社に対し（負担部分－限定責任額）を求償することができるから、会社が社外役員の負担部分を回収できないことに変わりがないとする[10]。しかし、会計監査人は被監査会社が誰と責任限定契約を締結しているかを熟知した上で会社と監査契約を締結するのであるから、監査人は(a)の求償をすることができないと覚悟すべきではないだろうか[11]。この結果、不真正連帯債務説をとると、社外取締役は(b)の求償に応じる必要がなく、会社が社外役員の負担部分を回収できないこともない。

役員等の第三者に対する責任（会社法429条）については、会社による責任の免除は考えられないので、訴訟（たとえば投資家による集団訴訟）上の和解による責任の一部免除のみが問題となる。上記有力説は、①会社法429条2項の責任は米国の証券民事訴訟制度と同様、抑止機能を主たる目的とする制度であること、②会社法429条1項の訴訟において免除の絶対効を認める方が和解の成立を促進する側面があることから、訴訟上の和解に絶対的効力を認める[12]。しかし、原告が和解に応じるのは被告の負担割合の大きさのみによるのではなく、被告の資力、賠償期間、訴訟費用といった賠償の実現性に係る要素も考慮してのことであるから、和解に応じる原告は、訴訟や和解の対象となっていない他の役員等に対する権利を放棄する意思を有していないのが通常であろう。そうだとすると、一部被告との和解は他の被告に対する請求に影響を与えないと考えるべきであろう[13]。また、①については、米国において証券民事訴訟が損害のてん補機能を発揮できていないからといって、わが国において抑止機能をより重視すべきことにはならないし、②については、和解の絶対的効力を認めず、他の役員等から和解した役員等への求償を認めない解釈を採用すれば、和解が

より促進されることにも注意を要する。

【注】
1) 弥永真生「判批」ジュリスト 1376 号（2009）122 頁。
2) 志谷匡史「判批」商事法務 1845 号（2008）86 頁。
3) 弥永真生「判批」ジュリスト 1385 号（2009）123 頁。
4) 詳しくは、黒沼悦郎「ライブドア株主損害賠償請求訴訟東京地裁判決の検討〔上〕〔下〕」商事法務 1871 号（2009）4 頁以下、1872 号（2009）17 頁以下を参照。
5) 以上、龍田節「判批」商事法務 1249 号（1991）60 頁。
6) 片木晴彦「判批」私法判例リマークス 39 号（2010）82 頁。
7) このことは、会社の損害をどう捉えるかとも関係する。監査人の任務懈怠により被監査会社が被る損害の典型は、違法配当により社外に財産が流出したことである。株主は、会社財産の減少について、会社の役員等（会計監査人を含む）に対し会社法 429 条の直接的な損害賠償請求をすることができないから、代表訴訟により会社法 423 条の責任を追及して会社に流出財産を取り戻すしかない。ところが、違法配当による流出財産は既存の株主が受け取っているので、果たして会社に損害が生じたといえるかという問題がある。これに対し、粉飾決算が行われている時期に株式を取得した株主は、会社の役員等に対して会社法 429 条の請求をすることができる。
8) 江頭憲治郎「役員等の連帯債務と免除の絶対的効力」『会社法の基本問題』（有斐閣、2011）348 頁。
9) 以下の議論は、会社法 423 条および 429 条を根拠とする請求を例にしているが、債務不履行責任や不法行為責任についても当てはまる。
10) 江頭・前掲注 8) 359 頁。
11) 岩原紳作編『会社法コンメンタール 9』430 条 II 2（商事法務、近刊）〔黒沼悦郎〕。
12) 江頭・前掲注 8) 362 － 363 頁。
13) 岩原編・前掲注 11) 430 条 II 4〔黒沼悦郎〕。

黒沼 悦郎（くろぬま えつろう）

1984 年東京大学法学部卒。東京大学助手、名古屋大学助教授、神戸大学教授を経て、2004 年から早稲田大学大学院法務研究科教授。金融審議会委員。主な著書に、『証券市場の機能と不公正取引の規制』有斐閣 2002 年、『アメリカ証券取引法〔第 2 版〕』弘文堂 2004 年、『金融商品取引法入門〔第 4 版〕』日本経済新聞出版社 2011 年、『金融商品取引法入門〔第 2 版〕』商事法務 2011 年（共著）がある。

特集 Ⅱ

不正行為の監査における会社法制の役割

名古屋大学大学院法学研究科 教授
中東 正文

会社法制は、コーポレート・ガバナンスの枠組みを決めるものである。「監査は不正を見抜けるか」という課題に対処するためには、監査に関係する機関などの間での連携が不可欠である。十分な連携があってこそ、不正を発見することができるし、これに適切に対応することが可能となる。適切な対応をするための仕組みがなければ、不正を発見する努力を阻害することにもなる。会社法制としては、不正の発見とともに、発見された場合に適切な対応を関係者に採らせるような制度枠組みを設計することが求められる。

Ⅰ はじめに

会社法制は、コーポレート・ガバナンス（企業統治）の枠組みを決めるものである。「監査は不正を見抜けるか？」という問題提起に対しては、どのような機関設計を法が会社に強制するべきであるか、各機関にどのような権限を与えるべきか、といった視点から応答しようと試みることになる。また、不正を見抜くことができた場合に、不正行為をやめさせるなど、各機関に適切な対応を採ることができるような権限を付与することを目的としている。

日本経済新聞社が主な監査法人を対象に実施したアンケートによると[1]、オリンパスの粉飾決算と同様のケースに直面した場合の対応について、「発見、対応できる」との回答は、17％に留まった。他方で、「見抜くのが難しい」との回答は、24％でしかなく、「見抜いても対応が難しい」との回答が、37％に達している。監査を通して不正を見抜くために実効性のある仕組みが必要であるのみならず、見抜くことができた場合の対応についても、適切な対応を可能とする仕組みを再構築することが必要であるといえよう。

本稿では、上場会社を考察の対象とし、また、上場会社の大多数である監査役会設置会社を念頭において、会社法制の役割について論じる。

Ⅱ 会社法制の改正の動き

現在の会社法は、2005年に、単行法（独立した法典）として、商法から切り離して制定された。その後、民主党政権下で、2010年2月24日に開催された法制審議会において、千葉景子元法務大臣から会社法制の見直しに関する諮問第91号がなされ、その調査と審議のために会社法制部会が設置されることになり、同部会では2010年4月28日から検討が進められてきた[2]。

前述の諮問第91号では、「会社法制について、会社が社会的、経済的に重要な役割を果たしていることに照らして会社を取り巻く幅広い利害関係者

からの一層の信頼を確保する観点から、企業統治の在り方や親子会社に関する規律等を見直す必要があると思われるので、その要綱を示されたい」とされていた。

これを受けて、会社法制部会では、「企業統治（corporate governance）」と「親子会社に関する規律（企業結合法制）」の2つの事項を中心に、検討が進められた。「企業統治」が検討の対象とされているのは、「経営者から影響を受けない外部者による経営の監督の必要性や監査役の機能強化など、経営者である取締役の業務執行に対する監督や監査の在り方を見直すべきではないかなどといった、企業統治の在り方に関する指摘がされて」[3]いたためである。また、「親子会社に関する規律」には、例えば、多重代表訴訟制度[4]の創設の是非のように、結合企業における企業統治の問題が含まれる。

会社法制部会は、2011年9月28日の部会で第二読会を終了し、同日から「会社法制の見直しに関する中間試案」（以下、「中間試案」という。）の取りまとめに入り、同年12月14日、法務省民事局参事官室による「会社法制の見直しに関する中間試案の補足説明」（以下、「補足説明」という。）とともに、パブリック・コメントに付された[5]。翌2012年2月22日からは、パブリック・コメントの結果を踏まえて[6]、第三読会が始められた。

今後の日程は定かではないが、事務当局からは、「可能でございましたら、本年〔2012年〕の夏頃をめどに要綱案のお取りまとめをお願いするということも視野に入れて、今後の御検討をお願いしたい」と述べられている[7]。

Ⅲ 監査の実効性を確保するための仕組み

中間試案は、監査の実効性を確保するための仕組みとして、「株式会社の業務の適正を確保するために必要な体制について、監査を支える体制や監査役による使用人〔従業員〕からの情報収集に関する体制に係る規定の充実・具体化を図るとともに、その運用状況の概要等を事業報告の内容（会社法施行規則第118条等）に追加するものとする」ことを提案している（中間試案第1部第2の2）。

補足説明によれば、上記の提案においては、以下の3点の見直しが想定されている（補足説明16-17頁）。

第一に、株式会社の業務の適正を確保するために必要な体制（内部統制システム。会社法362条4項6号など）について、監査を支える体制に関する規定の充実や具体化を図ることである。具体的には、「実効性のある監査を行うためには、監査役の指示に従ってその職務を補助する使用人や、十分な監査費用を確保する必要があるとの指摘がされていることを踏まえ、内部統制システムに関する事項に、監査役の職務を補助すべき使用人に対する監査役の指示の実効性確保に関する事項や、監査費用に係る会社の方針に関する事項を追加することが考えられる」（補足説明16頁）。

第二に、内部統制システムにおいて、監査役による使用人からの情報収集のための体制に関する規定を充実させ、また、具体化を図ることである。すなわち、「現行法では、内部統制システムに関する事項として、『取締役及び使用人が監査役に報告をするための体制その他の監査役への報告に関する体制』が規定されている（会社法施行規則第100条第3項第3号等）。このような監査役への報告に関する体制に、当該報告をした使用人に対して不利益な取扱いをしないようにするための体制が含まれることを明確にし、不祥事等の情報がより適切に監査役に提供されるようにするため、内部統制システムに関する事項として、例えば、使用人が監査役に法令違反等の情報を提供したことを理

由として当該使用人に対して不利益な取扱いをしないようにするための体制を明記することが考えられる」（補足説明17頁）[8]。

　第三に、内部統制システムと監査役との連携の強化を図るものである。すなわち、「現行法では、監査役設置会社における内部統制システムには、監査役の監査が実効的に行われることを確保するための体制を含むものとされている（会社法施行規則第98条第4項、第100条第3項）。そして、内部統制システムの整備についての決定又は決議の内容の概要は、事業報告の内容とされ（同規則第118条第2号）、その相当性に関する事項が監査報告の内容とされている（同規則第129 1条第1項第5号、第130条第2項第2号）。この点に関して、監査役と内部統制システムとの連携を強化する観点から、内部統制システムの運用状況の概要等を事業報告の内容（会社法施行規則第118条等）に追加すべきであるとの指摘がされていることから、……見直しをするものとしている」（補足説明17頁）。

　なお、親子会社に関する規律との関係でも、「親会社株主の保護に関連して、情報開示の充実という観点から、事業報告において、株式会社の業務の適正を確保するために必要な体制（内部統制システム）の内容（親子会社に関する規律の関係では、その中の「企業集団における業務の適正を確保するための体制」（会社法施行規則第100条第1項第5号等）の内容）を開示するだけでなく、その運用状況等を開示するものとすべきであるとの指摘がされている。この点については、試案の第1部第2の2〔監査の実効性を確保するための仕組み〕にあるとおり、内部統制システムの運用状況の概要等を事業報告の内容に追加するものとしており、これにより、『企業集団における業務の適正を確保するための体制』の運用状況の概要等として、例えば、子会社から親会社に対する報告の状況等が開示されることになる」（補足説明34頁）とされている。

　以上の仕組みを導入することには、会社法制部会でも基本的に合意がされていると思われる[9]。これらの仕組みは、会社法の本体で規定されているものではなく、会社法改正後の会社法施行規則の改正を待つことになるが[10]、実務において過大な負担にならないようにするなど、実務上の懸念を払拭しつつ、監査の実効性を高めるための工夫が具体的に検討されることが期待される。

Ⅳ　監査役と内部統制（監査）部門との連携

　前述のように、中間試案においても、内部統制システムと監査役との連携の強化が示唆されているが、監査の実効性を高めるべく、更なる事項を追加すべきであるとの提案もなされている。

　例えば、日本監査役協会は、内部統制システムに関する事項として、「監査役と内部統制（監査）部門との連携に関する体制」を追加すべきであると提案している[11]。中間試案の補足説明でも、「監査役と内部統制システムとの連携を強化する観点から、内部統制システムの運用状況の概要等を事業報告の内容（……）に追加」することが示唆されているから、確認に近い提案であるとも思われる。とはいえ、監査役と内部統制（監査）部門との連携に関する体制について、取締役会が決定することを義務付けることを明確にして（会社法362条5項・4項6号、会社法施行規則100条参照）、その運用状況の概要等などを事業報告に記載させることにすれば（会社法施行規則118条2号）、監査役としては、決定内容やその運用状況について監査報告で意見を述べることが容易になる（会社法施行規則129条1項2号5号参照）。監査役が実際に消極的な意見を述べることに目的があるのではない。むしろ、必要が

あれば意見を述べなければならないという監査役の義務を通して、取締役会に対して、監査役と内部統制（監査）部門との連携に関する体制を整備して運営させるという規律付けとしての意義を認めることができよう。

内部監査を担う内部監査人の視座からも、日本内部監査協会は、内部監査部門と監査役との間の連携について、内部統制システムに関する事項に、「内部監査、監査役又は監査委員会又は監査・監督委員会及び会計監査人の連携を確保するための体制」を追加すべきであると提言している[12]。

また、東京証券取引所は、2012年2月28日付けで、「証券市場の信頼回復のためのコーポレート・ガバナンスに関する上場制度の見直しについて」の意見を募集し[13]、同年5月8日から、有価証券上場規程等の一部改正が施行されている[14]。新設された有価証券上場規程445条の5においては、「独立役員が機能するための環境整備」として、「上場内国株券の発行者は、独立役員が期待される役割を果たすための環境を整備するよう努めるものとする」と規定された。具体的には、「独立役員への適時適切な情報伝達体制の整備、社内部門との連携、補助する人材の確保などを行うこと」が想定されている[15]。

監査・監督にあたる機関や部門が存分に活動することができる環境整備は制度の前提であり、機関や部門の間での連携も環境整備の一環であると位置付けることができる。この連携に必要な体制を会社が適切に構築して運用することは、本来的に、取締役の善管注意義務の一部であると解される。会社の規模や利害関係者の多様さなどによって同じ内容でないから、個々の会社の事情を斟酌することを前提としつつ、連携に必要な体制の整備と運営を、事業報告の開示事項にすることは望ましいと考えられる。

Ⅴ　監査役と監査人の連携

金融商品取引法上の独立した監査人と会社法上の会計監査人（以下では、両者をまとめて「監査人」ということがある。）は、会社の財務諸表や計算書類の表示が適正であるかについて見解を表明するために、監査を行っており、取締役の職務執行の適法性を監査することは予定されていない。とはいえ、会計監査を行う過程で取締役の違法な業務執行を認識する可能性があり、そのような事実を監査役に伝達して、適切な業務監査を行うように促すことが期待されている。近時の虚偽記載の事例をみても、監査役と監査人との連携が重要であると考えられる[16]。

現行法でも、監査役と監査人との連携を期待した規定が設けられている。会社法397条1項によれば、会計監査人は、その職務を行うに際して取締役の職務の執行に関し不正の行為または法令もしくは定款に違反する重大な事実があることを発見したときに、遅滞なく、監査役に報告しなければならない。また、同条2項によると、監査役は、職務を行うため必要があるときは、会計監査人に対し、その監査に関する報告を求めることができる。法文上は、報告を求めることが「できる」とされているが、必要な場合に報告を求めなければ、善管注意義務に違反することになり、責任を問われる可能性がある（会社法330条、民法644条、会社法423条）。

金融商品取引法193条の3では、監査人と監査役との連携に関して、法令に違反する事実その他の財務計算に関する書類の適正性の確保に影響を及ぼすおそれがある事実（以下、「法令違反等事実」という。）への対応について、監査人と監査役の具体的な行動規範を示している。すなわち、公認会計士または監査法人が、財務計算に関する書類の

監査証明を行うにあたって、法令違反等事実を発見したときは、その事実の内容とともに、法令違反の是正その他の適切な措置をとるべき旨を、遅滞なく、会社（監査役。財務諸表等の監査証明に関する内閣府令7条1項）に対して書面で通知しなければならない。会社は適切な措置をとる必要がある。公認会計士または監査法人は、通知を行ったにもかかわらず、財務計算に関する書類の適正性の確保に重大な影響を及ぼすおそれがあり、しかも、会社（監査役）が適切な対応をとらないと認められる場合において、その重大な影響を防止するために必要があると認めるときは、その事項に関する意見を書面の提出によって内閣総理大臣に申し出なければならない。

このような関係法令の要請に関しては、監査役監査基準などの行動指針や実務指針などにおいて、より具体的な対応が検討されてきている[17]。

2012年3月29日には、日本監査役協会と日本公認会計士協会とが連名で、「企業統治の一層の充実へ向けた対応について」と題する共同声明を公表した。ここでは、次のような所信が述べられている〔下線は、筆者〕。

　企業統治の一層の充実という要請に応えるために、監査役及び監査人は、<u>相互の信頼関係と緊張感のある協力関係の下で真の連携をより深化</u>させ、監査品質の更なる向上に取り組んでいく所存です。同時に、監査役及び監査人が、<u>双方向からの積極的な連携を従前以上に強く認識</u>し、それぞれの職務を確実に遂行することも重要であると認識しております。

　このため、日本監査役協会と日本公認会計士協会は、監査役（会）及び監査委員会と監査人の機能、役割を踏まえ、それらを十分に発揮すべく、それぞれの行動指針及び実務指針等の一層の整備・浸透を図るとともに、行動指針及び実務指針等にのっとり職務の確実な遂行を行うための施策に一層注力して参ります。なお、<u>当面の施策として、連携に関する共同研究報告の見直し等を進めて参ります。</u>

これに呼応するように、2012年3月22日、日本公認会計士協会（監査・保証実務委員会）は、「不適切な会計処理が発覚した場合の監査人の留意事項について」（監査・保証実務委員会研究報告第25号）を公表した。また、日本監査役協会も、同年4月20日、「法令違反等事実又は不正の行為等が発覚した場合の監査役等の対応について～監査人から通知等を受けた場合の留意点～」を公表した。

このように、監査役と監査人の連携は、関係法令の趣旨に沿って、行動指針や実務指針が深化している状況にあり、これを後押しするような形の会社法制の改正が期待される。具体的には、例えば、監査役会が作成する監査報告において、現在でも、「会計監査人の職務の遂行が適正に実施されることを確保するための体制に関する事項」を内容とすることが求められているが（会社計算規則128条2項2号、127条4号）、これに加えて、監査役と会計監査人との連携に関する事項を内容とすることが考えられる。虚偽の記載をすることは許されないから、相応の開示をしたければ、それに伴って実質を充実させることになるという効果も期待することができよう。

Ⅵ　いわゆるインセンティブのねじれ

監査役と監査人との連携という視点から、「インセンティブのねじれ」と呼ばれる課題を分析することもできる。

現行の会社法では、監査役会設置会社において、会計監査人の選任議案と報酬等を取締役会が決定することとされている。監査をされる者が監査す

る者を選ぶことに第一次的な権限を持ち、報酬等を決定する構造のもとでは、監査する者に適正な監査を行うことを期待しづらいことが問題視されている[18]。適正な監査のためのインセンティブを失いやすい構造になっていることをもって、「ねじれ」と表現されている。

現行法でも、監査役に対しては、選任議案と報酬等の決定について同意権が付与されているし、選任については提案権もが認められている（会社法344条、399条）。前述のいわゆるインセンティブのねじれを問題とする見解は、これらの権限を監査役に認めるだけでは実効性に乏しいという実質的な判断を有するものであろう。

しかしながら、理論的な美しさはともかくとして、既に監査役には強力な権限が与えられている。取締役会の判断に監査役が反対なのであれば、同意をしなければよいだけであり、場合によっては、選任について提案権を行使すればよい。同意権を適正に行使することができない人物に対して決定権限を与えても、実際にどれだけの意義があるのかは、大いに疑問である。また、取締役会や業務執行部門の手助けなしに、個別の会社に相応しい会計監査人を捜し出して依頼することができるのか、適切な報酬等を決定することができるのか、疑問なしとしない。このような理解が妥当するのであれば、監査役に決定権を与えることは、会社にとって、無益であるばかりか有害であるとすら評価すべきことになろう。

監査役と監査人との連携という視点からも、同意権を通して実現すれば足りるし、連携に際して監査人が費やした時間に対しては、監査役が職務執行にあたって生じた費用であるから、会社から監査人に対して報酬を追加的に支払わせることも可能である（会社法388条）。監査人に対する報酬については、現行法のもとでも、十分に連携が可能になっている。むしろ会社法制の課題は、上述のように実務の行動指針などを一段と実効的にするための仕組みを構築することであろう。

もっとも、2012年6月13日に開催された会社法制部会では、「監査役（監査役会設置会社にあっては、監査役会）は、株主総会に提出する会計監査人の選解任等に関する議案等についての決定権を有するものとすることで、どうか」との形で方向性が示されている。他方で、「報酬等の決定は、財務に関わる経営判断と密接に関連するものであることや、現行法において監査役（会）及び監査委員会に認められている権限との均衡も考慮すれば、会計監査人の報酬等の決定権を監査役（会）及び監査委員会に付与することについては、慎重に検討する必要がある」と、補足説明において述べられている[19]。このような改正がなされるのであれば、監査役の責任が重くなると思われ、懸念も残るが、監査人との連携という視点からは好機と捉え、監査役には一段と緊張感を持って監査人との連携を強化し、法改正の趣旨が没却されることがないように尽力することが期待される。

Ⅶ　結　語

これまで検討してきたように、「監査は不正を見抜けるか？」という課題については、監査に関係する機関などの間での連携が不可欠である。十分な連携があってこそ、不正を発見することができるし、これに適切に対応することが可能となる。適切な対応をするための仕組みがなければ、不正を発見するという努力を阻害することにもなろう。

会社法としては、不正の発見とともに、発見された場合に適切な対応を関係者に促すような制度枠組みを設計することが求められる。具体的な検討状況や私見については、例示的に既に述べた通

りである。

　最後に付言すれば、会社法制にしても、所詮は制度論であって、現実に動かす人々の真摯な努力がなければ、実効性を有することはない。もちろん、会社法制には、人々の真摯な努力を下支えするための仕組みを発展させ続けることが求められている。とはいえ、いくら見かけのよい制度が存在していても、各人の努力が着実に受け止める運用がなされていなければ、制度論も一部の会社においては無に帰する可能性がある。監査論や会社法制を踏まえながら、その精神が人々に浸透して実践されるように、監査に関わる人々の人的な信頼関係もが培われるように、各社の努力が必要とされよう。

【注】
1) 日本経済新聞 2012 年 4 月 25 日朝刊。
2) 本稿の執筆時点では、法制審議会会社法制部会の会社法改正要綱案は策定されておらず、本誌の刊行までには確定することが見込まれている。最新の情報については、法務省のウェブサイトなどを参照されたい。本文で引用する同部会の資料や議事録も、法務省のウェブサイトに掲載されているものであり、適宜、参照されたい。
3) 法制審議会会社法制部会第 1 回会議議事録（平成 22 年 4 月 28 日）PDF 版 1 頁〔原優委員（法務省民事局長）発言〕。
4) 一定の要件のもとで、親会社の株主が子会社の取締役などに対して代表訴訟を提起することができることにする制度である。現行法では、会社の取締役などに対して会社を代表して責任追及の訴えを提起することができるのは、その会社の株主に限られている。親会社は子会社の株主であるから、親会社が子会社の取締役などに対して代表訴訟を提起することができるが、訴えの提起を懈怠する可能性があることから、親会社の株主にも、子会社の取締役などに対する提訴権を認めるべきかが検討されている。親会社は子会社の株主であり、親会社の株主に提訴権を認めるものであり、会社と株主との関係が多重になっているので、多重代表訴訟という。
5) 中間試案と補足説明については、法務省のウェブサイトのほか、商事法務 1952 号（2011 年）などの専門誌にも掲載されている。
6) 「『会社法制の見直しに関する中間試案』に対して寄せられた意見の概要」（部会資料 19）参照。また、坂本三郎ほか「『会社法制の見直しに関する中間試案』に対する各界意見の分析〔上〕〔中〕〔下〕」商事法務 1963 号 4 頁、1964 号 16 頁、1965 号 37 頁（2012 年）を参照。
7) 法制審議会会社法制部会第 19 回会議議事録（平成 24 年 4 月 18 日）PDF 版 60 頁〔坂本一郎幹事（法務省民事局参事官）発言〕。同部会で要綱案が確定された後に、法制審議会総会で要綱とすることが承認されれば、法務大臣に要綱が答申されることになる。

8) 会社法制部会においては、従業員が監査役に不祥事等の情報を提供しやすくするという観点から、監査役の一部の選任に関して株主総会に提出する議案の決定権限を従業員に与えるべきであるとの意見が示されたことに呼応して、むしろ取締役や使用人が監査役に対して法令違反などについての情報を提供するための体制を整備することによって対処するのが望ましいとの立場から、本文のような提案が示されることになった（補足説明 17 頁参照）。
9) 中間試案第 1 部第 2 の 2 （監査の実効性を確保するための仕組み）の提案については、賛成する意見が多く示されており、反対する意見も、趣旨に反対というよりは、具体的な実務における運用（過大な負担、形式化や画一化など）への懸念を示すものが少なくない。意見の分布などについては、部会資料 19・前掲注（6）25-27 頁を参照。
10) 本文で述べた事項のうち、内部統制システムの内容に関して、「企業集団における業務の適正を確保するための体制」については、現行法では会社法施行規則で定められているが、法制審議会会社法制部会では、これを会社法で明らかにすることも検討されている（「親子会社に関する規律に関する残された論点の検討」（部会資料 23）2 頁）。
11) 日本監査役協会「会社法制の見直しに関する中間試案に対する意見」（平成 24 年 1 月 31 日）Ⅱ第 1 部第 2 の 2。
12) 日本内部監査協会「会社法制見直しに関する中間試案に係る意見書」（平成 24 年 1 月 31 日）第一部第 2 の 2 （括弧内は原文のママ）。
13) 東京証券取引所「証券市場の信頼回復のためのコーポレート・ガバナンスに関する上場制度の見直しについて」（平成 24 年 2 月 28 日）Ⅱの 4。
14) 東京証券取引所「証券市場の信頼回復のためのコーポレート・ガバナンスに関する有価証券上場規程等の一部改正について」（平成 24 年 5 月 8 日）。また、これに付された新旧対照表を参照。
15) 東京証券取引所・前掲注（13）Ⅱの 4 の「備考」。
16) 以上について、片木晴彦「監査役監査の課題――近年の企業不祥事をてがかりに」月刊監査役 599 号 14-15 頁（2012 年）参照。
17) 詳しくは、片木・前掲注（16）14-15 頁参照。
18) 齊藤真紀「企業統治」商事法務 1940 号 26 頁ほかを参照。他方で、監査役に決定権を付与することは、監査を監督に変容させることになり、論理的に無理であるし、また、監査役制度の存廃問題につながる可能性があると説く見解として、友杉芳正「監査の本質とインセンティブのねじれ問題」税経通信 2010 年 1 月号 56 頁。
19) 以上について、「会社法制の見直しに関する要綱案の作成に向けた検討（1）」（部会資料 24）9-10 頁。

〔追　記〕
　脱稿後、2012 年 8 月 1 日に、法制審議会会社法制部会で、「会社法制の見直しに関する要綱案」が決定された。9 月の法制審議会総会で要綱とすることが承認されれば、法務大臣に答申されることになる。要綱案についても、法務省のウェブサイトを参照されたい。

中東 正文（なかひがし まさふみ）
1989 年名古屋大学法学部卒業、1991 年名古屋大学法学部助手等を経て、2005 年より現職。
法制審議会非訟事件手続法・家事審判手続法部会幹事、同会社法制部会幹事などを歴任。2006 年から 2009 年までは、公認会計士試験委員を務めた。2008 年からは、日本学術会議連携会員（現任）。

特集 Ⅲ

監査基準の過去・現在・未来

■監査人の役割の明示／脇田 良一
■監査基準の精緻化／友杉 芳正

　現在、わが国では不正への監査上の対応を巡って監査基準の見直しが進められている。
　特集Ⅲでは、わが国の監査基準の設定主体である金融庁企業会計審議会の監査部会の現部会長である脇田良一氏と前部会長である友杉芳正氏に、「監査基準の過去・現在・未来」と題して、ご自身の経験を踏まえて、わが国監査基準のこれまでの経緯、現状における課題、及び今後の展望を論じていただいた。

特集 Ⅲ

監査人の役割の明示

名古屋経済大学大学院会計学研究科 教授
脇田 良一

Ⅰ　はじめに

　2012（平成24）年5月30日、企業会計審議会監査部会第26回会議が開催され、監査部会長として部会の審議を進めることとなった。筆者は、1991年の改訂（第三部会幹事）、2002年の改訂（第二部部会長）、そして今回と、三回、監査基準の改訂作業に参画した。とくに、今回は、監査業界の世代交代も顕著で、緊張を強いられている。監査部会第26回会議の冒頭、「…わが国の監査をより実効性のあるものとするとの観点から、会計不正等に対応した監査手続等の検討を行い、…監査基準等について所要の見直しを行うこととする。」と、審議課題が説明されたが、「（主目的）財務諸表の適否に関する意見の表明」、「（副目的）重要な誤謬および不正の発見または防止」と板書された、50年以上前の会計監査論の教室風景が蘇ってきた[1]。当時、講義を聴きながら、「財務諸表が適正に表示されているのであれば、財務諸表には重大な会計上の誤謬や不正（虚偽）による虚偽表示はないということ」ではないのか。適正意見と会計上の不正は表裏一体の問題として考えられるのであり、個々別々に議論されるべきではないのではないのか。では、監査報告書に記載される「財務諸表に係る適正表示の意見」は、どんな「意味内容」なのか、疑念が頭を離れなかった[2]。

Ⅱ　適正意見と不正の関係
1991年改訂監査基準の場合

　1990年秋、企業会計審議会幹事（第三部会）任命の辞令を受け、監査基準の改訂原案作成に参画することとなった。村山徳五郎第三部会長（前日本公認会計士協会会長）から、監査基準前文案の起草を指示された。長年の疑念を盛り込んだ試案を起草して、1991年9月9日に小委員会に提出した。

a　監査人は、監査の結果、当該財務書類の記載内容に影響を及ぼすような重大なる虚偽表示と脱漏がないと判断した時、「財務書類は、当該企業の財政状態と経営成績を適正に表示している」という意見を表明する。

b　財務書類に重大なる虚偽表示と脱漏がないということは、誤謬、利益操作（粉飾）、あるいは経営者・従業員による私消などの不正行為によって財務書類が影響を受けていない（虚偽表示はない）という監査人の判断を意味する。

c　財務書類に影響を及ぼすような重大な利益操作（粉飾）による不正の発見のために慎重に（懐疑心を持って）監査を実施するのは、監査人の職務である。

　しかし、試案で提案した、「適正意見と不正の関係の解明」及び「慎重に（懐疑心を持って）の用語の導入」の採用は、見送られた。

III 財務諸表監査の目的
2002年改訂監査基準の場合

1999年7月、「監査基準等の一層の充実」を審議事項として企業会計審議会第二部会が開催され、部会長として改訂作業を取り纏めることとなった[3]。

まず、改訂監査基準では、「(4)・・・監査人が財務諸表は適正に表示されているとの意見を表明することには、財務諸表には全体として重要な虚偽の表示がないことの合理的な保証を得たとの自らの判断が含まれている・・・。(5)なお、監査報告書における適正意見の表明は、財務諸表及び監査報告書の利用者からは、結果的に、財務諸表には全体として重要な虚偽の表示がないことについて、合理的な範囲での保証を与えているものと理解されることになる。」と強調した。

さらに、「財務諸表の虚偽の表示は、経営者による会計方針の選択や適用などの際の判断の誤りのみならず事務的な過誤によってもたらされるが、重要な虚偽の表示の多くは、財務諸表の利用者を欺くために不正な報告(いわゆる粉飾)をすること、あるいは、資産の流用などの行為を隠蔽するために意図的に虚偽の記録や改竄等を行うことに起因すると考えられる。そこで、監査人はこのような不正等に特段の注意を払うとともに、監査の過程において不正等を発見したした場合には、・・・、その財務諸表への影響について評価することを求めることとした。」と、重ねて念押しした。

そして、監査基準本文に「第一 監査の目的」を置き、「財務諸表の監査の目的は、経営者の作成した財務諸表が、一般に公正妥当と認められる企業会計の基準に準拠して、企業の財政状態、経営成績及びキャッシュ・フローの状況をすべての重要な点において適正に表示しているかどうかについて、監査人が自ら入手した監査証拠に基づいて判断した結果を意見として表明することにある。財務諸表の表示が適正である旨の監査人の意見は、財務諸表には、全体として重要な虚偽の表示がないということについて、合理的な保証を得たとの監査人の判断を含んでいる。」と、監査人の表明する意見の意味と監査人の役割をも明示した。

従って、巧妙に偽装された「財務諸表に虚偽表示を招くような重大な会計上の誤謬や不正の発見」は困難を伴うので、責任負担意識から防御的になるが、公認会計士監査(財務諸表監査)には無縁であるかのような姿勢をとることは、厳に慎まなければならない。世間から公認会計士監査の存在意義が問われ、世間の誤解を招くだけである。また、財務諸表監査は、「企業に発生する多様な不正の摘発自体に目的を特化した監査業務」とは、業務を支持する思考基盤を全く異にすることにも、十分に留意してほしい。

IV 懐疑心の保持
2002年改訂監査基準の場合

1999年改訂で導入が見送られた「慎重に(懐疑心を持って)」は、改訂監査基準の本文で、
「第二 一般基準3 監査人は、職業的専門家としての正当な注意を払い、懐疑心を保持して監査を行わなければならない。
第二 一般基準4 監査人は、財務諸表の利用者に対する不正な報告あるいは資産の流用の隠蔽を目的とした重要な虚偽表示が、財務諸表に含まれる可能性を考慮しなければならない。
第三 実施基準 一基本原則4 監査人は、職業的専門家としての懐疑心をもって、不正及び誤謬により財務諸表に重要な虚偽の表示がもたらされる可能性に関して評価を行い、その結果を監査計画に反映し、これに基づき監査を実施しなければならない。」と、規定し導入した。

ここで、「懐疑心を保持」とは、「職業専門家と

しての技量と注意を行使するには、健全な懐疑心－経営者の行った重要な陳述については、先ずそのすべてを疑ってかかり、その妥当性を確かめようとする心構え－がなければならない。」[4]の意である。もともと、財務諸表監査制度は、伝達障害となる経営者の提示する財務諸表に対する利害関係者の不信感を除去して、市場の取引環境を円滑なものとする仕組みである。「経営者の誠実性と正直さを疑う姿勢」を利害関係者と共有して監査業務を執行しなければ、「期待された役割」を遂行したことにならない。

V おわりに

さて、今回の監査部会の審議議題は、「会計不正等に対応した監査手続等の検討」である。ここで思い出すのは、1989年の改訂の方式である。あの時は、「財務諸表に重要な影響を及ぼす不正行為等の発生の可能性に対処するため、相対的に危険性の高い財務諸表項目に係る監査手続を充実強化することとした。」として、「監査実施準則」の内の「第二 通常の監査手続」（一種の監査手続一覧表）について、たとえば「売掛金については、確認を実施する。」というように、審議会自ら、実施手続の強化ための見直しを個別且つ具体的に行った。まさか、今回も、審議会に「手取り足取り」的な審議が求められるのか？それは、ありえない。現行の監査基準の体系では、企業会計審議会は「原則的な規定を定め、監査基準を具体化した実務的・詳細な規定は日本公認会計士協会の指針に委ね」られている。現行の監査基準の体系は、旧大蔵省、金融庁、日本公認会計士協会、監査実務の担い手により、30年余りの長期間の苦心惨憺・試行錯誤の結果として築き上げられてきたものである。この体系を否定するには、それなりの根本的議論が必要となる。よって、審議会監査部会は、「わが国の監査をより実効性のあるものとするとの観点から」見直しの原則的な規定を定め、日本公認会計士協会に対し、会計不正等に一段と効果的に対応ができるように、「監査基準委員会報告書」等の監査実務指針の見直しを求めることになる。

思うに、現行の監査基準（企業会計審議会）の規定するところに、新たに加えることは無い。他方、監査基準に準拠したとされる監査結果が、関係者の期待に応えられなかったのも事実である。よって、問題の本質は、監査基準の規定そのものにあるのではなく、監査基準の意図するところをどこまで汲み取って、監査人が監査に臨んだか、監査業務の運用に生かしたか、にある。そこで、審議会監査部会としては、「懐疑心を保持して監査を行わなければならない。」との規定の意味するところとその規定の重大性を、監査業務の現場を担う監査人に深刻に受け入れてもらうように、監査基準の規範としてのメッセージ性を一段と膨らませることから着手することになろう。

【注】
1) 日下部與市著　財務諸表監査　日本評論社　昭和33年刊　15頁
2) 脇田良一著　財務諸表監査論　中央経済社　昭和52年刊
   脇田良一著　会計監査　同文舘出版　昭和59年刊
   脇田良一著　財務諸表監査の構造と制度　中央経済社　平成5年刊
   脇田良一著　監査基準・準則の逐条解説　中央経済社　平成5年刊
3) 脇田良一稿　改訂の経緯及び「目的」・「一般基準」　企業会計　2002年5月
4) 鳥羽至英訳　財務諸表監査の基本的枠組み　白桃書房　1990年刊　72頁　原著　P.38

脇田 良一（わきたよしかず）
名古屋経済大学大学院会計学研究科教授
早稲田大学第一商学部卒業
博士（商学）早稲田大学
明治学院大学名誉教授・元学長
金融庁・企業会計審議会委員・監査部会長
日本公認会計士協会・監査問題協議会委員
元金融庁・公認会計士・監査審査会常勤委員

特集 Ⅲ

監査基準の精緻化

早稲田大学商学学術院 客員教授
友杉 芳正

Ⅰ はじめに

　監査基準は監査人が監査を実施する際に準拠すべき規範である。グローバル化の進展とともに、監査基準は不正事件の多発防止、監査品質の向上要請、国際監査基準のクラリティ版対応など、監査環境変化に合わせて改訂がなされてきている。昨今、リーマン・ショック後の監査を巡る国際的動向が急速な展開を見せており、日本でも2012年5月から不正防止対応の監査基準の改訂作業が始まった。そのような監査環境下にあることを前提に、そもそも監査基準とは何かの原点に立ち返り、その精緻化が必要な点を検討する。

Ⅱ 監査基準の形態

　日本の監査基準は、1950年7月に公表された「監査基準」「監査実施準則」に始まり、その後「準則」を廃止し、パブリック・セクターの企業会計審議会が「監査基準」を作成、プライベート・セクターの日本公認会計士協会が「指針」を作成する分担方式が採られ、「監査基準」がひとつのフレームワークとして監査の全般的体系化のもと、包括的役割を果たす指導的な基準形態が採られている。国際監査基準は明瞭化を図るクラリティ版として、監査項目ごとに「目的・要求事項・適用指針」の3区分形態を採り、いわゆる基準と指針を包括した基準書の形態になっている。

　国際監査基準の項目別基準書形態方式に対し、日本の監査基準は企業会計審議会が作成する「監査基準」、「監査に関する品質管理基準」と日本公認会計士協会が作成する実務指針を一体的に把握して「監査の基準」としている。基準形態を考えるとき、「監査の基準」と「監査基準」の使い分けがなされており、コンバージェンスからアドプションへの流れの中で、パブリック・セクター方式かプライベート・セクター方式かの基準設定主体とも関係するものの、「監査の基準」と「監査基準」のあり方の理想型として、国際監査基準、米国公開会社会計監視委員会（PCAOB）基準、日本基準、または他の統合形態方式を採るべきかなど、基準形態がルール・ベースかプリンシプル・ベースかの本質的観点から、純化の検討が必要である。

Ⅲ 監査基準の規範性

　「監査基準の設定について」（1956年12月25日）によれば、監査基準は監査実務慣習の中で一般に公正妥当と認められたところを帰納要約した監査規範であり、監査人は法令の強制とは関係なく、監査の実施において遵守しなければならない義務がある。監査が公益の観点から投資者保護を果たすため、経済社会における利害関係者が納得でき、受容できる信頼性を維持する観点から、監査基準

の規範性が問題となる。監査基準は監査関係者に対して遵守的役割、啓蒙的役割、実践的役割、指導的役割、教育的役割などいろいろな役割を担っている。役割の実現化においては、監査基準は監査人の監査判断規範となり、被監査会社の財務諸表の作成規範であるとともに、投資者の意思決定に役立つ指導規範でもある。

監査基準は一般合意性、公正妥当性、規範準拠性、受容可能性の各属性を内包しているため、監査基準は監査人が遵守し、監査業務の品質を維持する規範性を有している。基準内の規範性を増すため、国際監査基準のクラリティ版は、要求事項と適用指針の区分化による遵守性のレベル化を図っている。日本の「監査の基準」は監査基準と実務指針の一体化を意味するので、理論規範性と実践規範性の両者を内包するが、「実務指針」は実践指導的規範性を、「監査基準」は理論指導的規範性を高めなければならない。そのため監査の基本的概念差異を明確にする科学としての「監査理論」展開のもと、「監査政策」レベルを意識した基準制度論の構築を志向する必要がある。

Ⅳ 一般に公正妥当と認められる監査の基準

2010年改訂「監査基準」の「前文二1」では、1991年改訂の方針を踏襲し、原則的な規定を定める監査基準は企業会計審議会が、実務的・詳細な規定を定める実務指針は日本公認会計士協会が作成し、日本の一般に公正妥当と認められる監査の基準とするのが適当としている。「一般に認められる監査実務慣行」は、参考にはなるものの「一般に公正妥当と認められる監査の基準」として把握してはならないとされている。「一般に公正妥当と認められる監査基準」は、英語表記では generally accepted auditing standards であり、公正妥当の表現はない。「一般に認められる監査実務慣行」が「公正妥当」なレベルのものとはしていないのは、「監査実務慣行」が「一般に認められる」レベルのものを帰納要約したものとして監査基準と考える慣習法の発想と、「一般に」をさらに強調して「公正妥当」と認定されるまでのものを抽出要約したレベルを監査基準として文章化する成文法の発想とでは、基準に対する見方、範囲、内容が相違することに基因する理解が必要である。

「一般に」は、「公正妥当」の反復強調ではないとする立場では、利害関係者において広く了解されていると捉えることになり、監査人、被監査会社、投資者、監査研究者、行政関係者などが意見集約し、そのパブリック・コメントを求めているので、最終的には各関係者の意見が反映される一般合意的納得性があることになる。「公正妥当」は「公正性」または「公平性」を意味する一語であり、公正と妥当を区別すべきものではなく、統合したものとの見方があるが、二語から構成される場合、「公正」は有用な情報提供における開示レベルにおいて不偏性が必要であり、「妥当」は監査理論的に論理整合性、実践的に実務受容性を有するものである。日本では true and fair view（真実かつ公正な概観）を採用していない。Preset fairly は「公正表示」ではなく「適正表示」と訳されている。「公正」と「適正」の差異、「公正妥当」の意義を明らかにする必要がある[1]。

Ⅴ 職業的懐疑心と合理的な保証

職業的懐疑心が「監査基準」で採り上げられているが、抽象的概念である。健全(healthy)な職業的懐疑心の限界が不明確なため、リスク・アプローチのもとでは、不正がなぜ監査行為において発見できなかったのか、不正リスクの評価・対応が甘

かったのではないかとして、監査人の職業的専門家としての結果責任が問われることになりがちである。職業的懐疑心は「誤謬又は不正による虚偽表示の可能性を示す状態に常に注意し、監査証拠を鵜呑みにせず、批判的に評価する姿勢をいう（監査基準委員会報告書200、12項）」としており、最終的には監査人の専門的判断に委ねられる。職業的懐疑心は、経営者が誠実である前提から中立的（neutral）態度での対応へ、さらに限定的ではあるが推定的（presumptive）疑いをもつ姿勢へ移行しているが、そこには不正対応における訴訟リスクが絡んでいることを忘れてはならない。

「合理的な保証を得た」は、経営者の見積りなどを含む財務報告の性質、試査などに依存する監査手続の性質などの監査固有の限界がある中で、重要な虚偽表示がないという絶対的ではないが相当程度の心証の高い保証を得たこととされる[2]。職業的懐疑心の関係から「合理的な保証を得た」の意味は、どこまでの監査手続の実施、どこまでの監査証拠の入手をすればよいのか、十分かつ適切といわれるその水準が不明確であるが、心証形成において「最適化」より「満足化」を志向し、訴訟リスクを勘案した監査要点に対する正当な説明責任を果たせるかが重要である。監査人は監査の経験・知識・注意・認識の不足などによる不正未発見が多くみられる未熟会計士にならないように、職業的懐疑心を発揮しなければならない。

「合理的（reasonable）」の解釈は幅があり、「合理的な基礎」では「合理的」が削除され、「基礎」のみに改訂された。「職業的懐疑心」「合理的」が一人歩きし、監査人のリスク・アプローチ監査に対して、監査判断の高度化に伴い、結果責任が問われ、監査限界を超えた責任追及がなされることがないように、監査用語の理論的意味内容の説得力ある解明が必要である。

VI むすびに代えて

現在、高品質の監査を維持、向上させるため、監査の原点に戻り、基本的概念の再整理を行い、実務指針のルール・ベースの準拠性監査に依拠しがちな中で、プリンシプル・ベースに準拠する監査判断形成に役立つ監査基準の精緻化を図る必要がある。期待ギャップや情報ギャップの解消に向けて、不正対応監査において、監査人に過度な結果責任が問われないように、強制調査権がない監査の本質的限界を明確にするため、監査概念純化による日本の監査基準の目的・機能・構造の体系的整合性を図ることが必要である。

【注】
1）日本の他の法令では「公正妥当」以外に、「公正かつ妥当」、「通常妥当」、「合理的かつ妥当」の用語が使用されている。また、金融商品取引法第193条の「一般に公正妥当であると認められるところに従って」は、in accordance with the manner generally accepted fair and proper、会社法第431条の「一般に公正妥当と認められる企業会計の慣行」は the business accounting practices generally accepted as fair and appropriate と訳されている。「妥当」は proper と appropriate が使われているが、ニュアンスとしては差異がある。
2）Assurance は「保証」と訳されているが、監査証拠によって財務諸表が一般に公正妥当と認められる企業会計の基準に準拠していることの心証を得たのであるから、「保証」ではなく「確証」または「確信」を得たというべきであろう。

友杉 芳正（ともすぎよしまさ）
慶應義塾大学大学院商学研究科博士課程修了。博士（商学）。日本会計研究学会評議員・監事、日本監査研究学会長、公認会計士・監査審査会会長。三重大学、名古屋大学名誉教授。日本公認会計士協会学術賞、日本会計研究学会賞受賞。司法試験、税理士試験、公認会計士2次試験・3次試験委員歴任。『簿記会計論』『内部監査の論理』『スタンダード監査論』など。

特別企画

第10回　青山学院　会計サミット
第二部　パネル討論会

日時：2012年7月11日（水）15:10〜17:30
会場：青山学院大学　青山キャンパス　17号館6階　本多記念国際会議場

　2012年7月11日、第10回青山学院「会計サミット」は、「企業不正を巡る諸課題―その防止と発見を目指して―」をテーマに、日本公認会計士協会、日本監査役協会、日本内部監査協会、東京証券取引所、及び弁護士の方を登壇者に迎えて開催された。
　例年は、パネル討論会の模様を学内紀要『会計プロフェッション』に掲載しているが、第10回を記念して開催された今回の「会計サミット」は、その名の通りわが国の監査に関する"サミット"と称することのできるものであったことから、広く社会の多くの読者に伝えたいという思いと、本号のテーマとも密接に関連する議論が展開されたことから、ここに特別企画としてその模様を掲載することとした。

特別企画

企業不正を巡る諸課題
～その防止と発見を目指して～

【パネリスト（報告順）】（以下、敬称略）
山崎彰三（日本公認会計士協会会長）
太田順司（公益社団法人日本監査役協会会長）
伏屋和彦（社団法人日本内部監査協会会長）
斉藤　惇（株式会社東京証券取引所グループ取締役兼代表執行役社長）
國廣　正（国広総合法律事務所弁護士・パートナー）

【コーディネータ】
八田進二（青山学院大学大学院会計プロフェッション研究科長・教授）

【司会】
橋本　尚（青山学院大学大学院会計プロフェッション研究科・教授）

1. はじめに

橋本　それでは、本日の第二部に移らせていただきます。第二部はパネル討論会でございます。テーマは「企業不正を巡る諸課題～その防止と発見を目指して～」でございます。

最初にパネリストの方々をご紹介いたします。皆様から向かって左側から、日本公認会計士協会会長・山崎彰三様です。そのお隣が公益社団法人日本監査役協会会長・太田順司様です。そのお隣が社団法人日本内部監査協会会長・伏屋和彦様です。そのお隣が株式会社東京証券取引所グループ取締役兼代表執行役社長・斉藤惇様です。そのお隣が國廣総合法律事務所弁護士・パートナーの國廣正様です。

第二部のパネル討論会のコーディネータは、本学会計プロフェッション研究科長の八田進二が務めます。

それでは、これからの進行は、八田さん、よろしくお願いいたします。

八田　皆様、こんにちは。今日は真夏日のスタートというにふさわしいぐらいの暑い1日が始まっているようであります。

ここ青山キャンパスの17号館6階、本多庸一記念国際会議場は5月の連休明けに竣工・引渡しがなされまして、今日、こういったかたちで使用するのは当学院として3回目だということです。前2回は大学学務の使用でありまして、私たち教育サイドで使用するのは今日が初めてであります。記念すべき第10回の会計サミットをここで開催させていただくことになりました。

特別企画

目次

1. はじめに
2. 各パネリストからの報告
   - 2.1 山崎彰三氏 「会計監査人の立場から」
   - 2.2 太田順司氏 「企業不祥事の再発防止に向けた課題」
   - 2.3 伏屋和彦氏 「企業不正に対する内部監査の役割」
   - 2.4 斉藤 惇氏 「わが国の証券市場に対する投資者からの信認の向上を目指して」
   - 2.5 國廣 正氏 「日本型企業不祥事とその対応」
3. パネル討論会
   - 3.1 経営者不正事件に関しての感想
   - 3.2 不正事件の最大の問題ないしは課題
   - 3.3 不正事件においてわが国の監査制度の役割
   - 3.4 企業不正の防止に向けた対応ないしは早期発見法への具体策
   - 3.5 不正の防止と発見に対して会計専門職が果たすべき役割と課題

今日、手にしていただいておりますパンフレットの末尾に、これまで9回分の会計サミットの内容が示されています。思うに、2003年に第1回をスタートさせて、今年はちょうど10年目を迎えました。毎年途切れないで、多くのご登壇者とご参加いただく皆様方の絶大なるご支援のもとに今日の日を迎え、主催者の1人としてたいへん感慨深いものを感じているところであります。

今日は、メインテーマが「企業不正を巡る諸課題～その防止と発見を目指して～」ということで、お手元の冊子に今回のテーマの趣旨について「問題意識」ということで書いておきました。

昨年の秋以降、わが国を代表する歴史ある上場会社において経営者を巻き込んだ不祥事が露呈したこと、そして、特に精密機器メーカーの事案に関しては海外からのバッシング、あるいは問いかけが極めて多かったことを私自身個人的にも痛感したのであります。

と申しますのも、私自身、この事案に関してこれまで経験したことのない状況に置かれました。それは、非常に多くの海外のメディア、たとえば、フィナンシャルタイムズから始まって、ニューヨークタイムズ、ワシントンポスト、そしてロイター通信等々からの取材を受けたということです。一方、その間、日本のメディアは沈黙を保つ状況が続いたということです。

そのようなことがあって、第10回のテーマを何にしようかと関係者と話したときに、やはりこういった企業不正を度外視して議論はできないだろうということで一致しました。特に、青山学院はキリスト教の精神にのっとって国際的な教育を推進するという旗印のもとに、われわれも日々教育を行っているわけでありますので、国際的に説明責任を果たすような状況を会計からも構築しなければならないという問題意識のもと、今日は、まさに適任と私どもが自負できる5名の方々にご登壇いただくことができました。

最初に、5名のパネリストの方々にご用意いただいております報告要旨にのっとって、今日のテーマに即したお考え、ないしはご提案等をお話しいただきまして、そのあと残された時間の中で適宜ディスカッションをさせていただきたいと考えてお

八田 進二（はった しんじ）

現在、青山学院大学大学院会計プロフェッション研究学会会長、青山学院大学大学院会計プロフェッション研究科長・教授。他に、会計大学院協会相談役、金融庁企業会計審議会臨時委員（監査部会）、一般財団法人会計教育研修機構理事、等。

ります。

それでは、まず最初に日本公認会計士協会会長・山崎彰三さんに、「会計監査人の立場から」ということでご報告をお願いいたします。

2. 各パネリストからの報告
2.1 山崎彰三氏「会計監査人の立場から」

山崎 山崎でございます。よろしくお願いいたします。

今日の話は必ずしも今般の企業不正の問題だけではないと思いますけれども、今日のパネル討論会がそれをきっかけにして企画されたこともございますので、それから、八田さんの最初のご依頼もそのようなことでございましたので、今般の企業不正事件からお話を申し上げてまいります。

非常に残念なことであったということでございます。先日、当局から一定の、考えが出されておりますけれども、正直申し上げまして、事実詳細はなんであったのかは実はまだよくわからないのではないかと思います。この間出ましたのは、会計監査人に対する一定の当局の考え方ということで、処分ということですけれども、そこに記された文章を読ん

山崎 彰三(やまざき しょうぞう)
1972年東北大学経済学部卒業後、等松・青木監査法人(現・有限責任監査法人トーマツ)に入社。84年にトーマツのパートナーに就任。2004年に日本公認会計士協会の副会長に就任、2010年7月に同会長に就任。

でも、本当になんだったのかはよくわからない。

第三者委員会報告書等々もいろいろ出ておりまして、立場上、これも熟読させていただきましたが、あとで第三者委員会のお話が出てくるかもしれませんが、あそこに書かれていることがすべてかどうかも、会計監査人の立場からするとどうかなと感じたわけでございます。いずれにしても、こういう事件は実態・事実がどうであったかはなかなかわからないのが大部分なのかもしれません。

そうはいっても非常に残念なことでありまして、先ほど、八田さんのお話にもございましたように、日本の資本市場あるいはコーポレートガバナンスあるいは会計監査に対して、海外から厳しい批判の声が寄せられたことも事実でございます。

その内容はよくわからないと申し上げましたけれども、私どもの立場からすると、これは、おまえたちの言い訳だということかもしれませんけれども、どうも今度の事件は二つの事件とも経営者不正だろうという感触をもっております。ここでいう企業不正には、分類する話でもないですけれども、会計不正と経営者不正がありまして、会計上の目的だけで行われたものとそうでないものとがあるいうことで、これは二つの事件それぞれ状況が違いますけれども、必ずしも会計不正だけとも言えないのではないかと思われます。

こういう事件を前にしまして、私ども公認会計士の職業的な任務は何かからお話し申し上げますと、まず、日本でも世界でも、上場企業・公開企業あるいはパブリックカンパニーは、広く資本市場から一般投資家の資金を集めて存立することを許されている、いってみれば社会的な公器でございます。経営者だけのものでもないし、現在の株主だけのものでもないし、従業員だけのものでないし、取引先だけのものでもない。そういうものも含めた社会的な公の器(公器)であると、われわれは会計監査の初歩で習いました。まさにそのとおりだろうと思います。

私も、会計監査人の仕事を何十年もやってきましたけれども、企業には技術は非常に大事でございます。それから、営業能力も非常に大事でございますけれども、少なくとも上場会社はそれだけで存立できるものではない。資本を市場から集めて、技術プラス営業プラス資本、あとは人もありますけれども、そういうファクターで存在しているということであります。

社会的公器ということになれば、当然のことながら、統治といいますかガバナンスがないと存続できません。これはわれわれの社会でも同じでして、常に何か悪いことをしてやろうというような誘惑はございますし、それを避けていくのは、それぞれの個人の個性かもしれませんし、倫理観かもしれませんけれども、もう一つ、システム、制度があるということでございます。有効なガバナンスは人的な面と制度的な面との双方がバランスよく機能していかなければいけないと考えております。

さらに、われわれ会計監査人が勉強してきましたのは、現在の会計監査は有効な企業ガバナンスの前提のうえに存立しうるものであるということであります。経営者の協力がないと会計監査はできないわけでござ

います。そういう経営者が組織的に不正行為、あるいはその隠ぺい工作を行うことになると、会計監査にはどうしても限界が出てきます。これは会計士の立場からも一般にも「エクスペクテーションギャップ」と言われて、言い訳だろうと言われますけれども、そういうことではなく、そういう機能であるということです。会計監査に経営者の不正を完全に防止あるいは発見する役割があるわけではございません。

ただ、一つ申し上げておかなければいけないのは、会計監査人はたぶん、それ以外の関係者と比べても、一番企業の内部に入って経営者等と顔をつき合わせて企業の経営を見ていく立場にあるだろうということでございます。100％防止あるいは発見はできないにしても、たぶん、そのチャンスが一番高い立場にいるのだろうとも考えております。

その場合に、われわれは「リスクアプローチ」と言っていますが、リスクアプローチは単に会計士の責任を逃れるためのロジックではなく、リスクアプローチの中でいろいろと提示されている項目は、こういうことを言うと非常に僭越かもしれませんけれども、経験のある会計士であれば、経験の中からすでに自分のものとしてつくり上げたものを文章化したものだと言えると思います。企業のおかれた環境、ビジネスモデル、経営のスタイル、経営者・従業員の資質等、こういうものが企業の基本的な成り立ちでありますので、そういうことを判断するということでございます。こういうことが判断できれば、会計監査も有効に機能しますし、もう一つ、経営者と監査人の間の関係が、それがない場合と比べて非常に違ったものになってくるということです。経営者も会計監査人にいろいろと質問を投げかけてくるというようなことで、それに回答していく。

最近では、独立性の強化の話がありまして、ここのところをかなり窮屈になっておりますけれども、私はそういうものではないと思っております。経営者と良好な関係というのはべつに仲よくということではなく、お互いをよく知る関係をつくることが会計監査人の一番大事な役割ではないかと考えております。それができれば、会計不正あるいは経営者不正も、100％ではないにしても、かなりの程度防げるようになるのではないか、会計監査人に求められているのはそういう能力ではないか、これは個人的な感想でございますけれども、そのように考えております。

八田 どうもありがとうございます。おそらく、一連の不祥事が出たあと、最も矢面に立って批判されるのが会計監査人ないしは外部監査ということもありますので、後ほどまたいくつか質問しながら議論をさせていただきます。

それでは、2番目として、公益社団法人日本監査役協会会長の太田さん、よろしくお願いいたします。

2.2 太田順司氏「企業不祥事の再発防止に向けた課題」

太田 太田でございます。よろしくお願いいたします。

今日お話をしようと思っておりますのは、まず、今日の一つの課題であります昨年来の企業不祥事に経営のトップが関与した不祥事に関する件です。まず、これについてどのように考えていくのか述べます。次に、その再発防止に向けた課題として何が重要と考えているのかということを述べることにします。

まず、最近の一連の企業不祥事についてコメントをさせていただきます。

詳しく申し上げるまでもないと思いますが、一連の企業不祥事により、私ども監査役にもたいへん大きな衝撃があったと思っております。端的に申し上げますと、これは、経営トップが主導的な役割を果たした、あるいは主体的に関与した事件でありまして、その後公表された第三者委員会調査報告書等は、私も読ませていただきましたけれども、結論において、経営執行のみならず、私ども監査役あるいは監査役会が全く機能していなかったと評価しています。

オリンパス社の問題に焦点を絞りますが、主導者と言われている方のお1人が監査役でした。3月末までは執行の副社長で、6月に株主総会で監査役に就任されています。監査役はふだんはなかなか話題にならないですけれども、こういう不祥事がありまして注目を集めるかたちに

太田 順司（おおた じゅんじ）

公益社団法人日本監査役協会会長
新日本製鐵株式会社　常任顧問
1971年一橋大学商学部卒業。同年新日本製鐵(株)入社。
2001年取締役関連会社部長。2003年取締役経営企画部長。2005年常務取締役（経営企画、海外事業企画管掌）。2008年常任監査役。2011年5月社団法人日本監査役協会（同年9月より公益社団法人日本監査役協会）会長。

なったのではないかと思います。

これは私見と申し上げたほうがいいと思いますが、この元取締役の監査役は法で定められた役割を基本的に果たしていない。端的に言えば善管注意義務違反を問われてもやむを得ないと思います。その結果として、今年の1月だと思いますが、会社側が損害賠償責任の請求訴訟を5名の監査役、同時に9名の取締役に起こしています。ここに問題の核心があるわけでして、逆に言えば、この段階でようやく当該会社において正常な企業統治が機能したと言えるのではないかと思います。

この事件につきましては、まだ解明されていない点もたくさんあります。しかしながら、現時点でわかっている限りにおいては、コーポレートガバナンスを担う取締役会あるいは監査役会が本来の役割を果たしていなかったことだけは間違いないのではなかろうかと思います。

では、企業不祥事の防止のためにどうするのかということですが、各企業では、当然のことですけれども、内部統制システムの構築責任があるわけです。これが、構築だけで終わっていないかということが私どもの一つの大きな問題意識であります。むしろ必要なのは、構築から一歩進めて、整備とか充実といったところになぜもっと早く進んでいかないのか、そのためには具体的に何をしたらいいのか、という問題意識です。

少し話が戻りますけれども、オリンパス社の場合は、まさに経営トップが関与し主導した不祥事ということであります。簡単に言いますと、情報が公になることはなかなかないわけです。つまり、不祥事に関与した者が極めて限定的だということ、たとえこれらの関係者から情報が漏れても、経営のトップから社内的には相当圧力がかかることは当然に推測ができるわけで、情報を入手した人間がその情報をさらに開示をしていくことはなかなか難しいと思います。

ただ、その後の事件の内幕といいましょうかサイドストーリーで、本なども何冊か出ておりますけれども、これもやはり内部通報によって発覚した一つの事件であることは間違いないということです。つまり、わが国の企業の特徴がこの種の事件には大きく影を落としているということであります。

申し上げるまでもなく、日本では労働の流動性が極めて低いわけでありまして、多くの従業員は社内で昇進をしていく。課長から部長になり、部長から参与あるいは執行役員、取締役になる、こういう社内昇進のステップが前提であります。もちろん、経営者も社内昇進者が圧倒的に多いわけでして、経営者が企業を渡り歩くようなことは極めて少ない。逆に言えば、多くの企業は、言葉はよくないかもしれませんが、閉鎖的な「ムラ社会」であると言っても過言ではないだろうと思います。つまり、経営トップが関与した事件であればあるほど、これが露見することは少ないですし、内部統制システムによる発見とか防止には限界があるのではないかと考えています。

ではどうするのかですが、そこでやはり執行から独立した監査役の役割が期待されているのだろうと思います。経営者の職務執行を監査することが監査役の職務であり、特に常勤監査役は、執行のラインに属さないものの常日頃から経営者にアクセスし、健全な経営が行われているかを見なければなりません。そして、監査役、特に常勤の多くは社内出身者であり、いわゆる「村」出身者ではありますが、執行側に影響されることなくその職務を遂行する必要があります。

このように執行からの独立性を確保し、適正な職務執行を可能にするために強大な権限や仕組みが法律で定められているのであり、我々「監査役」はそのことを十分認識してその役割をしっかり果たしていかなければなりません。

次に、再発防止に向けた課題についてです。まず一つ目は企業統治にかかわるすべての関係者の自覚、二つ目に監査環境の整備、それから三つ目に不祥事の防止のための社会システムの整備が肝要だろうと思います。

一つ目の企業統治にかかわるすべての関係者の自覚は、申し上げるまでもなく、取締役であり、監査役であり、会計監査人であり、そして、内部監査部門等の企業における関係部門すべての方々が自らの役割をどのように自覚して、どのように適切に職務を果たすのかが何よりも重要ですし、これがすべてだろうと思います。

私ども日本監査役協会では、少なくとも監査役がそういう役割を十分に発揮することができるように、昨年の春先に、昭和50年以来10回目の改定になりますが、監査役監査基準を改定し、その浸透に努めている最中です。しかし、企業の不祥事はなかなかなくならないことも片や現

実であります。

　今回の不祥事を受けまして、協会としましては、会員の1人ひとりに対し、いま一度自らの責務を振り返り、監査の充実を図ってほしいという思いから昨年12月に通知を発信しました。その中に盛り込みました言葉だけを簡単に紹介しますと、「時に経営者と対峙するだけの覚悟を持ち……公正不偏にして毅然とした態度でその職務を果た」すことを明確に記したうえで、自らの重い職責を再認識するよう促したところがポイントであろうかと思います。

　再発防止に向けた二つ目の課題は監査環境の整備です。言うまでもなく、監査役は経営から独立していなければなりません。しかしながら、監査役が経営者に意見具申をしたとしても、その内容を実行するかどうかは経営者本人ですので、経営者と信頼関係を築くことは重要です。そのためにも、経営トップとは一定の距離を置きつつも常日頃からコミュニケーションを図り、信頼関係を築いていかなければなりません。

　また同時に、監査役会が会計に関する知見を有する者あるいは客観的な視点をもつ者、そういったバランスのよいメンバーで構成されていることも欠かせない重要な点であろうと思います。

　私どもが非常に気にしておりますのは、実は、監査役の職務を補助する、「監査役の補助使用人」「監査役スタッフ」と称されておりますけれども、この人たちがたいへん重要な役割を果たしていることです。

　現在、上場企業におきましても、監査役スタッフを配置している会社は約半数にすぎません。仮にスタッフをおいている企業でも他部門との兼務が非常に多く、専任のスタッフをおいている企業は非常に少ないのが事実であります。これではなかなか監査役としての十分な働きができないのではないかと非常に危惧をしておりまして、協会といたしましても、専任とは申しませんが、まずは兼任でも結構だから、スタッフの数を増やすこと、そして、その人たちが自分たちの監査技術をレベルアップしていくための教育の体系について、充実策を検討しているところです。

　もう一つの視点は、会計監査人あるいは内部監査部門等との連携強化であることは言うまでもありません。

　三つ目の再発防止に向けた課題は、やはり社会的なシステムの整備だろうと思います。ここには3点の切り口があるだろうと思います。

　1点目は企業情報開示の充実であります。まさに株主は多種多様なわけでありまして、いたずらに詳細な開示が必要だとは私も思いませんけれども、少なくとも理解してもらおうという意思が感じられる程度の情報開示が必要ではないか、ということをまず強く訴えたいと思います。

　現在、私も、約2年間ほどになりますが、法制審議会の会社法制部会の委員として議論に参加させていただいております。その中では、内部統制システムの運用・整備の状況につきましては事業報告等で開示するということで各委員の意見が一致しております。しかしながら、その開示内容は紋切り型あるいはひな型どおりではいけないわけでありまして、各企業のおかれております状況とか実態に応じた本当に血の通った開示内容とならなければ、利害関係者の理解は得られないと強く思います。これから、この案が要綱案にまとまり、法案になっていった暁には、今日ご出席の方々のご意見あるいは共同作業をしていく中で、具体的な開示は何が一番適切なのだろうかということを詰めていくことを自らの宿題にしたいと思います。

　2点目は内部通報制度に関してです。先ほどもオリンパス社の事例を少しコメントいたしましたけれども、不祥事の芽を早期に発見して、会社が被るダメージを最小限にとどめるだけではなく、制度の存在自体が心理的な抑止効果を発揮していることは間違いないと思います。

　ただ、制度を導入している企業は約半数、46％でしかない事実があります。しかも、そのうち、通報窓口を社内にだけ設置している会社が約41％ございます。もちろん、これは全平均ですので、従業員3,000人以上の大規模会社においてはほとんどがこの制度を導入してはおりますが、それでも、通報窓口を社内にだけ設置している会社が約32％あるというデータがございます。

　そして、何よりも問題ではないかと思っておりますのは、今、執行から独立した立場にある監査役を窓口にしている会社がほとんどないことです。内部通報制度が本当に機能するための仕組みづくりはまだ大きな課題を内包していると思わざるを得ません。

　最後、3点目は社会システムとしての重要な点、企業統治関係者の質の向上のためのシステムです。具体的には、企業統治を担います取締役と監査役に必要な教育研修システムを

もっと整備していく必要があると思います。日本監査役協会は監査役向けには一定程度の教育プログラムを用意できておりますが、実は取締役の教育システムはございません。むしろ大事なのはこれではないかと考えているところであります。

今、会社法制部会等々でも社外取締役の選任が議論されております。世の中の趨勢として必ずそういう方向に向かうだろうと思いますが、社外役員としてふさわしい人材を確保するための仕組みが今の日本の社会の中にあるかどうか、少なからず問題があると思います。私ども協会にもございますし、その他のいろいろな団体にもあると思いますが、やはり有為な人材をプールする人材バンクといいましょうか、こういったものの充実が不可欠ではないかと考えております。

少し長くなりましたが、とりあえずはここで終わります。

八田 どうもありがとうございます。

それでは次に、社団法人日本内部監査協会会長の伏屋さんにご報告をお願いいたします。

伏屋 和彦（ふしや かずひこ）
- 1967年3月　東京大学法学部卒業
- 同　年4月　大蔵省入省
- 1999年7月　国税庁長官
- 2002年7月　内閣官房副長官補
- 2006年1月　会計検査院検査官
- 2008年2月　会計検査院長
- 2009年1月　定年退官
- 2009年6月　社団法人日本内部監査協会会長

2.3 伏屋和彦氏「企業不正に対する内部監査の役割」

伏屋 ご紹介いただきました日本内部監査協会の伏屋和彦でございます。本日は、こういう発言の機会をいただきまして、ありがとうございます。皆様には「報告要旨」を見ていただきながらお聞きいただければと思います。

はじめに、昨年来のわが国企業の経営者による不正事件は極めて遺憾なことであります。今後、こうした不正の早期発見と再発防止のためには、企業の監査に関係する会計監査人、監査役、内部監査人、さらには市場関係者、法務関係者等がそれぞれの立場で努力して連携を高める必要があります。こうした努力により、株主も含めて、企業の市場における信頼性を確保するとともに、わが国の市場自体の信頼向上を図ることが国際的にも重要であります。

そういう意味で、今回、監査と市場にかかわる関係者がこうして一堂に会する機会を得られましたことはまことに時宜にかなっておりまして、意義あることと考えております。主催者の皆様に御礼申し上げます。

今回の問題・課題はなんであるかについては、今般の二つの企業不正事件について、公表されました改善報告書、第三者委員会報告書では、内部監査について主に4点が指摘されております。

一つは、関係会社も含めた内部監査機能が本社の内部監査部門に統合されていなかったこと。子会社に対する内部監査が子会社の経営管理を担うそれぞれの関連事業部によって行われていました。内部監査として、監査先に対する独立性を欠いていたということでございます。いま一つは、長きにわたって、内部監査の責任者である監査室長・監査部長が経理・財務部門の責任者と兼務であったこと。三つ目は、内部監査の結果が監査役会や取締役会に適切に伝達・報告されていなかったこと。最後に、内部監査と監査役監査との連携が不十分であったこと、が指摘されています。

これらの内部監査に対する指摘は、組織内において内部監査がより重視されて、内部監査基準が遵守されていれば生じなかったはずであります。内部監査の立場からは、内部監査基準を遵守し、まず発見することが重要です。次に、発見した事項を経営者に直ちに直接伝えることはもちろん、組織内で情報を共有し、他の監査とも十分な連携を図ることが大切です。

しかし、内部監査に対する指摘は、仮にそうすれば生じなかったとしても、不正事件そのものを防げたかということになりますと、今般の二つの事件は、先ほどからも、山崎さん、太田さんが言われているように、企業経営者が、しかもそのトップが主体的に深く関与して主導していました。そこに発見することの困難さ、是正することの困難さが伴いました。すなわち、経営者の無理解や経営者自身が不正に関与するなどが原因で、関係者による適切な措置がとられない場合もありうるわけです。

こうした場合に内部監査の立場としては、組織上の問題点を、内部はもちろん、必要ならば外部に伝えることがあってもよいのではないかという議論が、今、私どもの国際的な本部であるIIA（The Institute of

Internal Auditors, 内部監査人協会、本部・米国）の会議で行われています。今週も私どもの神田専務理事がボストンの世界大会に出席して、その議論をしています。

いずれにしても、内部監査の立場からは、内部監査の重要性を経営者自らが改めて十分認識するとともに、内部監査を重視する企業風土・社会風土を醸成していく必要があると考えられます。

次に、いったい監査の果たすべき役割が適切に果たされているだろうかということでございますが、わが国は、会計監査人監査、監査役監査、内部監査によるいわゆる三様監査という監査制度を有しておりまして、これら三つの監査がそれぞれ効果的に機能して、それぞれの特色を発揮して有機的に連携することが重要であります。

そもそも、不正事件は一切なくなることはありません。内部監査人は監査に関係する者の中では、本来、経営者に、そのトップに最も近い立場でチェックしているはずです。したがって、内部監査にとっては、経営者が、そのトップが関与していると否とにかかわらず、不正事件の抑止力という観点からは、「不正事件の芽が出る前に潰す、あるいは芽が出た早い段階で摘み取る」機能こそが重要であると考えております。

今般の2社のうち1社は日本内部監査協会の会員でもありました。もう1社は過去において会員であり、現在でも協会の研修会に参加しています。日本内部監査協会としては、会員に対するサービスの提供という点で、やはり何かが足りなかったのではないかと大いに反省しなければならないと考えています。

監査が不正に対して機能するためには、やはり監査に携わる者が確固たる信念をもつとともに、なんといっても独立性を確保して、不正に対して厳正に対処することが肝要であります。加えて、これを可能ならしめるような制度上の担保が必要となります。

内部監査について述べますと、米国や英国では制度として、ニューヨーク証券取引所の上場会社規則において、「上場会社は内部監査部門をもたなければならない」とされています。ロンドンの証券取引所の上場会社に対する英国のコーポレートガバナンスコードには「監査委員会——日本でいう監査役会——は、内部監査業務が有効に機能しているかについて監視・精査すべきである」と記されています。このように、米国や英国の上場会社は、現に、内部監査という企業内での自律的な機能を有することを市場という公の場から求められているわけです。

こういう制度上の担保によって、多くの内部監査人が自らの職務の公共性について自覚をもって、組織の論理を優先せずに不正に立ち向かう一助といいますか、人によっては不正に立ち向かう勇気になっているわけです。

わが国でも、一部の企業ではすでに自発的に内部監査部門について、有価証券報告書等に記載されています。これをさらに一歩進めて、有価証券報告書や東京証券取引所のコーポレートガバナンスに関する報告書において、国際的にも公認されている公認内部監査人（CIA）の人数を記載するなど、内部監査についての具体的な説明を勧奨する、場合によっては義務づける、といった対応をとっていただいてはいかがかと考えております。

いかにして不正を防止するか、早期に発見するかについて、一つお話をしたいと思いますのは、2002年に経営破綻した米国のワールドコム社では、内部監査人協会の会員であって、公認内部監査人の資格を有する内部監査部門長のシンシア・クーパー女史が、内部監査基準に従って通常の内部監査業務を行っている中で、固定資産について経営者による巨額の会計不正を発見いたしました。彼女はまず、直属の財務最高責任者に報告しましたが、そこで内部監査の延期を命令されたわけです。そこで、監査委員会に直接報告して、巨額の会計不正が明らかになったとされています。

彼女の一連の行動は、まさに内部監査基準に従って行われたものでした。彼女はこの功績により、2002年のタイム誌のPerson of the yearに選ばれまして、同誌の表紙を飾りました。ここにアメリカにおける正義の社会風土が感じられます。ご存じのように、ＧＥ社のジャック・ウェルチ最高経営責任者も内部監査部門出身の経営者であったわけです。

こうした事例からも内部監査基準遵守の重要性が明らかであります。現在、わが国においては国際的にも認められている公認内部監査人（CIA）が6,000人を超えておりまして、この人材、資源を大いに活用することが期待されます。公認会計士や監査役におかれましては、内部監査との連携を高め、その内部監査の結果の活用を図っていただきたいと

思います。また、市場関係者、法務関係者、とりわけ学問の世界からは、企業の経営者に、なかんずくトップに対して、内部監査の活用を啓蒙していただきたいと思います。

最後に、会計プロフェッションの役割・課題はなんだろうかということですが、監査に携わる人間は現実的には報酬契約や雇用契約などにより、企業と密接なかかわりを有しているわけです。したがって、企業の存否を決定しかねない重大な不正事件に直面した際には判断に迷うことがあろうかと思います。そのときに、やはり自らの良心に従って不正に対処することが大切であります。

しかし、このことはそれほど容易な話ではないと思います。過去においても、会計以外で、食品会社による各種偽装問題や自動車メーカーによるリコール隠し問題などがありました。こういう不祥事については、会計不正以上に、財務諸表監査によって発見することが困難です。しかし、こうした事案は、ひとたび明るみに出ますと企業の信頼を失墜しかねず、財務諸表の数値にもいずれ影響が出てきます。会社の存亡にかかわる重大な事件にまで発展します。

今後、企業はますます広く、いわゆるコンプライアンスの問題、特に大企業の税務コンプライアンスの維持・向上、他の監査の目が行き届きづらい組織の隅々で生ずる問題をチェック・判断しなければならないわけです。それが大きな不正の発見につながることにもなります。もちろん、内部牽制、内部統制、内部通報などの仕組みも大事です。そういうなかで内部監査は、会計も含めて業務全般をチェックし判断する立場にあるわけですので、内部監査に求められる責任には重いものがあると考えます。

監査と市場にかかわる関係者がそれぞれの立場で努力し、連携を高めていくことが大切です。それを可能とするためには、監査に対する経営者による理解及び社会的な理解、不正を是認しない、許さない企業風土及び社会風土が不可欠であります。

とりあえず、以上、私からの報告とさせていただきます。ありがとうございました。

八田 どうもありがとうございました。以上、お三方のご報告は、今回の事案を振り返ってみても、それぞれご自分たちの領域にとって重要な問題意識を有しているというご発言であったと思います。

それでは、少し立場を変えまして今度はマーケット、市場の立場からということで、株式会社東京証券取引所グループの斉藤さん、よろしくお願いします。

2.4 斉藤惇氏「わが国の証券市場に対する投資者からの信認の向上を目指して」

斉藤 斉藤でございます。

今回のテーマになっております二つの会社の事件があまりにも軌道を逸した事件であるために、日ごろ我々が言っておりますコーポレートガバナンスあるいは内部統制の論議の上で、うまくまとめ切らないのは事実であります。つまり、本件では、先ほどからお話がありましたように、トップ自らが先行して常軌を逸した行為を行っています。これまで、我々は、プリンシパルである株主から委託されたエージェントである経営者がいかに株主の負託に応じて公明正大かつ社会的使命を果たしながら企業価値を増大していくかというテーマで、コーポレートガバナンスに関する議論を展開してきましたが、今回は完全な刑事事件でありまして、一般的に言われるコーポレートガバナンスの領域から逸脱したような非常識な事件であると位置づけます。

釈迦に説法ですけれども、もともと株式会社が出てきた16世紀以来、株式会社制度では高い倫理観を求められていました。すなわち、キリスト教文明をベースとしてつくられた株式会社制度の下で、プリンシパルとエージェントという理論が確立され、エージェントは、プリンシパルに対して公明正大に情報を公開し、結果としてリターンを極力最大化することが当然と考えられてきました。

リターンを最大化するというと「偏った市場主義」という言葉で批判される方がおられますが、それは基本的なことを全く理解されていない方の表現だと思います。リターンを最大化するために、なにも社会的な倫理とかバランスとか、あるいは労働者・従業員を犠牲にしていいとは一言も言っていないのでありまして、むしろそれは、本来ガバナンスによって禁じられる行為であります。それはアダム・スミスがはっきり述べているところでありまして、企業経営のリターンは、一部はキャピタルリサイクルへもたらされ、最終的には当時の社会的下層階級へお金が回っていく。それを最大化するための組織として株式会社はできてきているわけであります。では、それを誰が見ていくか。もちろん、それは当時キリスト教文明をベースとする厳し

い倫理観に訓練された人たちによってウォッチされていくような制度であったと思います。

日本でいつも混乱しますのは、まず、かなりの経営者の方々がデットとエクイティの峻別がはっきりわからない。上場会社のトップでもはっきりそれを認識しておられる方は非常に少ないです。毎年、青山学院でお話しするときにも言いますが、WACC（加重平均資本コスト）に対するリターンの最大化、どのようなデットとエクイティを組み合わせて最大のリターンを得るかというときに、WACCを計算するにあたっては必ずリスクファクターが入ってくるはずでありますから、おのずから自社としてどういうリスクをとるのか、その中でどれだけのリターンを求めるかが出てくるわけであります。そのときにエクイティリターンが高く出てくるような経営をするのが普通の会社経営であり、それが株価に表れてきます。

したがって、必ずしもROEだけではなく、投下資本に対するリターン、すなわちROIC（投下資本利益率）であったり、あるいはキャッシュフローであったりしますけれども、いずれにしても一連の数字が高く出る結果として株価が上がります。株価は結局、自分の企業の経営のパフォーマンス、成績表であるわけであります。

問題は、その成績表に出てくる数字を犯罪的にごまかしていたというか、これは一種の窃盗に近いと私は思いますけれども、そのようなことをやっていたということですから、まさしく株式理論や資本理論からいっても成り立たない行為をやっていたということで、上場している資格が全くない会社であることになります。

いずれにしても、私どもが常に申し上げているのは、エクイティバリューを上げる経営をやらないと、結局はビジネスモデルそのものが崩壊していく。一時、「ゾンビ企業」という言葉がありましたけれども、ROEが1～2％の企業を、従業員の問題あるいは企業規模が大きいなどいろいろな理由で、一部国の金を使ったり、あるいは株主のお金を無駄遣いしたりして、様々な形でなんとしてでも生き延ばした結果、日本経済そのものが、有効な資本市場をもっている韓国や中国にどんどんやられてしまっているわけです。現実に何度も我々はそれを繰り返してきましたが、もはや目の前でパフォーマンスギャップが出始めているということでありまして、そこに出てくる基本的な数字そのものを悪用することは、何度も言いますけれども論外であります。

できるだけ正しい数字をどのように求めるのかが今日の一つの課題かもしれませんけれども、我々が求めたいことを一言で言えば、取引所ではでは「独立役員」という言葉を使っていますが、必ずしもそういう言葉にこだわることなく、非業務執行者の権限を上げなければならないということだと思います。非業務執行者に対する業務執行者（CEO）の影響力が非常に強い組織では、業務執行者が行うことをウォッチする制度になっていないということであります。我々は単純なことを求めておりまして、場合によっては業務執行者に疑問を呈する等の法的な権限を与えてもいいわけです。

例えば、オリンパスのケースでは、中から疑問を呈した人は左遷をされて、大きな被害に遭われました。事件になって、彼は名誉を回復しているようですけれども、あそこまで事件にしないと、普通のサラリーマン社会では、業務執行権限をもっている人によって徹底的にいじめられてしまう。身分が守られていない人たちに業務執行者を監視しろといっても、それは酷だと思います。

あるいは、事件がありましたけれども、外からせっかくお入りになっている監査役の方が、何か不正を感じ取って、業務執行者（CEO）に資料を出すように要求したところ、「資料を出す必要はない」と言って拒否された。それに対して、結局、どういう形で抵抗したかというと、その社外監査役の方はお辞めになりました。そして、ただそのことがディスクローズされた程度です。こういうことをやっていた結果、当然、そのようなところの株は暴落していますけれども、株が暴落していることに対して、CEOは何も痛感していないような問題があるわけであります。

したがって、我々は、はっきり見

斉藤 惇（さいとうあつし）

1939年生まれ
1963年野村證券に入社。常務取締役、専務取締役、副社長を歴任。
2003年産業再生機構の社長に就任。多くの再生支援案件を手がけ、我が国の不良債権問題解決に大きな役割を果たす。
2007年6月、東京証券取引所の社長に就任。同年8月市場運営会社及び自主規制法人を傘下に持つ持株会社、東京証券取引所グループの初代社長に就任。

える株価を上げるためのリーズナブルなリターン、ROEだけではありませんけれども、キャッシュフローとかROICとかそういうものが高くないと効果的な経営が行われているとは言えず、資本そのもの、特にエクイティ資本が浪費されている、ということを繰り返し申し上げているわけであります。

ご案内のとおり、日本のROEは平均で4％から5％です。我々がよく親しげに言うドイツのROEは13％です。また、アメリカで15％、イギリスで17％ぐらいです。アメリカの株価はすでにリーマンショック以前の株価に戻っておりますが、日本の現在の株価はリーマンショック時の64％程度にとどまっております。こういう格差がどんどん出てくる結果、国家の、あるいは我々社会がもっている資本コストが悪化し、日本の力がどんどん落ちているのは厳然たる事実であります。

したがって、これは単なる一つのスキャンダルというよりも、経営者全員がいかにして客観的な目で、批判を浴びながら、むしろ真摯にそれに応えて効率的な経営をしていくか、というテーマを再び投げかけていると思います。

八田 ありがとうございました。今日は企業不正をテーマに議論していただきますが、つまるところ、国の経済の根幹を揺るがす大変な問題であるといったご指摘をいただきました。後ほどの討論がたいへん楽しみになってまいりました。

ただ、先ほど、「上場の資格なし」と明言されておられた企業がいまだに上場を継続しているのは少し不思議な気がしないでもないですけれども、そのへんはまた後ほど伺いたいと思います。

それでは、最後になりましたが、国広総合法律事務所の國廣さん、よろしくお願いします。

2.5 國廣正氏「日本型企業不祥事とその対応」

國廣 弁護士の國廣と申します。今日は「企業不正を巡る諸問題」ということで、私の実務体験に基づいたお話をさせていただければと思っております。

オリンパスの事件等を見て、「あれはひどい。でも、うちの会社はあそこまでひどくない」というような感想をときどき聞くことがあります。しかし、私は、必ずしもそのように対岸の火事視してよいのかという疑問をもっています。そのためには、まず、オリンパスの例に見られるような日本企業の不祥事の典型例、日本型の不祥事とはどういうものかを整理する必要があると思います。

私は「オリンパス型」と仮に呼んでいますけれども、日本の企業不祥事のスタートは、一部の欧米型に見られるような、会社の金を100億200億と経営者が取って、プライベートジェットに乗っている、南の島をもっている、こういうものではありません。

すなわち、「自分のポケットに入れているのではない。会社のためだ」というところに特徴があるわけです。「オリンパス型」でみますと、最初は違法行為ではない。すなわち、財テク自体は違法行為ではない。ただ、そこで失敗をしますと、その失敗をそのまま公表すると会社のためにならない、会社の信用が落ちる、したがって今公表をするのは会社のためにならない、なにも自分のためではない、会社のためだ、という正当化理由から始まるわけです。

そうしているうちに、あるいは会計基準の曖昧性に目をつけて、必ずしも開示が求められているとまでは言えないというところからスタートして、先送り先送りして、いずれは公表するつもりだというような正当化が入ります。そうこうしているうちに手遅れになって、もはやどうしようもない、ここまで来たら隠し通すしかない、というかたちで行くわけであります。そして最終的には、今回の場合は新社長の内部告発のようなものですけれども、内部告発一発で破綻する。

このパターンの特徴は、先送り、あるいは集団的無責任、そして、不作為隠ぺいという能動的なというよりは非開示という行為、これがいってみれば日本的な、すなわちオリンパスに見られるような典型例ではないかと思います。

そのように考えますと、まさにどこの企業も、どの組織も、自分の中に多かれ少なかれあるオリンパス的な問題とどう闘うのかという実務的な観点がないと、単なる制度論だけでは対応できないのではないかと思うわけであります。

先ほど、太田さんでしたか、「ムラ社会」というようなお話をされましたけれども、これはまさにその問題であるわけです。そうしますと、では、不正防止のためには何が必要かというと、いくらいろいろな人を配置しても、みんなが同じムラの住人であると機能しない。したがいまして、大事なことは、ムラの外から人を入

れる、こういう観点になるのだろうと思います。

そこで、例えば、その一例として言われるのが社外取締役の義務化などだろうと思うわけです。では、社外取締役を入れればガバナンスは機能し、大不祥事は未然に防止されるのかというと、そういうわけにはいきません。オリンパスも社外取締役は3人いましたし、社外監査役もいたわけであります。

そのことから考えると、ムラの外の人を入れるというのは必要条件にすぎない。すなわち十分条件まで考えなければいけない。その十分条件とは何かというと、すなわちそれは「制度を機能させる」ということです。

では、機能させるには何が必要かとなりますと、いくつかのファクターがありますけれども、今日は一つだけ申し上げたいと思います。それは「情報」であります。すなわち、どんなに独立性が高く公正な社外役員がいても、社長の不正行為を止めるだけの気概のある人がいても、そこに、こういう不正が行われています、こういう問題があります、という「情報」が入らない限りは機能できないわけです。

そこで、キーワードである「情報」には何が大事なのかが次の実務的な問題になります。

まず一つは、社外役員にどう情報を伝えるかという問題ですけれども、私自身、いくつかの会社の社外取締役や社外監査役をやっていますが、やっていて感じることがあります。大企業になりますと、組織が大きくなりますと、情報は、社外役員はおろか普通の取締役等にもなかなか入りにくいものです。そうだとすると、特に社外役員に求められるのは何かというと、やはり自分から取りにいく姿勢ではないかと思います。

いろいろな開示資料には、社外役員の取締役会出席が1年間で16分の14とか15とか、そういう取締役会出席回数は開示されています。これは、怠けている人を切るためにはないよりはましという程度だと私は思いますけれども、しかし、実際に社外役員になってみると、実は取締役会に出ているだけでは、もちろん重要な事項の審議は行われるわけですけれども、仮に問題行為があったとしても、隠しているわけですから、それはあがってこないものです。

このような観点からすると、まさに社外役員のマインドなり実務的姿勢の問題として、取締役会ないし監査役会に出ればいいのではなく、それ以外に、いかにいろいろな説明を求めるのか、あるいは場合によっては自分から現場に出かけていくのか、という姿勢こそが大事だろうと思います。ここは日本の社外役員はとても弱い点だろうと思います。

私の実体験からしますと、時間的にいいますと、取締役会ないしは監査役会に出ているエネルギーを1とすると、それ以外のエネルギーは3か4というような感じがします。だからといって、なんでも取れるかというとそうではないですけれども、やはりそのような姿勢が社外役員には必要だろうと思います。これが第1点です。

第2点は、情報を取得するために必要なものとしての内部通報制度です。内部通報制度は実に機能いたします。それは何が典型的に示しているかというと、オリンパスです。すなわち、オリンパスは、先ほどのご説明にもありましたように、内部通報者を差別して徹底的に窓際に追いやったということ、これは最終的にはこの前の最高裁判決で違法性が認められましたけれども、そのような実例を示すことによって、内部通報をするとえらいことになるという観念を社員に植えつけていたわけです。

オリンパスがあれだけの飛ばしをやり続けたのは、2人や3人の企業経営者だけでできるわけではなく、必ず実働部隊がいるはずです。その実働部隊の1人でも通報すればどうにかなったかもしれない。しかし、実働部隊の中からそのような発想は出なかったところに、まさにそれが表れているのではないかと思います。

もう一つは、これも新聞報道や第三者委員会報告書に書かれています

國廣 正（くにひろ ただし）

弁護士・国広総合法律事務所パートナー
1955年大分県生まれ。東京大学法学部卒業。
危機管理、企業のリスク管理体制構築（コンプライアンス・コーポレートガバナンス・内部統制）、訴訟（会社法・金融商品取引法などの領域）。多くの大型企業不祥事の危機管理、第三者委員会調査などを手がける。
三菱商事（株）社外監査役（2012年〜）、東京海上日動火災保険（株）社外取締役（2007年〜）、積水化学工業（株）社外監査役（2006年〜）、消費者庁顧問（法令遵守調査室法令顧問 2009年〜）、内閣府顧問（法令遵守対応室法令顧問 2004年〜）。
主な著者は『修羅場の経営責任 — 今、明かされる「山一・長銀破綻」の真実』（文春新書2011年）、『「企業等不祥事における第三者委員会ガイドライン」の解説』（商事法務・共著 2011年）、『それでも企業不祥事が起こる理由』（日本経済新聞出版社 2010年）、『内部統制とは、こういうことだったのか』（日本経済新聞出版社・共著 2007年）、『コンプライアンスのための内部通報制度』（日本経済新聞社・共著 2006年）など

けれども、内部通報の社外窓口を設置しようという提案を首謀者の1人が潰しています。つまり、社外窓口を認めると、本当のことが出てしまう可能性があるからまずいわけです。というようなことからすると、逆に考えれば、内部通報は極めて有効に機能しうるということで、これをいかに社外役員につなげるか、あるいは監査役につなげるか、という問題だろうと思います。

では、内部通報制度は社外役員なり社外窓口につなげさえすれば機能するのかというと、そうではありません。すなわち、一般の社員からすると、社内であっても社外であっても、内部通報は心理的バリアが非常に高いわけです。

したがいまして、制度を本当に機能させようと思うのであれば、例えば実績開示、うちの企業グループでは去年は15件、あるいは30件通報があったという情報を社内にどんどん発信し続けること、あるいは内部通報制度を不断にアピールすることが必要だろうと思います。

一例としては、私は内閣府の内部通報窓口などもやっておりまして、公益通報者保護法の主管官庁であるということでかなりアピールして、通報も多いですけれども、内閣府の職員向けの内部通報窓口の外部窓口が私の事務所になっており、内閣府の中で制度を浸透させるためにパンフレットをたくさん配りました。通報しても不利益はないことと、外部窓口は國廣という弁護士であり、「國廣弁護士は当局の言いなりにならない人なので安心して通報してください」というようなことを内閣府自身がいっています。変な例ですけれども、そういう実際の働きかけがないと、制度だけではだめだということが言えるだろうと思います。

監査役会、内部監査部門、会計監査人の連携については、私からは今ここでは申し上げません。

それから、第三者委員会につきましてもこのあと議論されると思いますけれども、一つだけ申し上げますと、第三者委員会が最近、いろいろなプレゼンスを高めておりまして、玉石混交の面もあるのではないかと思います。

しかし、大事なことは、完全でない第三者委員会をだめとかおかしいというのではなく、当局の、すなわち東京地検特捜部の告発を待つような受け身の姿勢ではなく、市場あるいは企業自身が、単に法律構成要件に該当するのか、有罪か無罪かではなく、背景、ガバナンス状況、あるいはコンプライアンスの意識まで深く自ら専門家である第三者の手を借りて調査をし、その実態を公表することは、いわゆるソフトローという場面の、日本の資本市場の透明性を高める一つの重要な制度ではないかと思っておりますので、これについていかに育てていくのかがこれからの大事な課題であろうと思っております。以上です。

3. パネル討論会

3.1 経営者不正事件に関しての感想

八田 それでは、これから討論に入らせていただきます。

今日のパネリストの方々全員が、「企業不正」そして「昨今の」というキーワードの中で、具体的にオリンパス事件を考えておられたものと思います。

ただ、昨年に時を戻していただきますと、もう一つ、とんでもない事件がありました。つまり、オーナー企業のご子息が100億円を超えるギャンブル資金を関連企業から引き出していたこと、これもたいへん驚く話でありました。つまり、大王製紙の会長のいわゆる私的流用に伴う資金が関連する子会社等から引き出されていた事案、これは法律上は、自己取引に該当するものでしょうから、当然に、当該企業の取締役会の承認を得るとか、その場合には返済期限あるいは貸付けの金利、担保の有無等々、これは当然会計マターにもかかわってくるわけであります。そこで山崎さん、外部監査という視点から見たときに、この問題についてはどのような感想をおもちでしょうか。

山崎 大王製紙の問題も、今、日本公認会計士協会で調査中でございますので、なかなか申し上げづらいことではありますけれども、今、八田さんのお話にもありましたように、大王製紙の問題は、われわれでいう関連当事者取引に該当するものでございます。

これは、連結に入るべき会社が外れていたのではないかという議論もありますが、連結に入っていないということであれば、連結財務諸表外のオーナー会社、オーナーのもっている会社からお金を引き出したということで、関連当事者ということになります。残念なことではありますが、そこの会社の経営態度がどのようなものであったのか。非常に特殊な会社であったらしいことは、第三者委員会報告書あるいは報道等で報道されております。

私も経験がございますけれども、通常はオーナー会社はだいたい会社と取引してはいけないものでありますし、そもそも、オーナー会社が本業の会社と取引を行ってはいけないというのが、確か、新規上場の際に厳しく指導すると思います。

　それをわかっていたのかわかっていなかったのかはありますけれども、そういう問題もありますし、監査人の問題もあるだろうし、この事件の背景には非常に複雑な、解明されなければいけない内容があると感じております。

八田　お立場上、なかなか立ち入ったお話が聞けないのは少し残念です。

　では、太田さんに伺いますが、これらの子会社は、みな株式会社ですから、当然、最低のガバナンスシステムとして監査役さんがいたはずです。これは全く機能していなかったのでしょうね。

太田　実は、この大王製紙の問題は、確かにおっしゃるようにガバナンス上の問題という捉え方もあると思いますが、私は、もう少し違った、もっと一般的な見方しかしておりませんで、無能な経営者が、個人の財布と会社の財布の区別がつかないまま、要するにスキャンダルというような捉え方しかしておりません。これはまさに企業不祥事ですが、企業統治論とか、あるいは監査役論とか、そういう観点から本当に真正面から取り組んでいくに値するようなテーマだろうか。実は率直にそういう感じがしておりまして、不勉強を恥じるようですが、あまりスタディーはしておりません。

　ただ、当然のことながら、新聞等々各種の報道で出ておりますし、今、山崎さんもおっしゃいましたけれども、関連当事者間取引であったり、あるいは一定の貸付けという項目がきちんと記載されていたにもかかわらず、そのことに対して、例えば外部監査人がグッドクエスチョンを発していなかったのではないかというような報道を見るにつけ、これはいったいどういうことだろうか、当然常識的に感ずる疑問を感じない専門職とはなんだろうか、そういう印象が非常に強い事案ではないかと思います。もちろん、監査役の責任も問われるべきでしょうが、詳細は把握できておりません。

八田　斉藤さん、これは上場会社です。その後、再編が起きて、つい先般、他の製紙会社の提携が入ったということで、これは会社の存続をも揺るがすような大事件に発展したと思います。こういう事案はマーケットの立場からどのように評価されるのでしょうか。

斉藤　その前に、誤解のないように正確に申し上げますが、今、オリンパスは上場しておりますけれども、特設注意市場銘柄に指定されております。これは私が東証に入ってからつくったルールですけれども、日本の場合は、それまでは、なんらかの不祥事があるとサドンデスか生き延びるか極端で、どちらか二つしかありませんでした。

　私が産業再生機構時代にカネボウを処理したときに、いろいろな会計事務所の方々にもご迷惑をかけましたけれども、東証はとにかくカネボウを上場廃止すると言う。しかし、上場廃止しかないのか、もう少し企業を再生する方法はないのか、ということをテーマとしてあげておりました。

　その後、たまたま東証に入ったこともありまして、上場廃止とする前にプロセスを踏もうではないかということで、3年間の時間を与える制度を作りました。1年ずつ徹底的に見ていって、3年たっても満足する状態になければ上場廃止はありえます。ですから、八田さんの厳しい指摘がありましたけれども、正しく申し上げれば、現状は特設注意市場銘柄に指定しているという状況であります。

　ご質問に対する答えでありますが、まさしく太田さんがおっしゃったように本当に考えられないです。例えば、退職なさった方あたりが上場会社を見ておもしろそうだなとか、四国あたりの方々であれば、地元の産業として大きいな、いい経営をしているのだろうな、ということで退職金などを入れて株を買われる。誰も保証しない投資です。そして、企業はそれを自己資本として自由に使う。そういう自由を与えられて企業の経営を負託されたという意識が全くない。人のものは俺のものというような意識しかない。こういうのをどう正すのかは非常に難しいと思います。

　もちろん、監査などがありますが、ほとんどのケースは、監査役の方々あるいは会計士の方々は向こうから出てくる数字しか見ることができないと思います。検察ならば、がさを入れてというのはあるでしょうけれども、それは現実的にはなかなかできませんので、理論的な疑問を呈していくしかない。それを向こうが一致団結してまとまって強硬にうそを言ってきた場合、これはなかなか見つけがたい。

私は、今、國廣さんがおっしゃったように、内部告発を誘導するというか、むしろご褒美をあげるぐらいの内部告発制度をつくって、それを経営者がみんな、特に少なくとも上場会社の経営者はそれを積極的に認めていくというか促進していくようなカルチャーというか制度をつくる必要があるように思います。

八田　ありがとうございます。ところで、國廣さん、この事案は、先ほどの日本型企業不祥事の中では少し説明しがたい事案ですね。これはどのように理解していけばいいのでしょうか。

國廣　日本企業もインターナショナルになったものだと思いますけれども、私の感想は、今、斉藤さんと太田さんがおっしゃったことに全く同感でありまして、ケースとしては特異なケースではないかと思います。

　ただ、時代の大きな流れというか変化とともに、こういう系統の事件もこれからは出てきうるのではないか。したがって、これは特異なケースだから例外だとおしまいにしてしまうのではなく、こういうタイプの事件も今後起こりうるということで、ウォッチをする視点が関係者には求められると思います。

八田　ありがとうございます。せっかくですので、伏屋さん、大王製紙の事案について、ご感想があればお願いできますか。

伏屋　創業者一族出身の経営者という、組織内で絶対的な地位をもっている人による不正です。確かに、上場会社では全く異例かもしれませんが、もっと目を広げて中堅会社あたりで考えますと、特異な例ではないでしょう。いずれにしても、内部監査の立場からいいますと、基本を大事にして、いわば芽が出る前になんとか発見する。発見したら、先ほどから出ておりますが、内部はもちろん、今、外部にも通報することはできないだろうかという議論が国際的にはされています。

　そういう意味で、これからも経営者、しかもそのトップに近い立場にある内部監査は、その点をよく自覚して努力しなければならない。その結果を、少なくともトップには伝えにくくても、直ちに組織内で共有するように努める。また、会計監査人、監査役と連携を強めることだろうと思います。

3.2 不正事件の最大の問題ないしは課題

八田　どうもありがとうございます。

　それでは、少し話を戻しまして、やはりメインテーマは、オリンパス事案をベースにした現状を踏まえて、今後のあり方がわれわれに課せられている課題ではないかと思います。こういった企業不祥事とか企業に何か問題が起きると、昨今、「第三者委員会」とか「社外調査委員会」とか名称はいくつかあるようですけれども、そういった外の目線を入れた自主的な浄化作用を踏まえた調査結果が出されるのが常であるようであります。

　個人的には、このこと自体に非常に疑念をもっている者の1人でありますので、その質問も後ほどさせていただきますが、まず、國廣さん、第三者委員会の果たすべき役割、あるいは、不祥事問題への対応としての第三者委員会について、弁護士の立場でどういう評価をされているのでしょうか。

國廣　第三者委員会は、これからさらに機能していくことが求められるし、重要な制度であると思っております。

　基本的に申しますと、何か問題が起こったときに、では、どのようにそれに規律をかけていくのかというときに、これまではなんでもかんでも東京地検特捜部様でした。すなわち、経済事案について何か起きたら、とにかく刑事事件というかたちで東京地検特捜部が出てきます。AIJなどそれが必要な事案もあります。しかし、刑事事件は劇薬でありますし、かつ、犯罪構成要件事実があるかないかだけの勝負です。しかし、問題の背景になっているガバナンスのようなところは一切抜け落ちてしまうわけであります。

　そうしますと、大事なのは透明性と何が起こったのかという説明責任で、それによって失敗例の共有化が必要です。ところが、それを果たすためには司法制度は不向きです。つまり、裁判によっては、いわゆる経済的な実態あるいは組織の問題点の真実は非常に見えにくい。

　そのような意味において、一つは調査報道のようなかたちで事実を明らかにし説明をしていくことも、広い意味でのソフトローの大事な一つの機能だろうと思います。当然、その役割も大事ですけれども、限界もあります。そういうなかで、問題が起こったあとに外部の第三者が、もちろん契約に基づいて、法的権限そのものではないけれども深く入っていって事案を厳密に検証し、かつそれを説明する。これは私は非常に大事であると思います。

　では、第三者委員会であればなん

でもかんでもうまくいくのかといえば、もちろん非常におかしな第三者委員会もありますので、これからは第三者委員会の中でも、いいもの、悪いもの、おかしいものの評価をしていかなければいけませんけれども、第三者委員会の制度自体は、先ほど申しましたように、そういう意味でワン・オブ・ゼムですけれども、市場規律の機能を果たしうる大事なものであると考えますので、変な第三者委員会があるからやめようではないかではなく、どうすれば第三者委員会をもっと機能させていけるのかを考えてこれから育てていく、これが進むべき方向であると私は考えています。

八田 ありがとうございます。

まず、私が一番疑念に思うのは、昨今言われている企業不祥事の99％は会計不正に絡んだ問題です。にもかかわらず、第三者委員会の構成メンバーの大半は法律家主導型です。山崎さん、会計士の役割はないのでしょうか。あるいは、会計士の先生方はこういったものに対してどういう関心をもち、ないしは協会としてどのようなスタンスで捉えておられるのでしょうか。

つまり、國廣さんの前でたいへん失礼な発言をしますが、法律家の先生方はほとんど簿記を知らない。そして、会計もよくご存じない。國廣さんは別であります。長銀の判決を見ても、おそらく日本で一番最初に法律の場において会計的な視点を披歴されたのは國廣さんだと、私、尊敬していますので、少し例外ですが、ほかの方は、あの本でも「弁護士は会計を知らない」と國廣先生もおっしゃっていますから、なぜそこで会計士業界はそういうことにコミットしないのでしょうか。

山崎 第三者委員会に公認会計士が入っていたケースも現実にございます。オリンパスのケースでも、公認会計士でなければ解明できなかったことはかなりあるだろうとは思いますが、私どもは、監査がどうであったかを第三者委員会の立場でうんぬんしていただいては困る、というのがまず基本的な立場であります。

第三者委員会はまさに第三者ですから、第三者の立場で事後的に、監査がどうであった、あるいは経営がどうであった、あるいは実態がどうであったということを把握されるのでしょうけれども、会計監査について言及される場合にはそれだけでは非常に困る。会計監査については基本的に、当事者である会計監査人、それから、われわれのルールでは日本公認会計士協会しか、事後的にどうであったかを判断することはできないわけであります。

そういう意味で、問題の所在がなんであったかは結構ですけれども、会計監査人がどうであったか、会計監査が十分だ不十分だと言われるのは非常に迷惑である、というのが日本公認会計士協会の立場であります。

このことについては日弁連にいずれ明確に申し上げなければいけないと思っておりまして、日弁連の第三者委員会のガイドラインについては改正を要望することになると思います。

八田 私も全く同じ問題意識で、会計のことは会計の専門家に聞け、監査のことは監査の専門家に聞けということで、もしも第三者委員会というかたちで調査するならば、あれは会計専門家によるピアレビューと考えてもいいと私は思っています。ですから、会計の専門家がもっと会計マターにコミットしていただきたいというのが一つあります。

それからもう一つは「第三者」という言葉です。これはおそらく、私が監査論の勉強をしたときには、「第三者の立場で監査をする」ということで、公認会計士や監査人の修飾語として使っているわけですが、この言葉には三つの意味があると私は思っています。つまり、独立性と専門性と透明性です。第三者委員会が行った作業結果は企業価値を棄損してしまった不祥事についての調査を行うために、株主利益を使って調査費用を払っているわけです。一説によると膨大な調査費用を第三者委員会に払っているのではないかという指摘もありますが、その金額はどこにも開示されていない。第三者委員会の報告書の末尾に、この一連の報告に幾らかかったかを明示していただきたいと思っていますが、國廣さん、いかがですか。

國廣 私は、日弁連の第三者委員会のガイドラインをつくったメンバーの１人でありますが、まず、弁護士だけでやれなどとは全く言っていないわけで、公認会計士と一緒の第三者委員会の調査は非常に多いです。

それから、先ほど申しましたように、第三者委員会の調査は、ある会計監査だけを俎上にあげて、これが正しいか間違っているかというものではありません。先ほども申し上げましたように、なぜ、どこからこの問題が始まり、そのときにガバナンスはどうであって、そのときに周りはどのような対応をし、あるいはし

なかったのかというような、まさに企業体質とか、防ぎえなかったコーポレートガバナンスないしコンプライアンス上の不全といったものを広く検証するわけです。

したがって、会計不正の場合は会計処理そのもののイエスかノーかは最終的には裁判所で決める話で、第三者委員会のテーマは、企業体質とか、そういうところまで入っていくわけであります。

したがいまして、第三者委員会という議論は、どの第三者委員会のどの報告書を念頭において議論するかによっても全然違うと思うので、あまり議論が空中戦になるのは適切ではないと思いますが、私は、八田さんがおっしゃるにもかかわらず、重要な機能があり、かつ育てていくべきだと思います。

それから、費用のことでありますけれども、第三者委員会報告書は、ある意味、企業の危機管理的な、要するに、何も報告しないままだと市場や世の中の信用を完全になくす状況で、まさに企業が自ら問題を提示する。

例えばオリンパスの場合、あの調査報告書のよしあしはありますけれども、私は、それなりにいいものではないかと思います。それによって、実際には菊川さんが中心になってやっていたのだという事実が明らかになる。もし、オリンパスで第三者委員会という形をとらず、東京地検の捜査待ちという対応であったらオリンパスは破たんしていた可能性が高い。この意味で第三者委員会は企業の危機管理の機能を果たしたわけです。そうすると、第三者委員会は、結局、企業価値を維持するために、総ステークホルダーのために、かつ、市場のためにも事実を調査し公表するのだと。そういう意味からすると、まさに企業のためであるから、経営者を弁護するための第三者委員会ではなく、まさに事実を究明し、今後に生かし、経営陣を助けるという意味ではなく、広い意味で企業を助けるためですから、企業からコストが出るのはある意味当たり前であります。

それから、第三者委員会ガイドラインにも、基本的には成功報酬制度はとるべきではないと書いてあります。なぜかというと、結果によってお金をもらえたりもらえなかったりすると経営者に迎合したものになるからです。したがって、われわれは、単純な時間制にせよとしておりまして、少なくとも私などが関与するのは純粋に時間だけです。ただし、時間を膨大にかければ膨大な費用になるのはしょうがないということであります。

八田 どうもありがとうございます。

第三者委員会についてこれ以上議論はしませんけれども、私が少し調べたところ、世界にはこういうものはない。では、例えば米国などの委員会設置会社はどうしているかというと、こういう問題が起きるとすべて社外の取締役だけで構成して調査等を行うということで、まさに社外取締役、社外監査役、社外役員の役割がかなり大きく出てきますけれども、日本はそのへんが非常に脆弱だと思います。

斉藤さん、不正問題に絡めて、社外役員の問題についてはどのような評価をされますか。

斉藤 今日のフィナンシャルタイムズに、ロンドンのLIBORのスキャンダルで、バークレイズ銀行が次の調査のヘッドとしてバイスチェアマンだった人を指名したら、10名ぐらいの大株主が「反対だ。外から連れてこい」という声を出しているという記事がありましたが、イギリスだなあと思いました。

第三者委員会については、実は、私も東証として國廣さんに「先生、やりましょう」と言った本人でありますので、八田さんには怒られてしまいますが、日本において、ベストではないかもしれないけれども、ベターであるという感じです。理想は、八田さんがおっしゃるように相当有能な社外取締役、ということは結局株主代表になるかもしれませんが、それがいいですけれども、日本にはそういうものはなかなかできない。

したがって、むしろベターなものとして、國廣さんたちと第三者委員会をつくろうと言ったわけです。ただし、ここに公認会計士を入れるべきでないというような話は全然出なかったと思います。そのような曖昧な答えですみません。

國廣 ちなみに、ガイドラインには、弁護士・公認会計士を中心に、特に会計問題に公認会計士は必須だと書いてあります。

八田 ゼロではないと思いますが、実際に、企業サイドは会計士の先生方をあまり選びませんね。私が申し上げたいのは、要するに会計マターが中心でありながら、4人いると1人ぐらい、3人いるといるかいないかぐらいのレベルで、会計の議論は非常に遠くにやられているのではないか、ということです。

しかし、公表される報告書は会計

問題についての取引の内容等が議論されているわけです。そして、当時の会計基準の問題とか監査的な視点という、まさに会計プロフェッションがコミットしなければいけない問題です。法律家によって正義を裁いてもらうという話ではないと思いますので。

斉藤さん、日本の場合、社外役員が十分ではないという話をしますけれども、そのへんに対する感想はいかがですか。

斉藤 社外役員の論議は、経済産業省あるいは経団連さんとかなり長い間やってきた問題で、落としどころとして、現在1名、しかもそれは「取締役」という言葉を使わないで「役員」という言葉で、このあたりが日本的ですけれども、独立しておられる取締役又は監査役の方を選任してくださいとしています。

では、結局、これがワークしたかしなかったかということを証明するのはなかなか難しい。よく言われるのは、例えばオリンパスのケースでは、先ほどお話があったとおり、形はとっていたけれどもワークはしていなかったではないかという反論で、本当の独立取締役を法的に要請しましょうという我々の意見に対して強烈な反対意見になります。皮肉ですが、オリンパスではワークしなかったからそういう教条的なことをやってもワークしない、だからやらない、という反論になる。

ですから、私が最初に少々意味のわからないようなことを言ったのは、会社を経営するということは、他人のお金をあたかも自分のお金のように使わせていただいて、自分が思い切ってリスクをとって事業をやるこ

とを許されている非常にすばらしい制度なので、その制度をリスペクトしてくださいということです。お金を出した人に対して、どういう事業をやりました、失敗しました、成功しました、今後こういうことをやりたいと思います、という情報を提供することになぜ躊躇するのか、実にプリミティブな段階で疑問があるわけです。

したがって、我々としては、できるだけ多くの社外取締役、独立取締役を入れていただきたい。これは経団連さんでいろいろご意見がありましたが、本当に嬉しいことに、日立製作所さんが先頭を切って思い切った改革をしていただいた。そして、住友化学さんもお入れいただいた。これは大きな動きになると思います。私は非常にうれしく思います。だんだん変わっていくのではないかと思っています。

八田 ありがとうございます。ところで、会計監査人、内部監査部門との連携の強化も踏まえて、日本の場合には、大会社の場合であればすでに外部の監査役さんが入っているわけであります。今の斉藤さんのお話にもありましたけれども、現実問題として、きちんと外の目、あるいは株主の立場といいますか、こういったモニタリング、監視の目は本当にワークしていると評価していいでしょうか。太田さん、いかがですか。

太田 一般的に回答することはまず無理だと思います。したがいまして、具体的な例で申し上げるしかないわけですが、私が今所属しております新日鐵という会社は、今、斉藤さんからご指摘もあったように、そういう勇気のある会社ではございません

で、社外取締役はまだ入れておりません。これから先はわかりません。それは、先ほど来申し上げている法制審議会の会社法制部会でどのような要綱案がまとまり法制化されるかと深く関係します。

しかしながら、言葉は悪いですが、いわゆる経団連銘柄の中でいいますと、今、約半数ぐらいの会社が社外取締役を配置しておられない。半数ぐらいが任意で配置している。義務化という前提ではございませんので、そういう事実がまずあります。

私どもも、そのノートリアスな例の一つかもしれませんが、キヤノンさんにおいてもしかり、トヨタさんにおいてもしかりということで、言葉を選ばずに言えば、いわゆるビッグネームの会社は、なかなかそこまで踏み込んでおられない。そういった観点で言いますと、日立さんの例は委員会設置会社というかたちであることもありますが、非常に思い切った一つのガバナンスの方向性を示したもので、私は率直に本当に立派な会社だと思います。

ただ、私ども新日鐵の事例でいいますと、なぜ社外取締役をおいていないかという理由は、あまりいい理由ではないですが、社外監査役が十分その機能を果たしているからという言いぶりになっているわけで、配置していない会社はだいたいにおいてそうだと思います。これが正当な理由なのかどうかは、当然ご議論があろうかと思います。

ただ、わが社の取締役会、あるいは監査役会、あるいは全体のガバナンスの中で、私自身も監査役を4年務めてきたわけですけれども、社外監査役の方にご発言・ご指摘いただ

いているご意見と、これはまだ想像の範囲でしかないですけれども、社外取締役のご意見・監視にいかなる差があるのか、実は、正直に申し上げて、私自身がまだ理解しておらないところであります。

それはなぜか、ここしばらく考えてきましたが、それはやはり日本の取締役会の性格にあるのではないか。つまり、よく言われますように、ほとんどの日本企業は、欧米型のように執行と経営監視の二分化がされていないのが実態です。そういう実態を前提にしたなかで、どういうガバナンス形態が機能するのかということで、まだ多くの会社が実は悩んでおられて、形としての社外取締役の導入に踏み切れないでいるのではないかと思います。

したがって、では、実態を直せばいいではないかということになるかもしれませんが、それが直せるのかは、まさに経営と執行とが混然一体となったガバナンスのかたち自身をまず認めたうえで、どのように機関設計をしていくのがその企業にとっていいのかということから出発しなければばらばいと思います。ただ、日本の企業も日本だけでビジネスができるわけではむろんございませんので、外に向けて、どのような発展型を示していくのかは大きな課題であると思います。

八田 ありがとうございます。

社外を前提にして、取締役と監査役は何が違うのかといったときに、取締役はいざとなったら社長の首を切れる、監査役さんはどんなにひっくり返っても社長の首は切れない、このへんの大きな違いはよく指摘されるところです。

アメリカ型の取締役会を見てみると、いわゆる日本的な委員会設置会社ですから、代表的なモニタリング母体として監査委員会がある。通常、監査委員会の委員長は配下に内部監査部門をスタッフ的に使っているということで、非常にわかりやすい仕組みになっています。

そこで伏屋さん、日本の場合、三様監査といって、制度的に三つの監査があるといいますけれども、実は内部監査はどこの法律にも規定されていないわけです。したがって、こうでなければならないというのは誰も言えないわけであります。そのためにバラエティに富んでいる部分もあるし、受入れも弱い部分があるのではないか。逆に自由にはばたくこともできるという発想もあります。

そのような状況の中で、今回の経営トップがかかわった一連の不祥事に対していま一度、内部監査という視点で見たときに、課題ないしは問題提起をお示しいただけますか。

伏屋 おっしゃいましたように、内部監査の立場から考えますと、先ほど、米国・英国の、いわば取引所の上場会社に対する規則等で、内部監査部門をもたなければならないとか、日本でいう監査役会は監視・精査しなければならないという規定があって、八田さんが言われたように法律ではないわけでございます。しかし、なぜ、アングロサクソンの国はこういうものを規定しているかということになりますと、やはり自分の会社のことを自分の会社でしっかり律することのできる企業を求めているのだろうと思います。

そういう意味では、結局、市場という公の立場から、内部監査という企業内での自律的な機能を有することを求めているという意味では、確かに法律には書いてないですが、それぞれの社会において、なんらかのコンセンサスがあるのだろうと思います。

先ほども申し上げましたが、今、わが国の内部監査基準は、国際的な内部監査人協会の、いわば国際基準の要請を、わが国の法令等のもとで満たすことができるようにつくられているわけです。それを遵守することによって、先ほどから出ております監査役、外部役員、独立役員、それから第三者委員会のような外部のものに対してもきちんと結果を示せるようなものを内部監査基準は求めております。

そういう意味で、一つは独立性も規定されておりますし、専門性も基準の中に入っておりますし、なんといっても、社外的な人、独立した人、さらには第三者的な人にきちんと説明できる内部監査の内容にならなければならない。そのためには国際的にも通用する内部監査基準を内部監査人に守ってもらうことが大事であると思います。

結局、それを企業の経営トップが理解しているか、さらには日本にそういう企業風土・社会風土が本当に根付いているだろうか、という問題になっていくと思います。

3.3 不正事件においてわが国の監査制度の役割

八田 ありがとうございます。それでは少し話を変えまして、今回の一連の不祥事を踏まえて、いわゆる企業監査としての、外部監査、内部監査、そして監査役監査といったチェッ

ク機構である監査にどういう役割期待が求められているのかがいま一度問われていると思います。

山崎さんの報告要旨にも「会計監査機能には限界がある。経営者不正そのものを発見することが求められてはいない。」という文章が示されており、今日のご報告の中でも明確にお話しされていましたけれども、これはほとんどの方が同意されると思います。

では、今般のようなオリンパス事件は経営者不正だから、見逃すあるいはそれを黙認しても外部監査にとってはなんら関係のないことだといえるのでしょうか。仮にそのようなことがまかり通ると、おそらく、少なくとも私が耳にする一般の人たちの声は、だったら外部監査はいらない、困ったときに株主が負担するなり少し損害を被ればいいのでしょう、毎年毎年数千万——それほど高くはないでしょうけれども——の監査報酬を払うぐらいだったら監査はいらない、というような若干諦めにも似た意見が出てしまうのではないかという危惧が一つあります。

もう一つご紹介しますけれども、「週刊経営財務」誌において関西大学の松本祥尚教授と本学の町田祥弘教授が3週にわたって企業不正と監査に関するアンケートの調査結果を分析・講評しています。母集団はそれほど多くなく100人ぐらいの回答しか出ていませんが、「企業が外部監査を契約するのはそもそもどのような理由なのか」という質問に対して、100人中90人がそれは金商法と会社法による強制があるからだ、それ以外の何物でもない、つまり、なければ頼まないというぐらいの極めてネガティブといいますか、後ろ向きな議論があります。

その回答の選択肢の中には、例えば「企業のイメージが向上する」とか、「資金調達コストが下がる」とか、「不正に対する牽制が働く」等々がありますけれども、それは回答数があまり多くありません。要するに、日本の場合、監査に対して、クライアントといいますか企業側もほとんど評価をしていないのではないかということです。

もう一つ、私も少し驚きましたけれども、現職の会計士の先生方に、「あなた方は、そもそも監査において不正を発見できると考えますか考えませんか」と聞くと、4人のうち3人は「発見できない」と答えています。もっと細かいいろいろな選択肢、条件があると思いますけれども、つまり、発見もできないし企業も期待していないのだったら、会計士監査無用論になります。このへんはいかがでしょうか。

山崎 会計監査は、資本市場に存在する会社にとって不可欠のもの、まずその入口です。前提であって、法律に書いてある書いていないはあとから来たものであって、斉藤さんが何度もおっしゃっていますけれども、市場からお金を集める、いわゆる他人のお金を預かって経営をすることについての監査は、全くもって前提条件でございます。

それで、経営者不正が発見できるかどうかについては、経営者不正を発見するために会計監査があるのではない。会計監査は、経営者不正も当然その中に入りますけれども、会計基準を遵守した財務諸表をつくっているかどうかで、経営者不正があれば当然、会計基準に遵守した財務諸表はつくれないわけで、そういうことも含めて、会計基準に対する適合性を監査することがわれわれの目的であります。

ということで、いってみればかなり限られた役割を期待されているということでございます。これはなかなか難しい答えですけれども、あえてお答えすればそういうことだと思います。

八田 外部監査だけではなく、監査という職能・機能に対しての理解というか、支援体制が極めて脆弱だと日ごろ感じるのですが、太田さん、社内におられて、そこそこ役員になる年代あるいは立場の方々が、「君は取締役」「あなたは監査役」と言われたらどちらを喜びますか。

太田 なかなかおもしろい質問ですが、どちらかを選べと言われたら、車にたとえていえば、やはりブレーキよりはアクセルのほうが普通はおもしろいと思うのではないでしょうか。ただ、利きの良いブレーキがなければ車は走らないことも事実です。私自身は、アクセルも何年かやりましたし、ブレーキも何年かやりました。それぞれにたいへん醍醐味のあることは間違いありません。

すでに次の問題に入っているようですが、先ほど、八田さんから山崎さんへのご質問の中で、会計監査は無用であるという声が一部にあるというようなご指摘が披露されたかと思いますが、私は、そんな話は一度も聞いたことはございません。むしろ、企業の内部で監査役監査をきちんとしていくうえにおいては、外部監査人の監査の方法なり、その判断の正当性・妥当性についても監査役

自身は評価をする立場にありますし、そのことを株主にきちんとお答えをしているというたてつけがまずあって、その中で会計監査人に対する期待は非常に大きいものがあります。

ただ、まさに現実のエクスペクテーションギャップがあることは事実だと思います。これをどうするかという問題はまた別の場に譲るべきかとは思いますが、会計監査人にはたいへん大きく期待しているところです。

八田 私も監査を教育しながら飯を食っていますので、否定論者ではないですが、この一連の不祥事の中で、私の周りから「監査は大丈夫なのか」という非常に厳しい声を聞くわけです。そこで、あえて今日、公の場なら聞けるだろうということでこの場を借りているわけでありまして、たいへん失礼な発言をお許しください。

続きまして、太田さんの報告にも、あるいは伏屋さんの報告にもありましたが、いわゆる三様監査の連携、まさに、今こそ、すべての監査関係者が英知と意識を高めて手を組み合えというわけですけれども、伏屋さん、この点につきまして追加すべきことがあればお話しいただけますか。

伏屋 先ほどの八田さんのお話にも今の八田さんのお話にも、まとめてお答えしたいと思いますが、内部監査は、先ほどから申し上げているように、一つは経営者ないしそのトップに最も近い立場にいるはずです。もう一つは、内部監査は会計以外の業務全般について、したがって、会計不正以外の不正も、また業務改善も、さらにはリスク管理なども内部監査の使命としてあるわけで、そういう意味では、まずは内部監査人がしっかりしなければならないのでは

ないかと私は考えておりますし、そのために協会も努力しなければならないと思います。

まず発見して、それを伝える。その伝えるときに大事なのは監査役であり、会計監査人です。そちらで内部監査の結果や内容を活用してもらうことによって、監査役の監査にも、また会計監査人の監査にも役立てていただけることが大事ではないかと思うわけです。

そういう意味での連携・活用ですが、監査役と内部監査との連携は、経営者による不正の防止や抑止にもつながるのではないか。会計監査人と内部監査との連携は経理に関する不正にも有効ですし、トップの不正にも及びうるわけです。先ほども話しましたが、最初は財務に関係なさそうなことでも、いずれ企業が信用を失墜していけば、それは財務諸表の数値に必ず影響が出てくるわけで、最後は企業の存亡にかかわってくるわけです。

ですから、結論から言いますと、内部監査は、まず一番バッターとして一生懸命やり、それを監査役監査なり会計監査人監査にお伝えして活用してもらう使命を帯びていると思います。

3.4 企業不正の防止に向けた対応ないしは早期発見法への具体策

八田 どうもありがとうございます。

監査人に対して不正と無縁ではないという意識をもつ必要があるということは誰もが言いますけれども、法律家の場合もそうかもしれません。でも、國廣さん、会計や監査の専門家よりは、法律家は不正とか違法行為とか不祥事といったものと非常に

近い関係におありですね。会計監査は、あまりそういうものを前提にしないで議論してきているわけです。

ですから、監査に不正の抑止・防止、あるいは早期発見等々の役割があると言葉で言うのは簡単だけれども、当事者である監査人、あるいは監査役、内部監査人の方々は、べつに不正教育とか不正に関するトレーニングを受けているわけではありません。この点、法律家の目から見てどうでしょうか。

國廣 今のご質問に関して今まさに思うことですけれども、これは弁護士も同じですが、監査役、内部監査人、そして会計監査人がプロフェッショナルとしてどう動くべきかを考える場合に、いわゆる行為規範と評価規範を分けて考える必要があると思います。行為規範は、ある状況でこれから行為をしようとするときにどうすべきかを考えるときの規範、評価規範は、あれは良かったのか、悪かったのかをあとで評価することです。

例えば、会計監査人で考えてみますと、会計監査は財務諸表について合理的な保証をすることが任務であって、不正発見目的ではないわけです。したがって、例えばなんらかの不正があった場合に、それを発見できなかったことで善管注意義務違反になる場合ももちろんありますけれども、まずそこから入るのではない、結果責任ではない、ということです。

ただ、監査しているときに、あくまでも合理的保証だから、それは公認不正検査士に任せればすむと決めてしまうのも、会計監査人としてまずいことだと思います。すなわち、健全な懐疑心をもつこと、不正の兆

候があった場合には当然不正を見にいかなければいけない、こういうことが監査人としても求められているわけです。

ただ、結果として見つけられなかったときに善管注意義務を負うかどうかという問題は別ですけれども、われわれは合理的な保証が任務であって、不正を発見するのが目的ではないから、一般監査の中でにおいがしても、これぐらいでやめておこうかと不正について突っ込まない、それではやはりいけないだろうと思います。

これは監査役でも同じでありまして、私も監査役とか社外取締役をやっていますが、何か問題があったときには、やはり突っ込んでいこうと思います。ただ、突っ込んでなんらかのものを発見できなかったら「監査役の義務を果たさなかったのか」と言われること恐れて、後ろ向きに評価規範ばかり考えていてはだめなので、何か問題があれば突っ込んでいくという行為規範が大事だろうと思います。

ところが、法律家の良くない議論で、何も知らないなら社外取締役なり社外監査役として善管注意義務違反を問われないけれども、ある程度知ってしまった以上、作為義務が発生するので善管注意義務違反である、というような議論もあります。そうすると、頑張って突っ込めば突っ込むほどリスクが大きくなるようなこともありますが、やはり怠けてはいけないと思います。でも、もう一歩だったときは、その姿勢はプロとして善管注意義務を果たしていた、結果責任は問わない、そういうことが必要です。

そうだとするならば、監査役であれ、内部監査人であれ、会計監査人であれ、後づけで「おまえは悪かった」「よかった」という話ではなく、やはりプロフェッショナルとして目的を共有して正しい企業経営をやっていく。そのためには、あまり自分の役割に閉じこもるのではなく、むしろ一歩広げて、そこはお互いにクロスオーバーするようなかたちで、ウォッチの機能をお互いに果たそうということであると、その共通項は目的意識というか、プロフェッショナル意識というか、任務に対する意識をもって前向きにやっていく。ただし、その結果見つからなかったときに責任があるかどうかは別問題である、という整理が私は必要ではないかと感じています。

3.5 不正の防止と発見に対して会計専門職が果たすべき役割と課題

八田 ありがとうございます。

不正に関する本を読んでいますと、誰もが異口同音に言うのは、発見するのは非常に難しい、だから事前の防止・抑止といったところにエネルギーを費やし、仕組みを構築しなければいけない、という議論があります。

斉藤さん、東証は自主規制機関ですから、自らの市場を担保するために、率先していろいろなことができると思います。その中には、例えば独立役員の開示などが出てきましたけれども、最近「ソフトロー」という言葉がよく使われますが、法律ではないものでディスクロージャーを高めていくことは必要ですけれども、例えば、これだけ立派な内部監査があるということを、上場のときだけうるさく言うのではなく、きちんと継続開示をさせることが一つあると思います。

それから、不正の問題は、よく言われるように、誰が不正を主導するのかというと企業関係者であって、基本的には会計士ではない。最近、公認会計士の合格者数が非常に増えたということで、未就職が問題になった時期がありました。私たちは、会計の専門家をまず企業の中からつくらなければいけないということで、企業サイドに複数の専門家を擁して、いい会計情報、財務報告をしていかなければいけないと思います。ですから、例えば、この財務部・経理部には有資格者がこれだけいるということを東証の力でどんどん開示するように勧めることはできませんか。

斉藤 よくそういう声を聞きます。むしろ役所からも聞きます。おもしろいですが、結局、なんでも東証のルールでやったらどうだということになりますけれども、その背景・理由は皆さんご想像のとおりであります。

ただ、我々は、もちろん秩序ある市場を担保しなければいけないという意味で、山崎さんがおっしゃったようなことをベースにして、極力、透明性を求めることにおいては努力しているわけですが、会計士の監査を受けた結果、意見不表明となることもあります。これは東証に二千数社上場している中で、1年間に数社もありません。

でも、意見不表明となりますと、我々は、なぜ監査法人は意見を表明しなかったのかを徹底的に調べます。実は、不適正意見を出された会社は近年ありませんが、意見不表明の会社はあります。そのような会社を調

べた結果、やはり本当にだめだということで上場廃止したようなケースもありました。

ですから、そういうことを少し高めていくということだと思いますが、せっかく今日はこういうテーマなので、答えがずれてしまいますが申し上げますと、会計に真面目に取り組んだ経営はやはり立派な経営になります。べつに私は小松製作所の坂根会長のダントツ経営の肩を持つわけではないですが、小松製作所は、長い間アナリストとしてカバーしましたけれども、様変わりの会社になっています。

坂根さんは何をしたかというと、徹底的に米国式の会計に切り替えています。変動費をしっかり抑え込んで、固定費と変動費を徹底的に分けて、固定費の圧縮というテーマの中で、利益の出ない会社をかたっぱしから売ってしまいました。そうしたら、集中的な投資が効いてすばらしい利益を出して、今、機材は世界のトップ2社か3社で80％ぐらいシェアをとっていますけれども、場所によっては50％ぐらいのシェアをとっております。そういう経営が会計ベースから出てきています。私たちが言っているのは、コーポレートガバナンスにも本当はそういうことを期待しているということです。

今日は「不正」というテーマが、どちらかというと私ども東証としては、社外者の力を使ってでもコーポレートガバナンスを向上させる目的は何かというと、企業価値を上げること、それが結果的には社会のためになり国の繁栄のためになると考えています。

ですから、社外の人の意見を入れる。必ずしもプロでなくてもいいです。全く素人の方が「これはなぜできないのですか」と言うことに対して丁寧に答える過程の中に経営があります。そこで自分で気づくものがある。全く素人であるがゆえに質問をされて、それに答える過程の中で出てくる新商品の開発が大事です。アメリカのIT産業などはそこからたくさん出てきています。ジーニアスな人が最初から発想したものはかなり少なくて、マーケットの人が「なぜこれができないのですか」「こういうことが、なぜ、あの大きな会社はできないのですか」という問いに答えた結果、新商品が出ている。アップル社などは完全にそうです。

実はそういうことを我々は求めています。八田さんの答えになっていないですけれども、ご容赦ください。

八田 私が求めていた一番最高の答えをいただいたと思っています。つまり、会計的発想法といいますか、会計、すなわちアカウンティングは、まさに説明すること、丁寧に答えることに尽きるわけですから、まさしく私がいただきたかった答えだということで嬉しく思います。

ところで、つい最近、取締役だった私の友人が監査役になりまして、少ししょげていました。「どうした？」と聞いたら、決定的に報酬額が変わるわけです。これはやはりモチベーションが下がりますし、インセンティブも下がります。

実は、私が声を大にして言いたいのは、監査という行為は重要な社会的な使命を担っているのだから、常勤監査役さんには取締役以上の報酬を担保しろと申し上げたい。そうすると監査役になりたい人が出てくるかもしれない。お金だけではないですけれども、守備範囲も広くなって責任も大きくなってくるわけですから、やはりそれに見合った適正な報酬が約束される必要があると思います。新日鐵はどうですか。

太田 東証ルールによって開示は義務づけられていないテーマですね。今まさにおっしゃったように、報酬は一つの大きなインセンティブであることは間違いないです。ただ、私どものグループの中を見てみましても、報酬が下がったから元気をなくしたような人は、あまり選ばれていないような気がしますが、これは詭弁でしょうか。

八田 それは御社の場合は平均水準が高いからでしょうね。時間的に迫ってまいりました。実は、この会計サミットはいつも会計をベースにいくつかのテーマを拾いながらご議論いただいています。先ほど斉藤さんからご指摘のありました坂根さんは、去年、第9回の会計サミットの第1部の基調講演でお話をいただきまして、たいへん高い評価をいただきました。そういったかたちで、できるだけポジティブな情報を発信したいということでお集まりいただいております。

これからお1人様1分程度で、会計を目指して監査を学習する次の世代に期待して、何かメッセージがあればお願いします。では、山崎さんからお願いします。

山崎 なかなか難しいですが、会計と監査は、私の経験から言っても経営の基本です。会計と監査の知識なしにして経営者になろうと思っても、それは間違いだと思います。技術系の方においても、あるいは営業系の方においても、自分の会社のやって

いることをどのように把握して、どのように説明責任を果たしていくかは、企業であればすべて会計に反映されるわけで、会計の知識なくして企業を経営するというのは非常に冒険だと思います。

八田さんを前にしておりますが、日本では、会計学というとあまり人気がないのかもしれませんけれども、私の長年の経験では、これは基本中の基本、いろはのいだと考えております。

八田 ありがとうございます。では、太田さん、お願いします。

太田 2点申し上げます。

1点目は、法令や各種の規則について、私は、これは必要最低限の義務と責任を示すものだと考えています。したがって、多くの場合は手続論とか限界責任に関する、先ほど國廣さんがおっしゃいましたが、まさに行動規範になるのは当然のことだと思います。

しかしながら、多くの機関や団体が工夫しているのは、この最低限の責任を果たすことから一歩進めまして、実践的な行動基準のあり方ではないかと思います。つまりベストプラクティスということですが、これは自分たちのやっている仕事の実務改善の積み重ねそのものであって、これがなかりせば、いわゆる企業統治の進歩はないと思います。

これまでの世界とか日本の潮流は、事前規制から徐々に事後規制の流れに来ていると思います。規律ある自由主義の流れを止めてはいけないと思いますし、逆に言えば、自主規制団体が果たすべき役割は極めて大きいとも捉えられると思います。

もう1点は、資本市場の信頼回復は、わが国にとって避けて通れない問題であるばかりでなく、わが国が自らどう再構築していくのかが実は問われているのだろうと思います。私どもの弱点は、基準、スタンダードをつくることに対してあまりにも受身的であることだと私は実は強く思っていまして、自らが発信していくグローバルスタンダードがなぜないのか、あってもいいのではないか、そろそろ二番手戦略はやめましょう、ということをぜひ強く訴えたいと思います。

八田 ありがとうございました。では、伏屋さん、お願いします。

伏屋 内部監査について、先ほどから4点申し上げているつもりです。一つは内部監査部門を設置することで、これは米国・英国においては制度上の担保もあるわけです。

それから、2番目は内部監査基準を遵守することです。基準に則って問題点を発見し、それを関係者に伝える。伝えるときも、先ほどから出ておりますように、もちろん内部で共有すると同時に、監査役にも伝え、また会計監査人にも伝え、外部にも伝えることによって、それを活用してもらう。会計以外の業務全般についても内部監査しているわけですから、連携、活用してもらうことによって、3番目として、内部監査の内容が活きてくると思いますし、まずは内部監査がそういう使命をもたなければならないと考えております。

そのうえで、4番目として、経営者の方、トップの方に内部監査の重要性を理解してもらいたい。また、そのような知識の普及を図っていかなければならないわけですが、企業風土・社会風土を醸成してもらう。そういうなかで、先ほどから申し上げていますように、公認会計士・監査役におかれては連携を深め、内部監査の活用を図ってもらいたい。それから、市場関係者、法務関係者、また学問の世界からは、企業の経営者、なかんずくトップに対して内部監査の活用を啓蒙していただきたい。

そして、先ほど私が申し上げたように、内部監査は組織的にも国際的な連携があり、国際本部が米国にあります。また、わが国の内部監査の基準も国際基準の要請を満たしているものです。それから、内部監査人の資格、CIAも国際的に公認されています。

どうか皆さん、ぜひCIA試験に挑戦していただいて、その資格をこれからの人生の中においても活用して、わが国の企業、社会のために貢献していただきたいと思います。そのことは非常に貴重な仕事ではないかと思っております。

八田 どうもありがとうございます。では、斉藤さんと國廣さん、30秒ずつでお願いします。

斉藤 さきほどお話ししましたので、私はここでは、パスします。

八田 では、國廣さん、最後ですがお願いします。

國廣 今日は、「不正」という切り口から、会計監査、監査役、内部監査というかたちで話をしてきて、報酬にまで話が及びましたが、やはり一番大事なのは、日本企業が会計監査あるいは監査役、内部監査に十分な資源を投入し、かつコストもかけることで、これを単純に費用が出ていくしょうがないものというような意識自体を変えなければいけないだろうと思います。

それをけちって、「発展だ」「発展だ」と言ってガバナンスを機能させなかったオリンパスが今このようになっていることからもわかるように、会計監査、内部監査、監査役、その他ソフトローまで含めて、もっときちんと人材と労力を入れていくことが今後の発展あるいは企業価値向上のベースである、ここの確認が必要だと思います。

そのような意味において、規律は単に企業を縛るものではなく、発展のための基礎であるというところを企業経営者がわかることが必要で、かつ、この規律は他律よりも自律という部分がより重要である、ということを申し上げたいと思います。

八田 うまくまとめていただきました。私たち会計監査を勉強している者から見るならば、昨今の状況は、会計監査軽視の社会が、あるいは会計監査を軽視した企業が大きなつけをもらっているのではないかという気がします。

まとまりの悪い進行でしたが、時間がまいりました。これにて、第10回会計サミットのパネル討論会を終了させていただきます。
どうもありがとうございました。

橋本 ありがとうございました。第二部は今年もかなり熱気を帯びた討論でございました。

以上で第一部の特別講演、第二部のパネル討論会が終了いたしました。多数の皆さまにご参加いただき、まことにありがとうございました。これをもちまして第10回青山学院会計サミットを終了させていただきます。本日はどうもありがとうございました。

青山学院　会計サミットの歴史

※各回のご登壇者・コーディネータのご所属・肩書は当時のものとなっております。

第1回
開催日：2003年7月30日（水）
場　所：青山学院大学　総研ビル12F大会議室

■第1部／公開シンポジウム
　公認会計士に寄せる期待と課題
　―『会計専門職大学院』の果たす役割―
パネリスト（報告順）
　○羽藤　秀雄　　金融庁総務企画局参事官
　○奥山　章雄　　日本公認会計士協会（JICPA）会長
　○金子　昌資　　日本証券アナリスト協会会長
　○藤沼　亜起　　前国際会計士連盟（IFAC）会長
　○平松　一夫　　国際会計研究学会会長・関西学院大学長
コーディネータ
　○八田　進二　　青山学院大学経営学部教授
■第2部／特別講演
　「公認会計士の役割と期待」
　どう変わる！公認会計士の業務と試験制度
　― 改正公認会計士法について考える ―
　○塩崎　恭久　　衆議院議員自民党財務金融部会長

第2回
開催日：2004年7月28日（水）
場　所：青山学院大学　ガウチャー・メモリアル・ホール

■第1部／特別講演
　期待される『会計専門職業人』の養成
　○木村　剛　　　KFi株式会社代表
■第2部／公開シンポジウム
　『会計専門職大学院』の果たす役割と課題
パネリスト（報告順）
　○高田　敏文　　東北大学大学院経済学研究科教授
　○加古　宜士　　企業会計審議会会長、早稲田大学商学部教授
　○鈴木　豊　　　青山学院大学会計専門職大学院開設準備室長・同経営学部教授
　○藤沼　亜起　　日本公認会計士協会会長、新日本監査法人代表社員
　○脇田　良一　　公認会計士・監査審査会委員、明治学院大学前学長
コーディネータ
　○八田　進二　　青山学院大学経営学部教授

第3回
開催日：2005年6月8日（水）
場　所：青山学院大学　ガウチャー・メモリアル・ホール

■第1部／公開シンポジウム
　私達が「会計専門職大学院」修了生に期待するもの
パネリスト（報告順）
　○池田　唯一　　金融庁総務企画局企業開示参事官
　○小川　英明　　富士火災海上保険株式会社監査・コンプライアンス本部長
　○斉藤　惇　　　株式会社産業再生機構代表取締役社長
　○藤沼　亜起　　日本公認会計士協会会長
コーディネータ
　○多賀谷　充　　青山学院大学大学院会計プロフェッション研究科教授
■第2部／特別講演
　米国における会計専門職教育
　○Dr.Sridhar Ramamoorti
　　Investigative & Dispute Services, Ernst & Young LLP

第4回
開催日：2006年11月29日（水）
場　所：青山学院大学　ガウチャー・メモリアル・ホール

■第1部／それぞれのお立場から～
　『会計・監査・税務・ITの経営における重要性、専門職業に求めること、会計大学院修了生を有為な会計プロフェッションとして送り出すために』
■第2部／パネル討論会
パネリスト（報告順）
　○藤沼　亜起　　日本公認会計士協会会長
　○金子　秀夫　　東京税理士会会長
　○中澤　進　　　アイ・ビー・エムビジネスコンサルティングサービス㈱取締役パートナー
　○山本　清　　　（独）国立大学財務・経営センター教授
　○橋本　尚　　　会計プロフェッション研究科教授・会計大学院協会幹事
コーディネータ
　○鈴木　豊　　　青山学院大学大学院会計プロフェッション研究科長・会計大学院協会理事長

特別企画

第5回　開催日：2007年7月25日(水)
場　所：青山学院大学　ガウチャー・メモリアル・ホール

■**第1部／特別講演**
今、会計がこんなに面白い
―ベストセラー会計士作家が語る会計の裏表―
　○山田　真哉　　公認会計士

■**第2部／パネル討論会**
市場が期待する会計・監査、
そして、会計・監査が求める市場の役割
パネリスト(報告順)
　○斉藤　惇　　株式会社東京証券取引所代表取締役社長
　○筒井　高志　　株式会社ジャスダック証券取引所代表執行役社長
　○髙松　明　　株式会社名古屋証券取引所常務執行役員
　○水嶋　利夫　　新日本監査法人理事長
　○佐藤　正典　　あずさ監査法人理事長
コーディネータ
　○八田　進二　　青山学院大学大学院会計プロフェッション研究科教授

第6回　開催日：2008年7月23日(水)
場　所：青山学院大学　ガウチャー・メモリアル・ホール

■**第1部／特別講演**
決算書の暗号を解く！
―会計知識は、ビジネスパーソンの必須要件―
　○勝間　和代　　経済評論家・公認会計士

■**第2部／パネル討論会**
経営戦略における会計への期待
―そのために求められる人材とは？―
パネリスト(順不同)
　○羽藤　秀雄　　経済産業省 資源エネルギー庁省エネルギー・新エネルギー部長(官房審議官)
　○関　哲夫　　日本監査役協会会長、新日本製鐵株式会社 常任顧問
　○木村　剛　　株式会社フィナンシャル代表取締役社長
　○増田　宏一　　日本公認会計士協会会長
コーディネータ
　○八田　進二　　青山学院大学大学院会計プロフェッション研究科教授

第7回　開催日：2009年7月22日(水)
場　所：青山学院大学　ガウチャー・メモリアル・ホール

■**第1部／特別講演**
経営者はなぜ経営判断を誤るのか
―会計数値を鵜呑みにしてはならない―
　○林　總　　公認会計士・LEC会計大学院教授

■**第2部／パネル討論会**
低迷する経済環境下における会計の役割と課題
パネリスト(順不同)
　○加藤　厚　　企業会計基準委員会 常勤委員・公認会計士
　○小林　慶一郎　　独立行政法人経済産業研究所 上席研究員
　○冨山　和彦　　株式会社経営共創基盤 代表取締役CEO
　○鈴木　豊　　青山学院大学大学院会計プロフェッション研究科長・教授
コーディネータ
　○八田　進二　　青山学院大学大学院会計プロフェッション研究科教授

第8回　開催日：2010年7月21日(水)
場　所：青山学院大学　ガウチャー・メモリアル・ホール

■**第1部／特別講演**
会計国際化のいま、落語に学ぶコミュニケーション
　○田中　靖浩　　公認会計士・田中公認会計士事務所所長

■**第2部／パネル討論会**
IFRSへの対応と日本の会計戦略
パネリスト(報告順)
　○三井　秀範　　金融庁総務企画局企業開示課長
　○平塚　敦之　　経済産業省経済産業政策局企業行動課企画官(企業法制担当)
　○鶯地　隆継　　国際財務報告解釈指針委員会(IFRIC)委員　住友商事株式会社フィナンシャル・リソーシズグループ長補佐
　○磯山　友幸　　日経BP社『日経ビジネス』編集委員兼副編集長
コーディネータ
　○八田　進二　　青山学院大学大学院会計プロフェッション研究科教授

第9回　開催日：2011年7月20日(水)
場　所：青山学院大学　ガウチャー・メモリアル・ホール

■**第1部／特別講演**
危機を克服する経営の勘どころ～コマツの経営構造改革を通して～
　○坂根　正弘　　コマツ(株式会社小松製作所)取締役会長

■**第2部／パネル討論会**
想定外リスクへの対応と会計の役割
パネリスト(報告順)
　○小西　範幸　　青山学院大学大学院会計プロフェッション研究科教授
　○戸村　智憲　　日本マネジメント総合研究所理事長
　○佐藤　淑子　　一般社団法人日本IR協議会事務局長・首席研究員　青山学院大学大学院会計プロフェッション研究科兼任講師
　○横山　洋一郎　　株式会社日本政策投資銀行常務執行役員＜リスク統括 法務・コンプライアンス担当＞
　○神林　比洋雄　　プロティビティLLC 最高経営責任者兼社長・公認会計士　青山学院大学大学院会計プロフェッション研究科客員教授
コーディネータ
　○八田　進二　　青山学院大学大学院会計プロフェッション研究科長・教授

第10回　開催日：2012年7月11日(水)
場　所：青山学院大学　17号館6階 本多記念国際会議場

■**第1部／特別講演**
経営者と企業統治
　○宮内　義彦　　オリックス株式会社取締役兼代表執行役会長・グループCEO

■**第2部／パネル討論会**
企業不正を巡る諸課題
～その防止と発見を目指して～
パネリスト(報告順)
　○山崎　彰三　　日本公認会計士協会会長
　○太田　順司　　公益社団法人日本監査役協会会長
　○伏屋　和彦　　社団法人日本内部監査協会会長
　○斉藤　惇　　株式会社東京証券取引所グループ取締役兼代表執行役社長
　○國廣　正　　国広総合法律事務所弁護士・パートナー
コーディネータ
　○八田　進二　　青山学院大学大学院会計プロフェッション研究科長・教授

Book Review

『コーポレート・ガバナンスの展望』

青山学院大学大学院会計プロフェッション研究科准教授
重田 麻紀子

神田 秀樹・小野 傑・石田 晋也[編]
『コーポレート・ガバナンスの展望』
中央経済社、2011年7月
（全300頁・3200円）

1. コーポレート・ガバナンスをめぐる議論状況

コーポレート・ガバナンスとは、経営を牽制する意思決定の仕組みはどうあるべきかを論ずる問題である。コーポレート・ガバナンスに関しては、法律学・経済学・経営学・会計学など幅広い既存の学問領域において研究が行われ、各分野が相互に連関しながら—しかも世界的に—議論が広く進展している。社会科学の分野において、これほど多角的な考察が不可欠となる学際的なテーマはないであろう。それゆえ、議論状況を包括的に見渡すのはなかなか難しい問題である。

コーポレート・ガバナンス論の目的は、企業不正の防止にあるとともに、経営の効率性の向上にも存するとする、いわゆる「車の両輪論」が、1990年後半以降のグローバル・スタンダードとなっており、わが国における研究もこうした議論の流れを汲んで進められている。

また、ここ数年、わが国では、ガバナンスをめぐるルール整備が急速に進められている。2009年末からコーポレート・ガバナンス向上のための取組みの一環として、各証券取引所の上場規則が改正され、上場企業は、一般株主の利益保護のため、独立役員を1名以上確保することが義務づけられた。また、2010年4月から、法制審議会会社法制部会において、ガバナンスの在り方や親子会社に関する規律などをめぐる会社法の見直しの検討作業が始まり、その審議の成果は、2012年9月に法改正の要綱として結実した。近時、ハードローからソフトローによる規制へとシフトする傾向にあったが、日本のコーポレート・ガバナンスの議論は、いよいよ本丸である会社法を施行後初めて改正する方向へ突き進むこととなった。

コーポレート・ガバナンスは、もはや「会社は誰のものか」といったアポリア的な問題の立て方ではその本質を捉えることはできなくなった。現在の議論は、より現実的、実践的であり、具体的各論に踏み込んだものとなっている。本書は、こうした多岐にわたる最新の議論を網羅した専門書でありながら、コーポレート・ガバナンスという絶対的な解がない難問を咀嚼して解説した「トリセツ」ともいえよう。

2. 本書の概要

本書は、東京大学の公共政策大学院において、2010年10月から12月にかけて行われた講義科目である「資本市場と公共制策」を、速記録に基づいて収録したものである。2010年度は「コーポレート・ガバナンス」をテーマとし、コーポレート・ガバナンス論の研究者及び専門家9人の論客が登壇して、それぞれの立場からコーポレート・ガバナンスに対する主張を展開している。

以下、本書の構成と概要を紹介しよう。

第1章「上場会社に求められるコーポレート・ガバナンスの向上」で、東京証券取引所の取り組みを通して、投資家保護の見地に基づく制度論が展開され、第2章「資本市場とコーポレート・ガバナンス」では、企業買収のアドバイザーとして、M&Aを通じた経営者の規律の有効性が強調される。第3章「会社法制における親子関係の見直しの論点」および第5章「『親子上場』問題について」では、親子会社間に生じうるガバナンス上の問題点、ならびに会社法改正による親子関係の規律の強化の必要性が主張される。第4章「コーポレート・ガバナンス論の系譜」は、経済学的アプローチを通して、多層的な規律の必要性と多様なステークホルダーの利害を考慮したガバナンス及びCSRの重要性を展開する。第6章「コーポレート・ガバナンス―会計不正を許さぬ仕組み」は、会計士の立場から、監査役及び会計監査人の独立性の強化こそが会計不祥事の防止に不可欠であると主張する。第7章「金融・資本市場の発展に向けたガバナンスの役割」では、投資家の立場から、市場の活性化を通じて企業の収益力を高めるガバナンスが主張され、第8章「金融システムとコーポレート・ガバナンスの改革」では、金融システム改革に携わってきた論者が、メインバンクによる規律から市場規律への移行こそがガバナンス向上の要であると述べる。第9章「経済理論から見たコーポレート・ガバナンス」は、法と経済学の視点から、株主の事後的な交渉力と経営者の機会主義的な行動との間に生じる利害対立の調整を図るべきと主張する。巻末の「あとがき」では、本書の編者で、本講義をアレンジされた石田教授が海外の議論をフォローする。

なお、各章の最後には、受講生と講師による質疑応答の項目も収載されている。

3. 本書の特徴

まず、本書の編者による人選が目を引く。石田教授によれば、「我が国で議論の第一線に立っている方で、かつ、できるだけ異なる立場、異なる問題意識を持つ方」を論者として招いたという。今回、教壇に上った9人の講師陣は、研究者、官庁、マーケット、投資家、弁護士、会計士等から構成されている。それぞれ各界におけるコーポレート・ガバナンスの研究会や審議会等のメンバーであり、本問題に精通した論客揃いである。強いて言えば、経営者サイド、すなわち経済界からの論者が加われば より客観性を帯びる内容に仕上がったであろうが、登壇者はそれぞれ専門的立場から、コーポレート・ガバナンスの問題意識からあるべき方向性に至るまで明快に解説しており、本書を通じて、最先端のコーポレート・ガバナンスの議論をバランスよく把握することを可能にしてくれる。

全章とも各論的内容であるので、ある意味、いずれの章からでも読み進めることができる。ただ、本書の構成は、登壇順に再現したものであり、必ずしも一般的な章立てとはなっていない。そこで、大局的な議論からコーポレート・ガバナンス論のエッセンスを

つかむこと可能な総論的な内容となっている第4章からまず初めに読むのもよいであろう。なお、第3章は、若干会社法の知識を要する専門的な内容となっており、また、第9章で展開される数式の部分は、経済学に疎い読者（筆者も含む）にとってやや難解に感じられる内容かもしれない。

また、オムニバス講義の性質上、各章の内容において幾分重複が見受けられる。もっとも、この点は論者の立場は違えども、各論者が、コーポレート・ガバナンスの目的として、不正の防止と経営の効率性のどちらに重きを置くスタンスであるかによって、主張内容に重なり合いが見られるのは必然である。むしろ、本書を読み進めていくうちに、各章が徐々に収斂され、最後に頭の中で各論者の議論がハーモナイズされていくのを実感することができる。これも、各論者に対して、他の論者のとの重複を気にせず、あえてそれぞれの立場から自由な主張を展開するよう託した本書の編者の仕掛けである。様々な視点から主張がなされるテーマであるからこそ、問題の総括は読者自身の視座に委ねられているのである。

この他、他書に見られない特徴としては、各章末に収録されている質疑応答の部分は、学生による的確な質問と講師の丁寧な回答を通じて、本問題に対する理解を深める一助となり、疑問点を見事にカバーしてくれる。さらに本書は、論者が語りかける文体であるので、ライブ感を味わいながらページを捲ることができるのもよい。

4. 今後の展望

今、わが国は法改正によって日本企業のガバナンスの仕組みの刷新を図ろうとしている。最後に、本書刊行以降に進捗した法制審議会における議論について若干フォローしておこう。2011年末、法制審議会は、「会社法制の見直しに関する中間試案」を公表し、それに寄せられたパブリック・コメントを踏まえて、2012年9月7日、「会社法制の見直しに関する要綱」を決定した。要綱では、親会社株主に子会社役員の責任追及を認める多重代表訴訟制度や、社外取締役が過半数を占める新しいガバナンス形態の創設が盛り込まれたものの、焦点だった社外取締役の義務づけは、その合理性に懐疑的な経済界の反発を受けて見送られ、社外取締役を導入しない会社に対して、その理由の開示を義務づけるにとどまった。この改正要綱は早ければ2013年に施行の見通しであり、今後、これを踏まえた本議論の新展開が期待される。

日本のコーポレート・ガバナンス論は、独立取締役を中心としたモニタリング・モデルを重視するグローバルな議論とは一線を画してきたが、リーマンショック以降、日本市場からの海外投資家の相次ぐ撤退、度重なる不祥事を眼前にして、早急な決断を迫られるも、その対応に手を拱いてきた感がある。だが、本書の論者による力強いメッセージは、日本の企業社会が世界から信頼されるガバナンス機能とかつての活況を取り戻す可能性に対して、我々に少なからず希望を蘇らせてくれる。コーポレート・ガバナンス論を先導する論者の視点に裏打ちされた、説得力ある貴重な1冊である。

重田 麻紀子（しげた まきこ）

青山学院大学大学院会計プロフェッション研究科准教授。
慶應義塾大学大学院法学研究科後期博士課程単位取得退学。博士（法学）（慶應義塾大学）。横浜市立大学国際総合科学部経営科学系准教授を経て、2011年4月より現職。
専門分野は会社法、商法。主な著書（分担執筆）として、山本爲三郎編『企業法の法理』（慶應義塾大学出版会、2012年）、藤田勝利・工藤聡一編『現代商取引法』（弘文堂、2011年）等。

Book Review

『企業不正対応の実務 Q&A』
『事例でみる企業不正の理論と対応』

青山学院大学大学院
会計プロフェッション研究科 准教授
牟禮 恵美子

○企業不正への対応の必要性

　粉飾決算事件や増資インサイダー事件などの企業不祥事が相次いで発覚したことで、今また企業や監査人に対して、不正への対応が強く求められてきている。企業が不正への対応を怠れば大きなダメージを受けるとともに、それを発見できなかった監査人も社会からの信頼を失うことになるため、その対応は急務となっている。

　ところで、2008年にスタートした金融商品取引法における内部統制報告制度は、内部統制の目的の一つである「財務報告の信頼性」を担保するための仕組みである。制度発足から4年が過ぎ、企業内で内部統制システムは定着していると思われるが、真にその目的を果たすために機能しているのかどうか、改めて見直す時期に来ているといえよう。

　また、企業にとって求められるのは財務報告の信頼性も含めたコンプライアンス全般である。

　そこで、特に不正という切り口から内部統制システムの見直しを図る際に最適な実務書として『事例でみる企業不正の理論と対応』を紹介したい。また、『企業不正対応の実務 Q&A』は、さらに広く企業不正についての理解を深めるために有益な一冊である。

八田 進二　監修
株式会社ディー・クエスト　一般社団法人　日本公認不正検査士協会　編
『事例でみる企業不正の理論と対応』
同文舘出版、2011年
(全228頁・1,890円)

1．本書の概要

　本書は、世界的な不正対策の専門家集団であるACFE（Association of Certified Fraud Examiners：公認不正検査士協会）の日本組織である日本公認不正検査士協会とその事務局である株式会社ディー・クエストの編集のもと、不正アナリストの高林真一郎氏によって執筆され、また、日本の内部統制報告制度の構築において中心的役割を果たされた八田進二教授によって監修がなされている。専門性の高い内容ながら、事例を多く取り入れることで、予備知識のない読者にも理解しやすい内容となっており、組織内の教育ツールにも適したものとなっている。

　本書は「第Ⅰ部　基礎理論編」と「第Ⅱ部　実践編」から構成されており、第Ⅰ部では、企業不正とコンプライアンスとの関係および内部統制システムと不正リスクの抑止について、不正のトライアングル理論に基づいた解説がなされている。また第Ⅱ部では、実際の企業不祥事の事例を用いてこの理論を当てはめ、不正発生の原因分析

と対処法について解説がなされている。

2. 第Ⅰ部　基礎理論編

第Ⅰ部では、企業が企業不正の発生を抑止してコンプライアンスという目的を達成するために必要不可欠となる基礎的事項について解説がなされている。

第1章では、企業責任とコンプライアンスの概念の整理を行い、第2章では、米国の犯罪学者であるクレッシー（Donald R. Cressey）の研究をベースにした不正のトライアングル理論について解説がなされている。その内容は、①動機（不正行為を実行することを欲する主観的事情）②機会（不正行為の実行を可能ないし容易にする客観的環境）③正当化（不正行為の実行を積極的に是認しようとする主観的事情）という、3つの不正リスク要因がすべてそろったときに不正行為が発生するという考え方である。

第3章において、内部統制システムについての解説がなされたのち、第4章では、この不正のトライアングル理論を内部統制システムにいかに展開していくのかが示されている。すなわち、不正リスクの3要素を抑止するという観点から内部統制の基本的要素が検討されている。不正リスクの中でも「機会」の抑止はまさに内部統制システムの根幹部分といえる。「機会」は企業の内部統制システムが職場環境に適合していないことから発生するとされている。企業を取り巻く経営環境は日々変化しており、変化に対応できない内部統制システムのままでは、システムが陳腐化・形骸化して当初の目的を達成できなくなると同時に、不正の機会を生み出すことにもなる。このため、変化への不適合（ズレ）を放置せず、継続的な改善を続けることが求められるのである。

ところで、不正リスクの「動機」「正当化」とは、不正を行った者の心情面での問題であり、これを直接抑止するのは難しいところである。ここでは、内部統制の基本的要素の「統制環境」によりコンプライアンス意識の向上を図るということが示されているが、やはり健全な企業風土の構築が重要だということである。

3. 第Ⅱ部　実践編

第Ⅱ部では、第Ⅰ部の基礎的理論をもとに、10件の実際のコンプライアンス違反事例を用いたケーススタディとなっている。いずれも社会的に大きな話題となった事件であるとともに、テーマも粉飾決算にとどまらず、個人情報の漏えいやインサイダー取引、食品偽装、労働基準法違反といった、幅広い企業不正が対象となっている。

それぞれの事例では問題点を整理したうえで、不正リスクを抑止するための方策として「機会」「動機」「正当化」に分けて解説がなされている。特に「機会」については、内部統制の基本的要素別にその対処方法が具体的に示されている。

本書は全体的に分かりやすく書かれており、改めて内部統制の意味を考えるうえでも役に立つ書籍といえるだろう。

八田　進二　監修
一般社団法人　日本公認不正検査士協会　編
『企業不正対応の実務 Q&A』
同文舘出版、2011年
（全248頁・1,890円）

1. 本書の概要

本書は、『事例でみる企業不正の理論と対応』と同時に刊行されたもので、より専門的で詳細な内容となっている。八田進二教授の監修のもと、日本公認不正検査士協会の役員を中心とする不正対策の専門家によって執筆されており、豊富な内容がカバーされている。またQ&A形式によって要点が簡潔にまとめられており、個別のテーマを検討する際に利用しやす

いよう構成されている。

ところで、昨今の企業不祥事を受けて、監査人にも不正の発見に対して重要な役割を果たすことが期待されている。しかしながら本書のQ84に示されているACFEの職業上の不正の動向調査の報告書によると、不正発覚の経緯は、通報40.2％、内部監査13.9％、外部監査4.6％となっており、外部監査が極めて低い結果となっている。不正の発見や調査においては、特別な技術が必要となるため、今後は監査人にも、不正そのものについての知識と対処すべき技術を身につけることが求められるようになっていくと思われる。

本書は、監査人にかぎらず不正対策に携わるあらゆる人にとって、不正の理解を深めるための好著といえる。

2. Ⅰ章　不正に関する基礎知識

Ⅰ章では、不正の定義や理論的な概念の整理がなされるとともに、関連する法律などが紹介されている。また不正リスク管理と関連性の高い、内部統制、コンプライアンス、コーポレート・ガバナンス、CSR、企業倫理といった項目の概念を解説するとともに、不正との関係からその意義を整理しているのが特徴である。

3. Ⅱ章　不正の種類とスキーム

Ⅱ章では、企業財務にかかわる不正、企業財務以外の不正、業界特有の不正に分けて、様々な不正の種類とその手口について解説がされている。Q15では不正の体系図「フロード・ツリー」が示されている。リスク管理の対象とする不正にはどのようなものがあるのかについては、基礎知識として押さえておく必要があるだろう。

また、個々の不正内容の解説においては、発生の原因や内部統制面での対応策なども示されており、内部統制システムの点検の際に利用できる内容となっている。

4. Ⅲ章　不正調査

Ⅲ章では、不正に係る法律・罪名・処分、調査テクニック、証拠と報告書に分け、実際にどういった場合に法律違反となるのか、また不正が疑われる事象が発生した場合の調査の方法、証拠や調査報告書の取扱いについて解説がなされている。

法律の適用についての判断は、専門家でないと難しい面もあるが、該当する法律の基礎知識は知っておく必要があるだろう。

また、調査テクニックで紹介されている面接調査の方法や留意点などは監査人の監査手続でも考慮することができる内容といえよう。

5. Ⅳ章　不正防止のポイント（まとめ）

Ⅳ章では、不正の発見と対策、不正対策のスペシャリストについて解説がなされている。

不正発見において重要な役割を果たしているのが通報である。多くの企業で内部通報制度が整備されているが、これが有効に機能しない場合には、外部への通報という形で不正が発覚してしまう。このため、内部通報制度が単なる形だけの制度になっていないか、真に利用しやすい制度となっているか、といった視点で継続的に検証することが重要とされている。

本書は、巻末に不正調査にあたっての具体的な情報源も示されており、実務に携わる者にとって使い勝手の良い書籍といえるだろう。

牟禮 恵美子（むれい えみこ）

青山学院大学大学院会計プロフェッション研究科准教授。
神戸大学経営学部卒業。公認会計士。中央青山監査法人にて勤務の後、兵庫県立大学大学院会計研究科特任准教授・准教授を経て、2012年4月より現職。会計大学院協会幹事。

海外で稼いで、国内で使う時代?

Relay Essay

青山学院大学大学院
会計プロフェッション研究科 教授
佐藤 正勝

1. 海外での利益は、日本に還流しても課税なし!

海外での利益を日本に還流した場合、2009年度までは次の例のように、日本に利益を還流（配当）したとたんに、日本親会社の税負担が常に40%まで上昇することになっていた。

[例：2009年度までの制度]

X国にある海外子会社乙が利益100を日本親会社甲に対して配当する場合、まずX国では、配当100の所得者たる甲に対して、（乙による配当支払時に）源泉徴収税10を課税する。さらに、甲はこの配当100を受領後日本税法でも課税されていた。具体的には、日本の税率約40%（国税地方税合計）が適用され、40という税額がいったん計算される。ただし、X国で甲が納付した10の外国税額控除が認められるので、残りの30だけを日本で納税する。この結果、甲の全世界税負担額は、X国での10だけでは終わらずに、日本での追加納税30を加え、合計40に上昇していた。

[2010年度導入の制度]

「海外子会社に留保された利益を日本の親会社に配当した場合、その受領配当に対しては日本での税負担を求めない」という制度（外国子会社配当益金不算入制度。以下「本制度」という。）が、2010年度から導入されている。導入された政策上の理由は、「日本企業の海外留保利益の国内還流を図る」ことであった。

(注) 本制度の技術的説明

本制度では、受領配当額の5%だけは益金算入される。その理由は、配当100を得るのに要した費用がすでに配当受領会社の損金に算入されてしまっている点にある。すなわち、その費用の額を受領配当額の5%と（政策上）みなして、収益と費用ともに課税のらち外に置くための技術的措置である。

2. 日本で課税されないなら、次は、何を考えるべきか?

日本での追加的な税負担が一切発生しない制度になったことで、ある企業グループの全世界税負担は、海外子会社等が海外で負担した税額だけで最終となる。すなわち、日本税法は、企業グループ全体の税コストの高低には、もはや全く関係がなくなったことを意味する（海外で活動した所得に関する限りにおいて）。

ならば今後、日本企業はどのように行動するべきだろうか？この問題の本質は、税負担自体が一般に日本より海外のほうが低いという点にある。この点を念頭に、以下考える。

まず、第一に、グループ全体の所得のうち、より多くの部分を日本でなく海外で稼ぐ戦略を採ることになる。具体的には、その企業

グループの所得全体例えば1000を、日本：海外＝600：400でなく、日本：海外＝300：700などの割合で稼ぐ行動を採る。具体的には、税以外の話としては工場、無形資産等の海外移転を図ることになるが、税マターとしては、移転価格戦略を正しく用いて、適正な所得を海外関連会社に移転することになる。

第二に、海外で稼ぐ利益全体（例えば、700）を、なるべく税負担の低い国々で稼ぐ戦略を採ることになる。具体的には、税以外の話としては、労働やインフラの質、言語、アクセス、政府規制等の要因が重要となるが、税マターとしては、税負担のより低い国に、しかも日本のタックス・ヘイブン対策税制の適用要件を回避可能な地域に、グループの機能とリスクの多くを配置することになる。

3. 多くの日本企業が海外にいくと、日本は沈没？

以上のことから、「今後は日本でなく海外で活動し、かつ、海外での税負担を低める」ことこそが企業のとるべき行動であるとの帰結となる。すなわち、本制度は、日本企業を海外に追い出す効果を有していることになる。この効果が存在する限り、日本で活動する日本企業の数は、「理論上」はゼロ社になる。しかし、それでは日本は沈没してしまうので、対策が必要である。例えば、日本では税負担が発生しないのだからどんどん日本に還流してもらい、日本国内で高度な事業や、R&D活動に投資してもらうことで、日本沈没を回避することが現在主張されている。その方向性は不可避である。しかし、税政策としてはまだ足りない。なぜなら、国内に還流した利益で国内で活動（R&D活動を含む）をする限り、長期的には日本国内に無形資産が帰属する等を通じて国内で所得が生じてしまう（すなわち、この国内所得に対して前述と同様の40％の税負担が発生する）からである。

4. 究極の解決策は？

税制上の究極の解決策は、税負担の面で、外国に比して日本がより魅力的な国になることである。極端な話、日本がタックス・ヘイブンになることこそが、究極の解決策であるという人もいる。日本の税率の高いことが、日本から海外へ進出する要因の一つであることを踏まえると、この主張は正当である。例えば、法人税率をみると、香港、シンガポール、台湾が17％前後、中国、韓国が25％前後という低い現状にある点を直視しなければならない。なお、「日本」企業が海外から日本へ利益還流する側面だけでは、日本経済の活性化には不十分である。すなわち、「外国」企業による日本への進出や直接投資が必要である。なぜなら、日本からの対外直接投資額に比して、外国から日本への直接投資額が三分の一程度にとどまるという現実があり、この現実は、外国資本にとって日本市場に障害があることを示しているからである。その障害の一つに、日本の高税率の問題があることに疑いはない。すなわち、税制上の解決策は、日本の法人所得課税負担を下げることにあるのは、明らかである。

佐藤 正勝（さとう まさかつ）

大蔵省（現財務省）、国税庁等勤務、亜細亜大学教授、UC Berkeley 客員研究員を経て、現在青山学院大学大学院教授。
専門は租税法、国際租税法。著書は、「佐藤正勝基本テキストシリーズ国際租税法基礎編改訂版」、「Q＆A 移転価格税制──制度・事前確認・相互協議──」等がある。

Relay Essay

それは専門外ですか?

青山学院大学大学院
会計プロフェッション研究科
特任教授
吉村 貞彦

　学生からの就職相談をしていると、彼らから異口同音に「スペシャリストになりたい」という言葉が発せられます。スペシャリストという用語には、ある特定分野に関して高度な専門的知識・技術等を持っている専門家というイメージから、専門分野を絞り込んで、さらに特定分野に特化すれば、将来、就職先が業績不振になってもリストラの対象者にはならないだろうとか、会社勤めが嫌になったら、いつでも独立開業出来るだろうという期待が込められているような気がします。

　会計分野のスペシャリストとして思い浮かぶのは、金融商品会計の専門家、退職給付会計の専門家、移転価格税制の専門家、相続税の専門家、管理会計の専門家、監査の専門家等々です。企業活動が複雑になるにつれて、特定分野のことを詳しく理解するという専門化は不可欠であり、専門的知識を有するスペシャリストの需要は高まるとともに、専門を隔てる壁はますます厚く高くなってきています。

　会計以外の分野でもスペシャリストたる専門家の需要は高まってきていますが、昨今の家電業界は、急速な技術革新や生産現場の海外移転等により、特定分野に関する高度な知識や技術を有するスペシャリストであっても、その技術自体が不要になるとか職場自体がなくなるという事態に遭遇しており、いわゆる"つぶしが効かない"という意味においてスペシャリスト受難時代でもあります。

　スペシャリストやジェネラリストという用語のほかに、プロフェッションもしくはプロフェッショナルという用語がありますが、プロフェッションの意味とか、スペシャリストとプロフェッショナルとの違いは何だろうか、という疑問が湧いてきます。

　文部科学省大学院部会の議事録を見ると、平松一夫委員は「会計の世界では、イギリスにはプロフェッショナル・アカウンタントとアカウンティング・テクニシャンがある。プロフェッションというのは、明らかに高度職業人であるが、テクニシャンというと、記帳技術等を専門とするスペシャリストをいう。」と述べられています。

　世間では、スペシャリストでプロフェッションもいれば、プロフェッションであってもスペシャリストでない場合もあり、スペシャリストとプロフェッションとを対立する概念でみるとわかりにくくなります。

　スペシャリストとプロフェッションの違いについて思い浮かぶのが、2010年に時代劇として公開された映画「武士の家計簿」で

「武士の家計簿」は、加賀藩の下級武士でそろばん侍といわれた「御算用者」の猪山直之が借金返済に奔走する姿と息子成之が幕末維新の動乱に巻き込まれながらも、明治維新後は大村益次郎のもとで働き、海軍主計大監に昇進するまでの猪山家の家族を描いた物語です。息子成之は、そろばん侍という経理事務のスペシャリストを土台にして新政府軍のロジスティック（兵站）業務でその能力を発揮し、明治維新で多くの武士階級が没落する時流のなかで家族を支えたのです。

　ある特定分野で得たスペシャリストとしての専門的知識・経験を新しい分野に気概と創造的思考を持って挑戦した猪山成之にプロフェッション精神を見る思いがします。

　さらに、第2次大戦後の混乱期にあって、我が国の公認会計士制度創設と発展に尽力された太田哲三先生（明治22年～昭和45年）は、諸団体や企業の経理部門から揮ごうを頼まれると「吾等は　会計奉公の精神を堅持し　企業財政の健全化により　邦国経済の永遠なる繁栄に　寄与するを本領とす」と揮ごうされていたと聞いています。この「会計奉公」の言葉には、戦後の荒廃した国土から立ち上がろうと、高邁な理想に燃え、会計を取り巻くあらゆる分野の課題に対して積極的に取組んで新時代を切り開いた当時の会計学者・企業の経理部門の人々・職業会計人たちの心意気とプロフェッション精神を感じます。

　現在、会計分野の業務に関わる専門家は、1990年代後半の会計ビッグバン以降に導入された時価会計というグローバリズムの流れのなかにあります。それまでの取得原価主義という枠組みの中で理解してきたローカリズム的な知識経験では全く対応できない課題が怒涛の如く押し寄せてくる現状に翻弄され戸惑っているのです。

　しかし、幕末の幕藩体制から明治維新への移行期および第2次大戦前の戦時体制から戦後の証券民主化への移行期の混乱に比べれば、比較にならないほど大したことではないと思います。

　ドラッカーは、「今後、グローバル化と競争激化、急激なイノベーションと技術革新の波の中にあって、これからは、ますます多くの人たち、特に知的労働者が雇用主たる組織よりも長生きすることを覚悟しなければならない。」と述べ、これから求められる人材は組織の寿命よりも長く活躍する"プロフェッショナル"であると言っています。

　専門化を突き詰めていくと取り組む課題をあまりにも狭い範囲に限定し、「それは私の専門外です。」という態度を導きかねない危険性があります。他の分野のコンセプトや成果を応用しようとする発想や思考がなくなるかもしれません。

　次代の会計プロフェッションは、これまでの経験や知識が及ばない課題であっても「それは私の専門外です。」とは言わずに、積極果敢に時代と向き合ってチャレンジしていくのが真のプロフェッションではないでしょうか。

〔参考文献〕
- 「頭にガツンと一撃」ロジャー・フォン・イーク著　城山三郎訳　新潮社発行
- 平成22年3月23日　文部科学省　大学院部会専門職学位課程ワーキンググループ（第6回）議事録
- 「プロフェッショナルの条件」P. F. ドラッカー著　上田惇生編訳　ダイヤモンド社

吉村 貞彦（よしむらさだひこ）

青山学院大学大学院会計プロフェッション研究科特任教授。南山大学大学院経済学研究科修士課程修了、第一勧業銀行（現みずほ銀行）、新日本有限責任監査法人副理事長、一般財団法人会計教育研修機構理事等を経て、2010年4月より現職。
東証一部上場企業の社外監査役、公益財団法人の監事等も現任。
専門分野は、会計制度、会計戦略、ベンチャー企業論。

＜創刊の趣旨＞

　歴史を紐解くまでもなく、会計は、accountingの原語の語義にもあるように、「説明する」という行為そのものであり、単に簿記や経理処理を指すものではない。しかしながら、わが国にあっては、簿記の技術的なテクニックや会計基準の高度な専門知識ばかりが喧伝され、会計の持つ真のチカラがビジネス社会や学校教育の場において認知されて来なかったのではないだろうか。

　青山学院大学会計プロフェッション研究科は、2005年に設立された会計専門職大学院であり、われわれは次代の会計プロフェッションを養成するために本研究科に集い、日々、次代を担う人々の教育に身を捧げてきている。われわれは、これまでも、会計を巡るさまざまなシンポジウムやセミナー、あるいは学会の開催を行ってきたが、それらは、会計の専門家や会計に精通した学界・実務界の人々を対象にしたものであったことは否めない。幸いにも、そうした取組みは、十分に当初の目的を達してきたとの自負を持っているものの、一方で、わが国経済の中核を担うビジネス・パーソンや会計系列以外の学生等への働きかけが足りなかったのではないか、との思いがある。会計に対する正しい理解、ひいては会計人口の裾野の拡大は、そうした一般社会に対する地道な啓発活動の中でこそ、培われていくものであろう。

　まさに本年は、わが国が大震災に見舞われる中で適時な情報開示や説明責任の問題が問い直されるとともに、会計の領域では、IFRSの導入に対して、わが国のあり方が世界から注目を集めていることから、われわれは、広くわが国の一般ビジネス・パーソンや多くの学生等に対して、会計分野における本質的かつ基本的な論点を掲げ、第一線の執筆陣による論考を掲載することを期して、本『青山アカウンティング・レビュー』を創刊することとしたのである。　　　　　　（2012年1月10日）

編集後記

　『青山アカウンティング・レビュー』は、2012年1月に創刊された。創刊号の統一テーマは、「日本経済の復活の鍵はIFRSにあり！」であった。それに続くvol.2のテーマは、「監査は不正を見抜けるか？」である。いうまでもなく、2011年後半に発覚した企業不正を契機とした、わが国における監査の見直しの動向を踏まえてのことである。

　それらの企業不正は、経営者による粉飾や資産の不正使用であり、何より当事者たる企業経営者に第一義的な責任があることは確かであるが、一方、監査人についても、法的責任の有無は別として、いずれも「監査の失敗」との感は免れないであろう。今、再び、監査は社会からの期待に応えられるのか、が問い直されようとしている。

　2012年5月に再開した企業会計審議会監査部会では、不正に対応した監査基準の見直しが進められているが、「重要な虚偽の表示を看過してはならない」という点については、すでに1991年の改訂監査基準において明確に規定されている。今、問われているのは、外部監査では100％不正を見抜くことはできないとしても、どこまで監査人が不正を見抜くために手続を踏むべきか、という点であろう。特集Ⅰの久保利氏と八田氏の対談でいみじくも述べられているように、不正の端緒を発見した時にそれを深堀りしていくことが求められているのである。「監査は不正を見抜けるか？」の問いの背景には、監査人は不正を見抜く気概があるか、そうした環境をわれわれを含め社会の人々が用意しているか、という問題意識があるのである。今号は、わが国における監査制度の更なる充実と発展を願っての企画であることを申し添えておきたい。

　最後に、本号の刊行に当たって、税務経理協会の鈴木利美氏の多大なご尽力を賜った。心より感謝申し上げたい。（Diana）

Aoyama Accounting Review vol.2: Contents

The Main of Theme This Issue: **Can Auditing detect frauds?**

Fraud and Auditing ; Two Misunderstandings to be removed ／ Shinji HATTA

Feature I

Discussion on the topic

Can Auditing detect frauds? — Expectaion and Current Practices
／Hideaki KUBORI vs. Shinji HATTA

Feature II

Auditing Issues and challenges

The key to triple way audit system is corporate auditors ／ Takayuki Matsui

How do we work through the failed audit cases? ／ Yoshihiro MACHIDA

Financial Statements Audit and Accounting Fraud
—*CPA's Role and Mission as Auditor*—／ Seno TEZUKA

Auditor's New Expectation Gap —*responding to the expectation to find the significant frauds and misconduct*—／ Yukihiro MATSUNAGA

Expectations for the audit system from the perspective of a securities market ／ Masaki SHIZUKA

What Does Capital Market Expect on Auditing? ／ Mami INDOU

Review of the Auditing Standards in Japan due to the recent accounting scandals
／ Teruhisa KURITA

Recent developments and challenges of the IAASB's standards setting ／ Tomokazu SEKIGUCHI

Auditor's Duty and Liability in Accounting Audit ／ Etsuro KURONUMA

Role of Corporate Law in Auditing Misconducts ／ Masafumi NAKAHIGASHI

Feature III

Auditing Standards : the Past, Present, and the Future

Clarifying the auditor's role ／ Yoshikazu Wakita

A View to Refine Auditing Standards ／ Yoshimasa TOMOSUGI

Book Review

A Perspective on Corporate Governance ／ Makiko SHIGETA

Corporate fraud : Theory and prevention learning from the cases, Corporate fraud : Q&A ／ Emiko Murei

Relay Essay

Earning Overseas, Investing Domestically? ／ Masakatu SATO

Requisites to the lifelong profession ／ Sadahiko YOSHIMURA

企画編集者との契約により検印省略		
2012年11月10日　初版発行	Aoyama Accounting Review 青山アカウンティング・レビュー 第2号	
	企 画 編 集	青山学院大学大学院 会計プロフェッション研究学会
	発 行 者	大　坪　嘉　春
	製版・印刷	株式会社　技秀堂
	製 本 所	株式会社　技秀堂

発 行 所	〒161-0033 東京都新宿区 下落合2丁目5番13号	株式会社 税務経理協会
	振　替 00190-2-187408 Ｆ Ａ Ｘ (03) 3565-3391	電話 (03)3953-3301 (編集部) 　　 (03)3953-3325 (営業部)
	URL　http://www.zeikei.co.jp/	
	乱丁・落丁の場合は、お取替えいたします。	

Ⓒ　青山学院大学大学院会計プロフェッション研究学会　2012　　　Printed in Japan

本書を無断で複写複製(コピー)することは、著作権法上の例外を除き、禁じられています。
本書をコピーされる場合は、事前に日本複写権センター(JRRC)の許諾を受けてください。
JRRC　(http://www.jrrc.or.jp　eメール：info@jrrc.or.jp　電話：03-3401-2382)

ISBN978-4-419-05902-6　　C0034